모험의 나라

KB141336

모함의 나라

1판 1쇄 발행 2022년 7월 25일

글쓴이 권경률 | **펴낸이** 임중혁 | **펴낸곳** 빨간소금

등록 2016년 11월 21일(제2016-000036호) | **주소** (01021) 서울시 강북구 삼각산로 47, 나동 402호

전화 02-916-4038 | **팩스** 0505-320-4038 | **전자우편** redsaltbooks@gmail.com

ISBN 979-11-91383-20-1(03910)

• 책값은 뒤표지에 있습니다.

권경률의
상상 한국사

왜구를 벤 칼로

이성계를 침하리라

빨간소금

1390년 5월 고려 장수 한 사람이 개경의 정치범 감옥을 탈출했다. 변소 구멍을 통해 빠져나갔으니 '고려판 쇼생크 탈출'이라 할 만하다. 그는 집요한 추격을 피해 강원도 산골짜기를 헤매다가 극적으로 포위망을 뚫고 평양으로 잠입했다. 도망자는 그곳에서 몰래 동료 장수들을 규합하고 거사를 모의했다. 김종연, 그가 칼을 겨눈 상대는 이성계였다.

흥미를 느꼈다. 《고려사》 열전 '김종연' 조를 읽고 나서다. 그는 우왕 때 왜구 토벌전에 나가 여러 차례 공을 세운 장수였다. 1389년에는 쓰시마 정벌에 참여해 왜구에게 납치된 고려인들을 구출하기도 했다. 김종연은 그러나 고려의 운명과 함께 호랑이 등에 올라타고 말았다. '윤이와 이초의 무고 사건'에 연루되어 이성계파의 '살생부'에 오른 것이다.

의심스러웠다. 윤이와 이초는 이성계가 명나라를 치려 한다고 황제 주원장에게 고변했다. 그런데 이를 사주한 자들의 명단이 고변 글에 나온다. 이색, 우현보 등 이성계의 정적들이다. 정지, 김종연 등 고려를 수호해온 장수들이다. 모략의 냄새가 났다. 역성혁명의 걸림돌인 고려 충신들을 제거하려고 이성계파와 명나라가 짜고 벌인 '모함극'이 아닐까?

고려 말 40여 년 동안 이어진 왜구와의 전쟁! 고려의 국력은 쇠약해지고 백성은 도탄에 빠졌다. 왜구 토벌전에 헌신하고 나라와 백성을 지킨 장수들은 모함에 쓰러지고 잊혔다. 슬프고 분했다. 역성혁명을 추구한 이성계파가 아니라 고려를 수호하려 한 무인들의 관점으로 한국사에서 가장 드라마틱한 왕조 교체의 비사를 써보기로 했다.

베고 싶었다. 권력자들은 낯짝이 두껍고 속마음이 시커먼 자들이다. 모함은 권력자들의 전매특허다. 그들은 환술(幻術)로 사람들을 미혹한다. 거짓은 단순하고 쉬워서 잘 먹힌다. 반면 진실은 복잡하고 입증하기도 어렵다. 진실을 밝히려면 싸워야 한다. 고려 장수 김종연을 좇아 역사하며 싸웠다. 진실로 베고 싶었던 건 사람 잡아먹는 모함의 환술이다.

끝내 붙잡혀 죽었으니 김종연은 역사의 패자라고 볼 수 있다. 승자가 붓을 쥔 역사에서 패자의 진실은 묘비도 없이 세월에 묻힌다. 하지만 패자가 죄를 입었다고 해서 그 뜻이 허망하기만 한 건 아니다. 또 승자가 뜻을 이루었다고 해서 그 죄가 사라지는 것도 아니다. 승자의 역사는 찬란한 기록으로 남지만, 패자의 역사는 사무쳐 가슴에 울린다.

이 책은 실존 인물 김종연을 주인공 삼아 왕조 교체의 비사를 이야기로 풀어나간다. 《고려사》와 《고려사절요》는 조선 건국 세력이 편찬했기에 고려 말의 충신들을 의도적으로 지우거나 왜곡했다. 잃어버린 진실에 다가가기 위해 사료에 근거하되 상상의 인물과 행적, 비밀 결사를 지어내 패자의 입장에서 재해석했다.

《모함의 나라》는 말 그대로 '역사 이야기'다. 역사를 돌아보며 이야기를 즐기는 두 배의 재미와 감동이 독자 여러분께 닿기를 빈다.

2022년 7월 11일
권경률

차례

3부 잊힌 무인들

4부 호랑이 등에 탄 역사

들어가며

14세기 후반 고려는 남북으로 외적이 쳐들어와 바람 앞의 등불처럼 흔들렸다. 원나라가 무너지고 명나라가 일어서며 대륙이 혼란에 빠지자 북쪽 국경이 뚫렸다. 중국 반란군 홍건적이 개경을 함락시켰고(1361), 원나라 군벌 나하추가 함흥을 쳤다(1362). 요동의 심양왕 세력은 호시탐탐 고려 왕권을 넘봤으며, 여진족 또한 변경에 나타나 약탈을 일삼았다.

가장 무섭고 끈질긴 적은 남쪽 바다를 건너와 노략질을 벌이는 왜구(倭寇)였다. 일본 조정이 북조(北朝)와 남조(南朝)로 나뉘어 내전에 들어가자 규슈 지방의 해적과 무장 세력이 통제에서 벗어나 날뛰었다. 그들은 충정왕 2년(1350)부터 끊임없이 고려를 습격했다. 왜구의 노략질이 수십 년간 이어지며 고려의 국운은 기울고 백성은 도탄에 빠졌다.

왜구는 대중없이 쳐들어왔다. 왜선 20~30척에 올라타 기습적으로 치고 빠지기도 하고, 100~200척의 선단을 꾸려 대대적으로 약탈하기도

했다. 왜구의 침입이 없는 해가 거의 없었다. 한 해에 10차례 이상 털리기 일쑤였다. 저들이 수시로 닥치는 해안에선 백성이 발 뻗고 잘 수 없었다. 재물을 빼앗고 사람을 해치고 마을을 불지르니 살 수가 없었다.

왜구는 단순한 도적이 아니었다. 목표를 정하고 조직적으로 움직였다. 조세로 바치는 곡식과 공물을 싣고 개경으로 향하는 조운선(漕運船)은 좋은 먹잇감이었다. 항로를 귀신같이 알아내 길목을 지키다가 덮쳤다. 각 지역의 조세를 모으는 조창(漕倉)도 무사치 못했다. 왜구 첩자들이 정보를 입수해 떼로 노략질에 나섰다.

고려는 재정 악순환에 빠졌다. 조세가 올라오지 않으니 나라 살림이 곤궁해졌다. 관리는 녹봉을 제대로 받지 못했고 군대는 군량미가 없어 굶주렸다. 행정체계가 느슨해지고 군사력이 부실해지자 왜구를 방비하기가 더욱 힘들었다.

그래도 백성은 구해야 했다. 해안지대 주민들을 이주시켰다. 내륙으로 40~50리는 들어와야 한숨 돌릴 수 있었다. 조세도 물길 대신 육로로 운송하는 방안을 강구했다.

하지만 왜구는 집요했다. 강을 거슬러 올라와 산간지대까지 노략질했다. 기동력도 갖추었다. 적의 기병이 동에 번쩍 서에 번쩍 나타났다. 해안이고 내륙이고 거침없이 노략질했다. 고려 땅 어디에도 안전지대는 없었다.

왜구가 궁극적으로 노린 곳은 바로 고려의 도읍 개경이었다. 고려군이 못 막으니 간이 커진 것이다. 규슈의 해적들은 도읍으로 쳐들어가 크게 한탕하고 싶어했고, 남조 무장 세력은 고려 왕을 압박해 영지를 확보하고자 했다.

개경을 치기 위해 왜구는 강화도를 집중적으로 공략했다. 공민왕 1년 (1352)에 왜선 20여 척이 처음으로 이 섬에 상륙했을 때 개경 사람들은 깜짝 놀랐다. 강화도가 어떤 곳인가? 과거 무신정권이 몽골군의 침공에 맞서 40여 년이나 항쟁한 천혜의 요새 아니던가. 서강(예성강 입구), 동강 (임진강 어귀)과 함께 개경으로 모여드는 조세의 집산지이기도 했다.

왜구는 강화도를 제집 드나들 듯이 범했다. 고려군은 속수무책이었다. 물길을 봉쇄할 수군이 허약했기 때문이다. 해전에서 적의 상대가 되지 못했다. 왜선의 속도조차 따라잡지 못했다. 왜구는 강화도 일대에 그물을 치고 남쪽 지방에서 올라온 조세를 털었다. 더 많은 병력을 모아 개경을 위협하는 일도 잦아졌다.

1372년 고려군은 개풍에 전시사령부를 설치하고 서강과 동강에 정예군을 집결시켜 최종 방어선을 구축했다. 백전노장 최영은 총사령관이 되어 전군을 지휘했다. 이성계, 변안열 등 기라성 같은 장수들이 휘하에 모여들었다. 바야흐로 왜구와의 본격적인 전쟁이 막을 올렸다.

1부

왜구 전쟁

나라도 없고
백성도 아닌 자

공민왕 21년(1372) 5월 김종연은 스물다섯의 나이로 낭장(郞將, 정6품)이 되어 강릉으로 향했다. 4월에 왜구가 원산에 둔 조창을 약탈하고 동해안에 출몰하고 있었다. 신임 무관에게 강릉부사 안종원을 보필해 적을 막으라는 임무가 떨어졌다. 그는 부하 200명을 통솔해 임지로 향했다.

김종연의 집안은 광산(光山)을 본관으로 삼고 무신정권 때 조정에 입지를 다졌다. 1281년 여원(麗元)연합군을 이끌고 일본 원정에 나선 대장군 김주정이 직계 선조다. 그의 자손들은 승승장구했고 가문은 날로 번창했다.

하지만 김종연의 윗대에 이르러 사달이 났다. 밀직부사를 지낸 아버지 김정이 '요승' 신돈을 제거하려고 모의하다가 발각된 것이다(1368). 그 대가로 아버지는 목숨을 빼앗겼고 가족은 모진 수난을 겪어야 했다.

신돈은 공민왕의 절대적인 신임을 등에 업고 임금을 대리해 막강한 권력을 휘두른 승려다. 1365년부터 6년간 그는 국왕과 동격이었다. 예컨대 격구 경기가 열리면 공민왕과 신돈은 높이 쌓아올린 전용 관람석에 오르고, 관리들은 그 아래에 장막을 치고 자리 잡았다. 신돈이 말을 탄 채 장막 앞에 이르면 모든 관리가 기립하고 최고위직인 시중이 술을 올렸다.

벼락출세한 권력자의 주변에는 온갖 풍문이 나돌게 마련이다. 신돈은 호색한으로 악명을 떨쳤다. 죄지은 관리들을 잡아 가두고는 탄원할 기회를 주겠다며 부인이나 첩을 불러 자신의 별실에 들였다. 이때 말과 시종은 집으로 돌려보냈다고 한다. 호사가들의 상상을 자극하는 처사였다. 소문은 날이 갈수록 지저분해졌다.

신돈에게는 첩도 많았다. 뭔가를 바라고 미인계를 쓴 자들이 많았기 때문이다. 관직을 얻기 위해, 죄를 면할 요량으로 딸이나 여종을 들여보냈다. 요승은 아부하는 인간들을 내치지 않았다. 자기에게 머리를 숙이고 충성을 바치면 반드시 보상했다.

거꾸로 반기를 들거나 위협이 되는 자들은 절대 살려두지 않았다. 집권 초기에 권문세족이 반발하자 재상이고 명문가고 닥치는 대로 처단했다. 유배 보낸 자들도 수틀리면 부하들을 보내 숨통을 끊었다. 경복흥, 최영 등 대신들은 유배지에서 숨죽이고 있어야 했다.

신돈의 세력은 눈덩이처럼 불어났다. 서슬 퍼런 위세에 불만이 있어도 감히 도전할 엄두를 내지 못했다.

김정의 거사는 어찌 보면 달걀로 바위 치기였다. 그는 의협심이 강한 사람이었다. 엄연히 임금이 있는데 대리인이라니 말도 안 된다. 왕의 신하들을 부당하게 죽이다니 참을 수 없다. 타락한 요승의 혹세무민을 응징하리라. 김정은 은밀히 사람들을 설득하고 모의에 끌어들였다.

밀고자가 나왔다. 거사는 목숨을 걸어야 한다. 성공하면 큰 보상이 따르지만, 그 확률은 언제나 희박하다. 목숨이 아까운 자들은 작은 보상을 바라고 돌아서기 마련이다. 김정과 동료들은 허무하게 붙잡히고 말았다.

아버지가 유배 가는 도중에 목 졸리는 광경을 김종연은 몰래 따라가다가 먼발치에서 목격했다. 나루터에서 배를 기다리는데 호송하는 관리와 군사들이 벌인 일이었다. 임금을 해치려고 한 게 아니므로 법에 따라 유배형을 내렸지만, 신돈은 기어코 목숨을 거두었다.

아들은 발을 동동 굴렀다. 하지만 손 쓸 수 없었다. 김정의 죄에 연좌되어 체포령이 떨어졌기 때문이다. 그는 나루터 뒤편 바위 언덕에 숨어 아버지의 최후를 지켜보았다. 밧줄이 목에 감기는 순간 부자의 눈이 마주쳤다. 아버지는 희미하게 미소 지으며 고개를 끄덕였다. 아들은 주먹으로 입을 틀어막고 소리 없이 흐느꼈다.

김종연은 피눈물을 흩뿌리며 개경에서 달아났다. 형벌을 관장하는 옥리(獄吏)의 추적을 피해 태백산으로 금강산으로 정처 없이 떠돌았다. 인적 드문 산중에서 나무껍질과 풀뿌리로 연명했다. 모멸감과 외로움이 뼛속 깊이 스며드는 도망자의 삶이었다. 산짐승처럼 쫓기다가 이름 모를 골짜기에 홀로 쓰러지면 그걸로 끝일 테지.

확 죽어버리고 싶을 때도 있었다. 아버지의 죽음에 등 돌린 자신이 비겁하고 무력하게 느껴졌다. 송충이처럼 꿈틀거리는 자기혐오에 삶의 끈을 놓을까 말까 만지작거리곤 했다. 그러나 이를 악물고 살아남았다. 아들마저 세상을 버린다면 어머니는 어찌 사신단 말인가. 어떻게든 살아 돌아가서 근심을 덜어드리는 게 자식 된 도리다.

김종연이 개경에 귀환한 것은 신돈이 반역죄로 처형당한 뒤였다(1371). 그야말로 구사일생이었다. 피골이 상접한 채 거지꼴로 집에 들어선 남편을 아내 송씨는 통곡으로 맞이했다. 백균, 맹균, 중균 아들 3형제는 무사했다.

하지만 어머니는 슬픔 속에 시름시름 앓다가 자식 얼굴도 못 보고 세상을 떠났다. 돌아온 아들은 신주를 끌어안고 꺼억꺼억 울었다. 사무친 회한과 상심에 영전에 쓰러져 가슴을 쥐어뜯었다. 조금만 일찍 왔더라면, 조금만…….

부모의 상을 뒤늦게 치르고 김종연은 전장에 나가기로 결심했다. 무관으로 입신해 부모님의 한을 풀자. 기울어진 집안도 내 손으로 다시 일으키자. 가슴에 응어리진 것도 풀고 싶었다. 강해지리라. 다시는 도망치지 않으리라.

낭장 김종연의 첫 출전에 노비 한 사람이 따라나섰다. 파두는 장인 송호산에게 속한 처가의 종이었다. 힘이 장사인데다 눈치까지 빨라 별명이 '여우곰'이었다. 아내 송씨가 친정에 특별히 부탁해 전선으로 가는 남편에게 붙였다.

강릉으로 가는 길에 김종연은 파두와 말동무했다. 그는 원래 신돈의 집에서 요리사로 일했다고 한다. 공민왕은 요승을 처형하고 나서 그 노비들을 대신과 공신에게 배분했다. 파두는 찬성사를 지낸 송호산의 집에 끌려왔다. 충직한 하인은 금세 장인과 아내의 신임을 얻었다.

처가 종의 수발을 받으며 신임 무관은 강릉에 도착했다. 곧장 훈련이 시작되었다. 젊은 낭장은 의욕이 넘쳤다. 밤낮으로 군사를 조련했다. 나아가고 물러서고 행군하고 진을 짜는 것이 군령에 따라 일사불란하게 이뤄졌다.

전술 연구에도 열과 성을 다했다.《손자병법》,《육도삼략》등 병서를 깊이 파고들었다. 궁금한 게 있으면 강릉부사 안종원을 찾아가 꼬치꼬치 캐물었다.

안종원은 유능한 관리였다. 법을 다루는 전법사에 재직할 때는 소송을 공명정대하게 처리해 백성의 칭송이 자자했다. 그가 강릉 땅에 부임한 데는 약간의 곡절이 있었다. 신돈에게 아부하지 않아 좌천당한 것이라고 입방아에 올랐다.

그러든 말든 성실한 관리는 개의치 않았다. 강릉부사로 오래 머물면서 선정을 베풀었다. 농사도 잘되어 해마다 풍년이었다. 주민들은 하늘이 내린 수령이라며 사당을 지으려 했다. 멀쩡히 살아 있는 사람의 생사당(生祠堂)이었다.

햇병아리 무관의 귀찮은 질문을 부사는 너그럽게 받아주었다. 그는 병서뿐 아니라 역사에도 밝았다. 강릉의 옛일을 끄집어내 귀에 쏙쏙 들어오게 풀이했다.

"우산국은 신라 장군 이사부가 강릉태수 시절에 정벌했지요. 우산국 사람들은 사납고 거칠었답니다. 장군은 먼 바다로 나가 정면승부해서는 승산이 없다고 판단했습니다. 그래서 나무로 큰 사자상을 깎아 배에 싣도록 했지요. 섬에 이르러 사자상을 쭉 늘어놓자 저들은 공포에 휩싸였습니다. 무서운 사자를 처음 보았거든요. 덕분에 손쉽게 항복을 받아냈지요."

장소와 사람을 신중히 헤아리면 싸움에서 최소한 낭패는 모면한다. 안종원은 뜬구름 잡는 중국 고사가 아니라 피가 되고 살이 되는 선조들 이야기로 열성적인 무관의 궁금증을 해소해줬다. 다만 때를 헤아리는 일은 하늘의 뜻과 무관치 않으니 차차 깨닫게 될 것이라고 여지를 남겼다.

강릉부사는 잘 챙겼고 병사들은 잘 따랐다. 젊은 낭장의 가슴은 부풀어올랐다. 뭔가 자신감이 생기고 투지가 불끈했다. 당장 왜구가 쳐들어와도 가볍게 물리칠 수 있을 것 같았다. 도적놈들 따위 올 테면 와라. 어디 한번 붙어보자.

드디어 적이 나타났다. 9월에 왜구가 동해안을 다시 덮쳤다. 북쪽의 함흥, 원산에서 남쪽의 도구(포항), 울주까지 휩쓸고 다녔다. 강릉 포구에도 왜선 30여 척이 닻을 내렸다.

김종연 부대는 강릉부사의 명으로 고을 진입로를 막았다. 왜구가 긴 칼을 휘두르며 야수처럼 덤벼들자 자신감도 투지도 증발해버렸다. 간이 으스스하게 떨리고 다리에 힘이 풀렸다. 동료 몇 명의 목이 달아나는 것을 보고 병사들은 겁에 질려 달아나기 시작했다. 물러서지 말라는 애송이 무관의 군령은 비명과 함께 허공에 메아리칠 뿐이었다.

형편없이 패주한 부대는 강릉 교외로 이동했다. 강릉부사가 여러 부대를 수습해 전열을 재정비했다. 부사 안종원은 이대로 물러설 생각이 없었다. 강릉은 동해안의 허리를 이루는 요충지다. 여기서 밀리면 저들이 남북을 오르내리며 제멋대로 날뛸 것이다. 그는 군사들을 독려해 왜구에게 반격할 채비를 서둘렀다.

그러나 고려군의 사기는 바닥이었다. 겁먹고 헤매는 눈빛, 피로에 무너진 육신, 적에게 주눅 든 패잔병들이었다. 이럴 땐 누군가 앞장서서 사기를 끌어올려야 한다. 그 옛날 황산벌에서는 신라 화랑 관창이 혼자 말에 올라타고 백제군에게 돌격해 아군의 투쟁심에 불을 붙였다. 물론 목숨을 던져야 하는 일이다. 김종연은 칼집에 손을 올린 채 망설이고 있었다.

그때 장사 한 사람이 분연히 일어나 말에 올랐다. 놀랍게도 강릉부 관노 이옥이었다. 그는 화살통 여러 개를 메고 홀로 적진을 향해 말달렸다. 먼저 해안가 숲에 들어가 여분의 화살통을 여기저기 숨겼다. 그리고는 곧장 왜구가 득실거리는 포구로 내달렸다.

웬 장사가 갑자기 나타나 화살을 여러 발 쏘자 왜구가 모여들었다. 이옥은 화살이 떨어져 도망치는 척하며 숲속으로 들어갔다. 왜구는 떼로 뒤를 쫓았다. 그는 나무 사이를 누비며 화살을 연달아 쏘았다. 당기기만 하면 백발백중이었다. 화살통을 바꾸면서 쏘니 화살이 떨어지지도 않았다. 숲에는 어느새 왜구의 시체가 즐비했다.

전투의 흐름을 좌우하는 것은 기세다. 군사들은 손에 땀을 쥐고 이옥을 응원했다. 불굴의 투혼에 모두 머리털이 곤두서고 등골이 찌릿찌릿했다. 김종연도 심장이 벌렁벌렁 뛰고 눈에 불꽃이 튀었다. 누가 먼저랄 것 없이 창과 칼을 꼬나잡았다. 용기백배해 적에게 돌격했다. 극적인 반전이었다.

고려군의 기세에 왜구는 당황했다. 숲에서 포구로 도망쳐 허겁지겁 배에 올랐다. 약탈한 재물도 해안에 버려둔 채 서둘러 떠났다. 예상치 못한 승리에 고려군은 서로 얼싸안고 환호했다. 낭장 김종연도 기쁨에 들떠 노비 파두를 끌어안았다.

승전의 일등 공신은 누가 뭐래도 이옥이었다. 군사들이 관노를 에워싸고 만세를 불렀다. 포구가 떠나갈 듯한 함성이 이옥의 활약상을 높이 떠받들어 널리 퍼뜨렸다. 그의 무용담은 강릉의 전설이 되어 오랫동안 회자했다.(성현,《용재총화》)

이옥은 사실 전 시중 이춘부의 아들이었다. 이춘부는 권력자 신돈이 중용한 관리로, 한 해 전에 요승이 처단될 때 함께 사형당했다. 그때 아들 이옥도 연좌되어 관노로 전락했다. 비록 신돈의 몰락으로 화를 입었지만, 내막을 아는 사람들은 이들 부자를 안타깝게 여겼다. 아버지 이춘부가 고려의 개혁에 헌신했기 때문이다.

당시 공민왕은 권문세족의 폐단을 바로잡지 않으면 고려가 멸망의 길로 접어들 것이라고 보았다. 개경에 뿌리를 내린 권문세족은 불법으로 토지와 노비를 늘려나가며 권세를 휘두르고 있었다. 임금조차 함부로 손댈 수 없었다. 혼맥 등으로 왕실과 권문세족이 복잡하게 얽혀 있었기 때문이다. 그래서 욕심도 얽매임도 없어 보이는 승려에게 권력을 쥐여준 것이다. 신돈을 대리인으로 삼아 권문세족과 대리전을 벌이게 했다.

신돈은 우선 대숙청으로 권문세족의 힘을 꺾었다. 다음은 경제 기반을 무너뜨리는 작업이었다. 그는 임금에게 건의해 전민변정도감(田民辨整都監)을 설치했다. 전민변정도감은 권세가들이 부당하게 차지한 토지와 노비를 바로잡는 기관이었다. 이 일을 앞장서서 추진한 인물이 이춘부다. 그는 신돈 명의로 포고문을 붙이고 으름장을 놓았다.

"최근 국가 기강이 무너져 백성의 재산을 탈취하는 일이 유행을 이룬다. 나라의 토지와 노비도 권세 있는 가문들이 거의 다 차지하고 있다. 그들은 병역, 부역, 조세를 피해 도망한 자들을 숨겨놓고 농장을 크게 일으킨다. 양민을 노비로 만드는 경우도 많다. 이제 도감을 설치해 스스로 잘 못을 바로잡을 기회를 주겠다. 개경은 15일, 각 도는 14일이 기한이다. 그 이후 발각되는 자는 엄벌할 것이다."《고려사》열전 '신돈')

강력한 의지를 밝히고 기한까지 못박은 포고문이었다. 권세가들은 두려움에 떨며 빼앗거나 무단으로 점유한 논밭을 원래 주인에게 돌려줬다. 또 억울하게 노비와 천민이 된 자들은 전민변정도감에 호소하면 양민 신분을 회복할 수 있었다.

백성은 신돈을 가리켜 "성인(聖人)이 나왔다"고 칭송했다. 원칙에 따라 공정하게 고려의 개혁을 추진한 이춘부 덕분이었다. 어찌보면 나라에 보탬이 되고 백성을 구했음에도 신돈의 당으로 몰려 억울하게 죽은 것이다.

이옥이 목숨을 돌보지 않고 왜구에게 돌격한 까닭을 김종연은 알 것 같았다. 그는 반역죄를 뒤집어쓰고 죽은 아버지의 억울함을 풀고자 분연히 일어선 것이다. 곤경에 처한 어머니와 형제들을 구하기 위해 목숨 걸고 싸운 것이다. 죄인의 아들, 강릉부 관노는 누구보다 절박한 심정으로 분전했다.

김종연은 착잡했다. 자기는 칼자루를 만지작거리며 망설이지 않았는가. 내 아버지 김정은 신돈을 제거하려다 목숨을 잃었다. 이춘부와는 다른 입장이었지만 억울하게 죽은 건 다르지 않았다. 아버지를 가슴에 품었다면 이옥만큼 절실했어야 했다. 젊은 낭장은 칼자루를 만지작거린 자신이 부끄러웠다.

얼마 후 강릉부에 임금의 전령이 당도했다. 이옥의 무용담에 매료된 공민왕이 그에게 안장 갖춘 말을 하사하고 관노의 역을 면제해주었다.

안장 갖춘 말은 국왕이 승전한 장수에게 내리는 포상이었다. 관노 신분을 벗고 장수로 거듭난 이옥은 아버지의 상을 제대로 치르기 위해 개경으로 돌아갔다.

낭장 김종연은 부끄러움을 씻으려고 훈련에 매진했다. 실전을 방불케 하는 맹훈련이었다. 북소리에 진격했고, 징 소리에 물러났으며, 오색깃발에 포진했고, 행군나팔에 이동했다. 군령을 절도 있게 세워야 전장에서 우왕좌왕하지 않는다. 일사불란한 전열은 적의 턱밑을 겨누는 창칼이요, 번뜩이는 기세는 승리의 과녁을 맞히는 화살이다. 김종연 부대는 그렇게 전사가 돼가고 있었다.

그해 12월 한 무리의 화척 떼가 왜구를 가장하고 강릉 북쪽의 바닷가 마을들을 노략질한다는 제보가 들어왔다. 우두머리는 금강야차라는 자였다. 강릉부사의 명으로 김종연 부대가 토벌에 나섰다.

'화척(禾尺)'은 여기저기 떠돌며 천한 일에 종사하는 유민 집단이다. 후백제가 망한 뒤에도 고려에 투항하길 거부한 저항자, 거란족과 여진족 출신으로 이 땅에 흘러든 귀화인, 반란을 일으켜 국경 밖으로 쫓겨났다가 돌아온 추방자가 화척을 이루었다.

그들은 정착민이 꺼리는 일을 도맡았다. 짐승을 사냥하거나 도살하고 그 가죽으로 옷과 신을 만들었다. 버드나무, 대나무, 갈대 등으로 그릇을 엮기도 했다. 놀이판이 벌어지면 남자들은 재주를 팔고 여자들은 웃음을 팔았다(백정, 갓바치, 광대, 기녀는 모두 화척으로부터 나왔다).

그들에게는 호적이 없었다. 조세와 부역도 없었다. 나라에서 백성으로 취급하지 않은 것이다. 화척은 차별과 기피의 대상이었다. 마을에도 함부로 들어갈 수 없었다. 그러니 불만이었다. 삐뚤어지기도 했다. 이 마을 저 마을 노략질하는 화척 떼가 생겨났다.

금강야차는 무리 수백 명을 이끌고 움직였다. 강릉에서 안변까지 동해 안을 주름잡았다. 그의 화척 떼는 옷과 머리를 왜구처럼 꾸미고 마을을 습격했다. 초소 군사들이 왜구인 줄 알고 겁에 질려 달아나면 손쉽게 약탈할 수 있었다.

화척 떼를 토벌하려는 시도가 없었던 것은 아니다. 안변 군사들이 나섰으나 오히려 패하고 말았다. 두목 금강야차는 괴력의 소유자였다. 무거운 쇠몽둥이를 젓가락처럼 휘둘렀다. 안변부사 휘하의 부장들이 모두 출동했지만, 그의 상대가 되지 못했다. 비천한 화척이라고 얕보다가 큰코다친 것이다.

김종연은 먼저 적에 관해 알아보았다. '금강야차(金剛夜叉)'는 본래 사람을 잡아먹는 인도의 악귀였으나 부처님의 가르침을 받고 불교의 수호신이 되었다는 신장이다. 화척 두목 금강야차도 악인을 잡아먹는다고 겁을 주고 다녔다. 단, 백성을 함부로 해치지는 않았다. 빼앗는 것도 주로 식량이었다. 제 무리를 굶기지 않으려고 약탈했다.

강릉 낭장은 출전에 앞서 무분별한 살육을 금했다. 화척 대부분은 무장하지 않은 천민일 터였다. 두목 금강야차와 부하 몇 명만 제압하면 끝날 것으로 보았다.

비장의 무기도 한 가지 준비했다. 개경에서 설날에 쓰는 폭죽을 구해 왔다. 그 옛날 우산국 사람들이 나무로 깎은 사자상을 두려워했듯이, 화척 떼도 폭죽의 굉음과 불꽃에 겁먹을 게 틀림없다. 잘하면 싸우지 않고도 저들을 다스릴 수 있으리라.

이윽고 금강야차 무리가 남설악 주전골에 숨어 있다는 보고가 들어왔다. 김종연 부대는 신속히 설악으로 이동했다. 뼛속까지 시린 한겨울의 골짜기를 샅샅이 뒤졌다. 기암괴석과 얼어붙은 폭포 사이로 크고 작은 움막들이 오종종히 모습을 드러냈다.

선임병 김식과 이중화가 몰래 폭포 위 바위로 올라갔다. 중국산 화약이 든 대나무 통에 불을 붙여 움막촌을 향해 던지자 귀가 찢어지는 폭발음과 함께 사방으로 불꽃이 튀었다. 움막에서 사람들이 비명을 지르며 뛰쳐나왔다. 부녀자, 아이, 노인이 태반이었다. 장정들은 우왕좌왕 정신을 못 차렸다. 강릉 군사들이 바람처럼 나타나 소리 높여 외쳤다.

"도적 금강야차를 심판하러 제석천이 하늘에서 내려왔다!"

'제석천(帝釋天)'은 인도에서 온 불교의 수호신으로 금강야차보다 훨씬 강력한 존재다. 원래 벼락의 신이었기에 폭죽의 굉음이나 불꽃과도 잘 어울렸다. 김종연이 연출한 무시무시한 습격에 화척 떼는 그 자리에 엎드려 항복했다.

금강야차는 혼자 산으로 도망쳤다. 워낙 순식간에 벌어진 일이었다. 쫓기면서도 어안이 벙벙했다. 오색령에 이르자 슬슬 분기가 차올랐다. 고갯마루에 주저앉아 주먹으로 가슴을 쳤다. 제대로 붙어보지도 못하고 어리바리하게 당했다. 속에서 천불이 났다.

주전골로 되돌아갈까. 그대로 달아날 수도 있었지만 차마 발길이 떨어지지 않았다. 한솥밥 먹던 식구들이 모두 붙잡혔다. 적장이 무슨 짓을 벌일지 몰랐다. 비천한 화척 떼라고 야차 같은 놈이 몽땅 도륙한다면 자기 혼자 도망친 게 평생 후회로 남을 것이다.

어느새 금강야차의 발걸음은 제 무리에게로 향했다. 살아도 같이 살고 죽어도 같이 죽는다. 주전골이 가까워지자 한 줄기 훈기가 코끝을 스쳤다. 배 속까지 덥히는 따뜻하면서도 군침 도는 냄새였다.

골짜기 언저리 산적바위에 숨어 아래를 조심스레 살폈다. 군사들이 천막을 치고 불을 지펴놓았다. 임시로 만든 아궁이에는 부글부글 국이 끓고 있었다. 부녀자와 아이와 노인들이, 춥고 배고픈 화척 식구들이 뜨끈한 국물을 들이켜며 언 몸을 녹이고 있었다.

자신도 모르게 울컥 목이 멨다. 삼 년째 흉년이 들었다. 가죽신을 만들어도, 버드나무 그릇을 엮어도, 재주를 팔아도 식량 한 톨 구할 수 없었다. 어린 자식들이 누렇게 떠서 굶어 죽는 꼴을 차마 볼 수 없었다. 늙은 부모가 골짜기에서 얼어 죽는 걸 더는 두고 볼 수 없었다. 피눈물을 흘리며 약탈에 나섰다. 마을을 습격하고 식량을 빼앗았다. 춥고 배고픈 내 떠돌이 식구들을 살릴 수만 있다면……. 뜨거운 눈물이 뺨을 타고 하염없이 흘렀다.

금강야차는 군사들이 친 천막으로 걸어 들어갔다. 허겁지겁 배 속을 덥히던 화척 떼가 홀연히 나타난 두목을 바라보았다. 어깨를 들썩이고 입술을 씰룩이며, 돌아온 그를 맞이했다. 화척 두목은 쇠몽둥이를 내려놓고 무릎을 꿇었다. 항복이었다.

선임병들이 금강야차를 꽁꽁 묶어 낭장에게 데려갔다. 김종연이 강릉과 안변 일대를 노략질해온 거한을 꾸짖었다.

"왜구를 가장하고 백성을 괴롭힌 죄는 죽어 마땅하다. 다만 그대가 사람을 해치지 않았다니 갸륵하다. 듣자하니 너희들은 나라도 없고 백성도 아니라더구나. 어디든 뿌리를 내리고 사람됨을 기른다면 그곳이 나라고, 그들이 백성 아니겠는가. 내 그대를 살려줄 테니 무리와 함께 정착하여 사람답게 살도록 하라."

　젊은 무관의 관대한 처분에 금강야치는 감읍했다. 머리를 바닥에 찧으며 갱생을 다짐했다. 천대에 얼어붙은 화척의 마음이 사람 대접을 받고 눈물범벅이 되어 녹아내렸다.

　김종연은 강릉으로 돌아가 부사 안종원에게 있는 그대로 보고했다. 강릉부사는 빙긋이 웃으며 고개를 끄덕였다. 금강야차를 참했다면 김종연도 안종원도 공을 인정받았을 것이다. 그러나 두 사람은 나라도 없고 백성도 아닌 자들을 교화하는 데 만족했다. 참된 다스림은 사람됨을 기르는 것일지니.

공민왕 시해 사건

해가 바뀌었다. 1373년 설을 맞아 낭장 김종연은 홀로 명주성을 찾았다. 비록 성터만 남았지만, 구릉을 따라 걸으면 옛 정취가 고즈넉한 곳이었다.

그 옛날 궁예는 이 성에서 장군으로 추대되어 대동방국(大東方國)의 포부를 펼쳤다. 비록 고려 태조 왕건에게 쫓겨나 죽었지만, 백성을 도탄에서 구하고자 한 미륵왕의 이상은 드높았다. 작금의 고려는 어떠한가? 왜구의 끊임없는 노략질에 백성의 고통과 신음이 고해의 바다를 이루었다. 저들을 구원할 현세의 미륵은 어디 있단 말인가?

어느덧 해가 서산으로 기울고 어둠의 장막이 드리웠다. 김종연은 널찍한 바위에 자리를 깔고 품에서 호리병을 꺼냈다. 마개를 따고 한 모금 마시니 알싸한 술기운이 시린 속을 뜨겁게 달구었다. 태백산 솔잎으로 빚은 독한 송엽주였다. 이때 등 뒤에서 묵직한 음성이 덜미를 잡았다.

"어허, 좋은 술을 혼자 맛보기요?"

어둠의 장막을 젖히고 모습을 드러낸 자, 금강야차였다. 그는 거침없이 걸어오더니 바위에 보자기를 내려놓았다. 보자기 속 찬합에는 침채(沈菜, 김치)가 가득 담겨 있었다. 우엉, 파, 무를 소금에 절이고 생강으로 양념했다.

두 사람은 바위에 걸터앉아 묵묵히 호리병을 주고받았다. 별이 쏟아지는 밤하늘을 말없이 바라보았다. 옛 성터를 휘감고 지나가는 바람에 어색한 침묵이 흩어졌다.

"객지에서 설을 맞으니 적막하지요? 고향과 가족이 생각나지 않습니까?"

화척 두목의 물음에 김종연은 씁쓸한 미소를 짓는다.

"전장을 떠도는 무부(武夫)에게 고향이 어딨는가? 가족을 떠올린들 공연히 미안할 뿐이지. 군인이란 나라에 목숨을 맡기고 사는 죄인이라네."

금강야차가 고개를 절레절레 흔들며 다시 질문한다.

"그 나라라는 게 대체 어느 하늘 아래 있는 겁니까? 정녕 목숨을 맡길 만한 가치가 있습니까?"

나라도 없고 백성도 아닌 자다. 이자는 정말로 궁금해서 묻는 것이다.

"무관에게는 임금이 나라다. 백성이 나라다. 가족 또한 나라다. 내가 사랑하고 지켜야 할 모든 사람이 내 나라다. 그러니 기꺼이 목숨을 바치는 것이다."

"글쎄올시다. 알 듯 말 듯하네요."

화척 두목은 고개를 갸우뚱하다가 겸연쩍은 듯 씩 웃고 만다.

"그럼 나도 물어보지. 그대가 가장 사랑하는 것은 무엇인가? 그대에게도 반드시 지켜야 할 게 있는가?"

문득 떠올라서 툭 던지긴 했지만, 김종연도 제 질문이 낯간지럽다. 금강야차는 잠시 생각에 잠기더니 뜬금없이 밤하늘을 가리킨다.

"저기 흘러가는 구름이요. 나는 저 구름이 좋소. 지키고 말고 할 것도 없지요. 흘러가면 그뿐이니…… 산다는 게 그렇지 않습니까?"

김종연은 구름을 쳐다보며 껄껄 소리 내어 웃었다. 허허롭다. 어쩐지 이자가 마음에 든다.

청년 무관과 화척 두목의 동행이 시작되고 있었다.

"군주는 배요, 백성은 물이로다. 물은 배를 띄우기도 하지만 뒤집기도 한다."(《순자》'왕제')

개경에서 들려오는 임금의 소문에 강릉부사 안종원은 중국 사상가 순자의 경고를 뇌었다. 그 무렵 공민왕은 물결 위에서 일렁이는 위태로운 배를 연상케 했다. 신돈을 제거한 뒤로 중심을 잡지 못하고 엉망으로 흔들렸다.

왕은 앞으로 나아가지 않고 과거의 환영에 매달렸다. 여러 해 전에 죽은 왕비 노국대장공주를 기리는 데 피 같은 세금을 쏟아부었다. 특히 공주의 초상화가 자리할 영전(影殿)에 과몰입했다. 정문을 완성하고도 장엄하지 않다며 헐어버렸고, 종루 또한 같은 이유로 고쳐 짓도록 명했다. 초호화판이 아니면 안 되었다. 지붕 끝장식에 황금 650냥과 백은 800냥을 들일 정도였다.(《고려사절요》'공민왕 4')

공민왕은 수시로 노국대장공주가 묻힌 정릉에 찾아가 제사를 지냈다. 능 주위를 배회하며 슬퍼하다가 원나라 곡을 연주하게 하고 신하들에게 술자리를 베푸는 식이었다. 어머니 명덕태후가 죽은 사람은 놔주고 비빈(妃嬪)들을 가까이하라고 당부했지만 허사였다. 공주만 한 사람이 없다면서 거들떠보지도 않았다.

그러다보니 임금이 여자를 좋아하지 않는다는 설이 공공연히 나돌았다. 노국공주 생전에도 동침하는 일이 드물었다고 한다. 공주는 어렵사리 아기를 가졌지만 출산 도중에 세상을 떠났다. 이후 명덕태후가 왕비를 여럿 들였는데 공민왕은 여인들을 별궁에 방치했다. 허구한 날 독수공방에 혜비 이씨, 익비 한씨, 정비 안씨, 신비 염씨의 한숨이 깊어졌다.

기실 왕은 남색(男色)에 빠져 있었다. 그는 호위를 강화한다는 명목으로 좋은 집안에서 어리고 잘생긴 남자들을 뽑았다. 말도 많고 탈도 많은 자제위(子弟衛)였다. 대언 김홍경이 자제위를 주관하며 홍륜, 한안, 권진, 노선 등을 임금에게 붙였다. 공민왕은 그들을 침실로 불러 문란한 사생활을 이어갔다.

명덕태후는 후사가 끊길까 근심했다. 왕위를 계승할 적자(嫡子)가 없었다. 왕조 국가에서 후계자 문제는 나라의 안녕과 직결되는 사안이다. 정통성 있는 후계자가 안 나오면 반드시 분란이 생긴다. 야심가들이 저마다 허수아비를 내세워 권력투쟁에 나서기 때문이다. 역성혁명이 일어나 나라가 망할 수도 있다.

태후가 임금에게 적자 생산을 채근하는 것은 당연했다. 왕비와의 사이에서 어떻게든 왕자를 보도록 해야 했다. 공민왕은 그러나 순리를 따르지 않고 엽기적인 해법을 내놓았다. 자제위 홍륜과 한안 등을 왕비들과 관계시켜 후사를 도모하려 했다. 임금의 총기는 이미 돌이킬 수 없이 흐려진 상태였다.

공민왕이 자제위를 이끌고 오자 정비, 혜비, 신비는 완강히 거부했다. 정비 안씨는 머리를 풀고 목매달 채비까지 했다. 죽으면 죽었지, 왕비의 체통을 잃을 수 없다는 의지였다. 뜻을 이루지 못한 임금은 익비 한씨를 찾아갔다. 익비 또한 거절했지만, 왕이 칼까지 뽑아 위협하는 바람에 어쩔 수 없이 따라야 했다.

궁은 비밀스러운 곳이다. 안에서 일어난 일을 밖에서 소상히 알기 어렵다. 하지만 공민왕을 둘러싼 패륜은 워낙 충격적이라 조금씩 새어나갔다. 자극적인 소문은 빠른 속도로 퍼지기 마련이다. 국정 문란에 사람들은 경악했고 임금의 위신은 끝없이 추락했다.

이 낯 뜨거운 시기에 안종원은 강릉을 떠나 개경으로 돌아갔다. 대간(臺諫)으로 조정에 복직한 것이다. 임금에게 쓴소리하고 관리들을 탄핵하는 자리다.

대간 안종원은 국정 문란의 원흉으로 '왕의 남자' 환관을 지목했다. 환관들이 임금을 올바로 보필하지 않고 주색과 쾌락에 빠뜨렸다는 것이다. 그러나 공민왕은 안종원의 간언을 귀담아듣지 않았다. 국정 문란은 파국으로 치닫고 있었다.

한편 김종연은 부대를 이끌고 강릉에서 합포(마산)로 이동했다. 경상도도순문사 홍사우의 휘하에 배속되었다. 홍사우는 자제위 홍륜의 아버지였다. 왕명을 빙자해 익비 한씨의 궁에 자주 드나든다는 그 불충한 자의 아비가 상관이라니······.

남양 홍 씨 가문은 고려 최고의 명문가였다. 임금의 어머니 명덕태후를 배출한 외척이기도 했다. 명덕태후의 조카 홍언박은 공민왕이 기철 일파를 숙청하는 데 큰 공을 세웠다. 덕분에 일등 공신이 되었으며 최고 위직인 문하시중에 올랐다.

홍사우는 홍언박의 아들이었다. 그런데 김종연이 가까이서 보니 의외로 사람이 괜찮았다. 고려의 대표적인 문벌이지만 권세를 함부로 휘두르지 않았다. 오히려 강직하고 청렴한 성품으로 백성의 존경을 받았다.

홍륜이 궁에서 방자하게 날뛰는 것을 알고 홍사우는 자기 손으로 자식을 죽이려 했다. 공민왕이 제 사람이라고 감싸자 그는 임금에게 간곡히 부탁했다.

"홍륜은 인간의 탈을 쓴 짐승이오니 제발 궁중에 두지 마소서."《고려사》열전 '홍륜')

자제위 놀음에 푹 빠진 왕은 허락하지 않았다. 낙담한 홍사우는 지방직을 자청해 개경을 떠났다. 경상도도순문사가 되어 왜적 방어에 나섰다. 나라에 공을 세워 아들의 죗값을 조금이나마 갚겠다고 그는 마음을 굳게 먹었다.

홍사우는 군사를 다룰 때도 자신을 낮추고 부하를 존중했다. 홍륜 때문에 상관을 꺼리던 김종연도 생각이 바뀌기 시작했다. 어느새 경상도도순문사를 존경하게 되었다. 병사들도 그의 지휘에 기꺼이 목숨을 맡겼다.

1373년 2월 왜구가 구산현(진해)의 삼일포에 쳐들어왔다. 홍사우는 즉각 휘하 병력을 이끌고 출전했다. 들판에서 치열한 백병전이 벌어졌다. 먼지가 뭉게뭉게 일고 창칼이 날카롭게 부딪쳤다. 아군과 적군이 피범벅이 되어 쓰러졌다.

김종연은 정신이 아득해졌다. 시야가 흐릿하고 귀가 먹먹했다. 병사들도 마찬가지였다. 고함을 쳐도 알아듣기 힘들었다. 그래도 대오를 유지하고 군령을 세워야 한다. 낭장은 냉정하게 부하들을 독려했다. 고려군이 굳세게 밀어붙이자 적의 전열이 무너졌다.

왜구는 엉겁결에 산으로 바다로 도망쳤다. 고려군은 포위망을 짜고 사면에서 조여갔다. 산으로 도망간 적은 모두 목을 내놓아야 했다. 200여 명의 수급이 쌓였다. 물에 빠져 죽은 자도 1,000여 명을 헤아렸다. 노획한 병기는 셀 수 없이 많았다.《고려사》열전 '홍사우')

홍사우는 적에게 빼앗은 무기를 나라에 바치고 부하들이 세운 전공을 상세히 보고했다. 경상도도순문사의 적극적인 추천 덕분에 김종연은 낭장에서 중랑장으로 진급했다. 중랑장은 장군을 보좌하는 정5품 무관이다. 홍사우는 그를 작전참모로 기용했다.

승진도 좋지만, 김종연은 병사들이 자랑스러웠다. 전투를 거듭하며 그들은 진짜 군인이 되어갔다. 눈빛부터 바뀌었다. 승리를 갈망하는 전사의 눈빛이었다. 왜구를 만나면 태반이 달아나기 바쁜 고려군의 현실에서 김종연 부대는 귀중한 전력으로 거듭났다.

그해 가을 김횡이라는 자가 경상도도순문사로 부임했다. 김횡은 전라도의 악명 높은 탐관오리였다. 남의 경작지를 빼앗는 것은 물론 군량미를 착복하고 조세를 빼돌리는 짓도 서슴지 않았다. 이따금 탄핵당했지만 금세 다른 관직을 꿰찼다. 권신들에게 줄을 잘 선 덕분이다. 이번에도 자제위 김흥경에게 뇌물을 주고 경상도도순문사가 되었다.

홍사우는 전라도도순문사로 자리를 옮겼다. 김종연도 상관을 따라 전라도로 넘어갔다. 홍사우 휘하의 정예병력 5,000여 명은 그대로 합포에 남았다. 김종연이 강릉에서부터 조련한 부대원들도 아쉽지만 작별을 고했다. 선임병 김식과 이중화만 데려갔다.

김횡은 쾌재를 불렀다. 전임자에게 인수한 병력과 선박, 무기와 군량이 워낙 충실했다. 그는 늘 하던 대로 군량미와 조세를 착복해 탐욕을 채웠다. 백성에게는 탐관오리나 왜구나 매한가지였다. 보다 못해 행정관인 안렴사 유구가 부정 축재를 탄핵했다. 김횡은 거꾸로 유구의 허물을 캐서 조정에 보고했다. 간신들은 탐관오리의 손을 들어줬다.

도순문사가 방심하고 한눈파는 사이에 왜구는 대대적인 공세를 준비했다. 1374년 4월 왜선 350여 척이 합포 앞바다에 나타났다. (배 1척당 승선 인원을 30명으로 잡으면) 1만 명이 넘는 대군의 급습이었다.

합포 군영에 불길이 치솟고 선박이 몽땅 불탔다. 고려군은 지휘도 못 받고 우왕좌왕하다 학살당했다. 전사자만 5,000명에 육박했다. 고려가 수십 년 동안 왜적의 공격을 받았지만 이렇게 처참한 패배를 당한 적은 없었다.

병사들이 죽든 말든 나 몰라라 도망친 김횡은 겨우 목숨을 건졌지만, 책임을 면할 수는 없었다. 지휘관으로서 변명의 여지가 없는 실책이요, 인재(人災)였다. 공민왕은 패장의 사지를 찢어 각 도에 조리돌리게 했다. 탐관오리의 비참한 최후였다.

목포 군영에서 이 소식을 들은 김종연은 밤바다로 뛰쳐나갔다. 지휘관 잘못 만난 죗값을 부하들이 목숨으로 치렀다. 피땀 흘려 길러낸 정예병력이 허망하게 사라졌다. 김종연은 병사 한 사람 한 사람의 이름을 되뇌며 빈 바다에 술을 뿌리고 제를 올렸다. 한 치 앞도 분간할 수 없는 어둠이 수많은 익명의 분루를 삼키고 있었다. 캄캄한 밤이었다.

전대미문의 국왕 시해 사건이 터진 것은 1374년 9월이었다. 자제위 홍륜, 환관 최만생 등이 공민왕을 끔찍하게 살해했다.

발단은 최만생이 캔 비밀이었다. 환관은 변소에서 은밀히 임금에게 아뢰었다. 익비가 아기를 밴 지 다섯 달이 되었다는 소식이었다. 왕은 기뻐했다. 후사를 염려했는데 익비가 임신했으니 근심을 덜었다. 물론 자기 씨앗이 아님은 알고 있었다. 최만생은 익비의 말을 빌려 홍륜의 소생이라고 귀띔했다. 공민왕은 그 사실을 영원히 숨기기로 결심했다.

"내일 창릉에 제를 올리고 주정하는 체하면서 홍륜의 무리를 죽여 입막음하겠다."《고려사절요》'공민왕 4'

입막음이라니, 최만생은 등골이 서늘했다. 홍륜과 익비의 관계는 후사를 얻겠다는 명목으로 임금이 맺어준 것이다. 그런데 막상 왕비가 임신하자 국왕은 돌변했다. 배 속의 아기가 실제로 누구의 씨앗인지는 중요치 않다. 다만 공식적으로 임금의 적자여야 한다. 정치는 원래 비정한 법이다. 입막음은 꼭 필요했다.

최만생은 두려웠다. 공민왕은 출생의 비밀을 알고 있는 자들을 모두 죽일 것이다. 최측근 환관이라고 봐주지 않을 것이다. 그는 죽고 싶지 않아 자제위 일당을 찾아갔다. 홍륜, 한안, 권진, 노선 등에게 임금의 계획을 알렸다. 자제위 젊은이들은 분개했다. 왕비와 관계를 맺으라고 한 게 누군데 뒤통수를 치는가.

그들은 죽지 않기 위해 죽이기로 하고 한밤중에 임금에게 몰려갔다. 홍륜과 최만생이 칼을 뽑았다. 공민왕은 만취해 무기력했다. 피가 사방으로 튀었다. 어이없는 죽음이었다. 왕을 시해한 후 자제위 일당은 적이 쳐들어왔다고 고함쳤다. 궁인들을 교란하려 한 것이다. 임금의 처참한 시신은 새벽까지 방치되었다.

비상사태를 수습한 것은 수문하시중 이인임이었다. 병풍과 옷에 뿌려진 혈흔을 보고 최만생을 국문하니 진상이 곧 드러났다. 이인임은 즉각 홍륜, 한안, 권진, 노선 등 자제위 일당을 잡아들였다. 주범 홍륜과 최만생은 사지를 찢어 죽였다. 공모자들도 목을 베었다. 그 일족은 재산을 몰수하고 유배 보내거나 관노로 삼았다.

공민왕의 뒤를 이어 서자 우(禑)가 즉위했다. 열 살의 어린 나이였다.

공민왕 시해 사건에 목포 군영이 발칵 뒤집혔다. 겨울 찬바람과 함께 옥리가 들이닥쳐 전라도도순문사 홍사우를 국문했다. 아들 홍륜 때문이었다. 왕비를 욕보인 것도 모자라 국왕을 살해했으니 그 죄가 아비에게 미치지 않을 리 없었다.

홍사우는 곤장을 맞고 경상도 합천으로 유배를 떠났다. 전라도에 온 지 1년 만에 군기를 잡고 전력을 구축했건만 부질없는 일이 되고 말았다. 부관과 아전들이 군막을 나서는 그이를 배웅했다. 전쟁 영웅의 쓸쓸한 퇴장이었다. 홍사우는 선임 부관 김종연에게 회한 어린 당부를 남기고 표표히 길을 떠났다.

"그대는 나처럼 도망치지 말게. 내가 개경에 남아 임금을 말리고 못난 아들을 단속했다면 이런 일도 없었겠지. 하지만 나는 맞서지 않고 지방관을 자원해 달아났네. 도망치니까 비참한 운명이 쫓아온 걸세. 비운은 도망자를 알아보는 법이지."

비운은 여기서 그치지 않았다. 새로 즉위한 우왕이 선왕 시해범의 아버지와 형제를 죽이라고 명했다. 대신들이 사형만은 면하게 해달라고 청했지만 어린 임금은 듣지 않았다.

이윽고 홍사우와 큰아들 홍이가 귀양살이 중인 합천에 옥리가 내려갔다. 교살형을 앞두고 홍이가 울면서 호소했다.

"나를 죽이고 늙은 아버지는 풀어주시오."

홍사우는 담담하게 고개를 저었다.

"이 몸은 살 만큼 살았으니 아들을 풀어주고 나를 죽이시오."

몰려든 주민들도 목소리를 높였다.

"장군님은 왜적을 물리치고 우리를 지켜주셨소. 공을 봐서 살려주시오."

그러나 지엄한 왕명을 옥리가 거역할 순 없었다. 홍 씨 부자가 서로 끌어안고 목 졸려 죽으니 나라 사람들이 불쌍히 여겼다. 경상도와 전라도 백성들은 눈물을 흘리며 안타까워했다.《고려사》열전 '홍사우')

김종연은 멍하니 처형 고시를 들여다봤다. 허탈했다. 도순문사 홍사우는 어질고 충성스러운 인물이었다. 병사들이 모두 장군을 존경하고 따랐다. 왜구도 그가 지키는 곳은 감히 넘보지 못했다. 누구를 위한 처형인가? 꼭 죽여야만 했는가?

군막을 나서니 겨울바람이 불어와 얼어붙은 가슴을 세차게 두드렸다. 목포 군영에 펄럭이는 수자기(帥字旗, 장수기)가 분통을 터뜨리며 곡소리를 냈다. 김종연은 성난 바다를 물끄러미 바라보았다. 도망치지 말고 운명에 맞서라는 홍사우의 말을 곱씹었다.

출생의 비밀

우왕의 아명은 '모니노(牟尼奴)'였다. '석가모니의 종'이라는 뜻이다. 그는 왕비가 아니라 궁인에게서 난 공민왕의 서자로 알려졌다. 어머니는 한씨 여인이었는데 먼저 세상을 떠났다. 모니노는 태후궁에서 유모 장씨의 보살핌 속에 차근차근 후계자 수업을 받았다.

서자 출신 후계자가 무사히 왕위에 오르려면 든든한 세력과 지위가 뒷받침되어야 한다. 공민왕은 문란하게 살면서도 후사를 위한 안배는 잊지 않았다.

왕은 수문하시중 이인임을 모니노의 후견인으로 삼았다. 서자의 불안한 입지를 보완하기 위해 유력한 권문세족을 붙인 것이다. 명망 높은 유학자 이색에게는 자식의 새 이름을 짓도록 했다. '우(禑)'라는 작명은 사대부들의 선물인 셈이다. 또 서자를 강녕부원대군으로 봉해 왕실 내 지위도 높였다. 권문세족, 사대부, 왕실의 기반을 닦아준 것이다.

물론 우려의 시각이 적지 않았다. 왕이 아무리 기반을 마련한들 서자는 서자다. 정통성과 명분이 떨어져 조금만 삐끗해도 크게 흔들린다. 왕위에 오른다고 해도 임금을 우습게 보고 그 자리를 노리는 세력이 생기기 쉽다. 정변의 소지를 안고 가는 셈이다.

1374년 공민왕이 갑작스럽게 죽음을 맞자 이 문제가 불거졌다. 명덕태후는 우의 장래를 회의적으로 보았다. 우는 서자일 뿐 아니라 나이도 어렸다. 차라리 혈통 좋고 세력 있는 종친이 왕위를 물려받는 게 낫다고 판단했다. 그것이 혼란을 줄이고 나라를 안정시키는 길이라고 생각했다. 문하시중 경복흥도 태후의 의견에 동조했다.

그러나 수시중 이인임이 펄쩍 뛰었다. 공민왕이 우를 후계자로 키웠는데 무슨 소리냐며 어린 서자를 왕으로 밀었다. 중신들은 눈치를 보다가 차츰 우 쪽으로 기울었다. 23년간 재위한 선왕의 유지라는데 어찌 저버릴 수 있단 말인가. 결국 우가 백관들의 호응을 얻어 임금이 되었다. 고려에 열 살짜리 국왕이 등장한 경위다.

아니나 다를까 우려는 현실이 되었다. 1376년 3월 반야(般若)라는 여인이 한밤중에 몰래 태후궁에 들어가 울부짖었다. 고려를 뒤흔드는 놀라운 주장이 터져나왔다.

"태후 마마, 지금 임금은 분명 소첩이 낳았는데 어찌 다른 여인을 어머니로 삼으십니까? 제 아들을 돌려주십시오."

우왕의 후견인 이인임이 즉각 군사를 보내 반야를 잡아들였다. 수상한 여인이 태후궁을 범하는데도 막지 못했다며 궁중 경비 책임자를 귀양 보냈다. 서둘러 수습했지만 사건의 파문은 컸다. 임금의 생모가 따로 있다는 소문이 밤사이에 들불처럼 번졌다.

나음날 조정 중신들이 흥국사에 모여 간밤의 '폭탄선언'에 관해 익논했다. 사안이 사안인 만큼 궁궐 밖에서 은밀히 회합한 것이다. 대간과 원로들도 이 자리에 참석했다. 하지만 논의는 제자리를 맴돌 뿐이었다. 우왕의 출생 내력이 불분명했기 때문이다. 삼사우사 김속명이 탄식하며 말했다.

"왕의 어머니가 누구인지 말들이 많으니 빨리 분별하여 나라 사람들의 의혹을 풀어야 할 것이오. 천하에 그 아버지를 분별하지 못하는 일은 간혹 있지만, 어머니를 분별하지 못하는 일은 들어보지 못하였소."《고려사절요》'신우 1')

김속명은 평소 바른말 잘하기로 유명했다. 꼬장꼬장한 일침에 이인임은 뜨끔했다. 하지만 새 임금이 궁인 한씨 소생이라고 공표했는데 이제와 번복할 수는 없었다. 임금의 정통성과 직결되는 문제다. 공론화되면 좋을 게 하나도 없다. 이인임은 대간들을 시켜 김속명을 불경죄로 탄핵하고 유배 보냈다. 본보기 삼아 사람들의 입을 다물게 한 것이다.

반야는 왕실을 모욕하고 나라를 어지럽힌 죄인이 되었다. 억울함을 호소했지만 아무도 들어주지 않았다. 그녀는 꽁꽁 묶여 임진강으로 끌려갔다. 그리고 깊고 푸른 강물에 던져졌다. 우왕을 둘러싼 출생의 비밀도 그 심연 속으로 가라앉았다.

우왕의 어머니로 알려진 궁인 한씨는 순정왕후로 추존되었다. 공민왕의 영전인 혜명전에도 순정왕후 한씨를 배향했다. 선왕이 극진히 떠받들던 노국대장공주는 별실로 밀려났다. 생모에게 고귀한 지위를 부여해 출생의 의혹을 덮고 임금의 정통성을 부풀린 것이다.

이인임은 치명적인 사달을 능수능란하게 무마했다. 그러나 한 번 불거진 의혹의 불씨는 쉬이 꺼지지 않았다. 이번에는 반야가 요승 신돈의 비첩(婢妾)이라는 소문이 스멀스멀 피어올랐다.

신돈이 막강한 권력을 휘두르던 시절에 관리들은 잘 보이려고 첩이나 수양딸을 바쳤다. 반야도 그중 하나였다. 그녀는 신돈의 저택에서 여종으로 일하다가 주인 눈에 띄어 첩이 되었다.

반야가 공민왕과 인연을 맺은 것은 1365년 노국대장공주가 세상을 떠난 직후였다. 상심에 빠진 왕은 신돈의 집에 드나들었다. 슬픔과 허전함을 달래고자 걸음한 것이다. 신돈은 자기 비첩에게 왕의 시중을 들게 했다.

그해 말 반야는 아들을 낳았다. 신돈은 왕의 핏줄임을 숨기기 위해 아이를 바깥에서 한두 해 기르고 데려왔다. 1371년 요승이 처형되자 공민왕은 반야의 아들을 궁에 들였다. 소문은 그 아이가 바로 우왕이라는 것이었다.

사람들은 이제 우왕의 어머니보다 아버지를 궁금해했다. 공민왕일까, 신돈일까? 선왕의 혈통이 아니라면 큰일이다. 나라가 뒤집힐 판이다. 우왕을 둘러싼 출생의 비밀을 숨기려다 더욱 치명적인 의혹을 만든 셈이다.

이 소문을 듣고 김종연은 노비 파두에게 넌지시 물었다. 그는 예전에 신돈의 집에서 요리사로 일했다. 숙수는 주인과 가까운 사이니 뭔가 알고 있을지도 몰랐다. 파두는 잠시 침묵하더니 의미심장한 말을 꺼냈다.

"선왕이 몰래 와서 아이를 만나고 갔습지요. 바쁠 때는 위사를 보내 금화를 선물했는데 아이가 무척 좋아했습니다. 친자식이 아니면 어찌 그럴 수 있겠습니까?"

더구나 공민왕은 매달 쌀 30석을 반야에게 내렸다고 한다.(《고려사》세가 '공민왕 17년') 꽈두의 말마따나 세 자식을 낳아준 여인이 아니라면 그리했을 리 없다.

어쨌든 반야가 신돈의 첩이었기에 억측과 오해는 불가피하게 되었다. 나라를 훔치려는 자들은 이를 악용해 고려를 흔들 것이다. 왕이 요승 신돈의 핏줄이라더라, 가짜 임금이라더라, 소문을 퍼뜨려서 민심을 흔들 것이다. 어디선가 먹구름이 몰려와 하늘을 뒤덮기 시작했다. 폭풍우가 한바탕 몰아칠 모양이다.

한편 어린 임금이 즉위하자 왜구는 더욱 극성을 부렸다. 매년 10차례 이상 팔도 전역을 들쑤셨다. 노략질하며 약탈, 방화, 납치뿐 아니라 살육을 서슴지 않았다. 이전과 달리 부녀자와 아이들까지 닥치는 대로 죽였다. 잔혹하기가 야차와 같았다.

백성은 끔찍한 참화를 겪는데 고려군은 무기력하기만 했다. 중앙군인 2군 6위는 평소 국왕과 수도를 지키다가 전면전이 벌어지면 전장에 투입되는 군단들이었다. 동에 번쩍 서에 번쩍 기동력 있게 치고 빠지는 왜구와의 싸움에는 힘을 못 썼다.

일반 백성으로 구성된 지방군은 상비군이 아니고 훈련도 안 돼 있어 왜구가 나타나면 달아나기 바빴다. 또 바다를 건너오는 왜구를 저지해야 할 수군도 구색만 갖췄을 뿐 병력과 함선이 턱없이 부족했다. 왜적에 대한 대비가 총체적으로 부실했다.

집정대신 이인임은 백전노장 최영에게 왜구 방비의 중책을 맡겼다. 몽골 세력, 심양왕, 여진족 등 북방의 위협이 줄어들었으니 왜적을 막는 데 군사력을 집중할 필요가 있었다. 하지만 최영이 아무리 명장이라도 고려군을 새로 정비하려면 시간이 걸렸다.

우왕 주변에서는 나라의 도읍을 옮겨 재난을 피해야 한다는 주장이 흘러나왔다. 바다에서 가까운 개경은 왜구의 위협으로부터 안전하지 않다는 것이었다. 실제로 저들은 강화도를 제집처럼 드나들며 호시탐탐 고려의 도읍을 노리고 있었다.

우왕이 천도(遷都)에 관한 의견을 구하자 대신들이 반대했다. 갑자기 도읍을 버리면 백성이 혼란에 빠질 것이라고 우려했지만, 속내는 따로 있었다.

대신들은 대부분 권문세족이었다. 그들은 문벌 귀족 사회, 무신정권, 원나라 간섭기를 거치면서 개경에 뿌리내렸다. 서로 밀어주고 끌어주며 부와 권력을 공고히 했다. 천도는 권문세족의 뿌리를 뽑고 기득권을 흔드는 일이므로 불가했다.

그 사이에 왜적은 병력을 끌어모아 내륙으로 쳐들어왔다. 1376년 7월 왜구 3,000여 명이 부여를 노략질하고 공주를 함락했다. 유서 깊은 절인 개태사가 약탈의 표적이 되었다. 양광도원수 박인계가 군사를 이끌고 맞서 싸웠지만, 전투 도중에 말에서 떨어져 전사했다. 개태사 승려들도 저항하다가 도륙당했다.

박인계가 죽었다는 소식을 듣고 판삼사사 최영이 출전을 자청했다. 그의 나이 어느덧 환갑이었다. 우왕과 장수들이 연로하다며 만류했으나 백전노장은 뜻을 굽히지 않았다.

"왜적이 갈수록 방자하고 포악하게 날뛰고 있습니다. 경성을 지키려면 지금 저들을 제압해야 합니다. 신은 비록 늙었으나 뜻은 쇠하지 않았습니다. 또 신의 휘하에는 잘 훈련된 군사들이 있습니다. 빨리 가서 왜구를 쳐야 합니다. 부디 허락하소서."(《고려사절요》'신우 1')

최영이 누구인가? 그는 고려 최고의 장수였다. 지난날 원나라의 요청으로 고려군을 거느리고 중국 강남에 들어가 한족 반란군을 토벌했다(1354~1355). 고우성, 육합성, 회안로에서 연거푸 승리를 거두고 부상 투혼을 발휘해 대륙에 위명을 떨쳤다.

그는 고려의 수호신이었다. 홍건적으로부터 개경을 수복하는 데 큰 공을 세우고(1362), 공민왕을 시해하고자 김용이 일으킨 홍국사의 변을 진압하고(1363), 덕흥군을 임금으로 옹립하려 한 최유와 원나라 군대를 격파해(1364) 나라를 굳게 지켰다.

최영은 신돈의 집권기(1365~1371)에 유배지에서 시련을 겪었지만, 기어이 돌아와 고려의 버팀목이 되었다. 개경의 관문인 해풍(개풍)에 군사령부를 구축하고 동강과 서강을 틀어막아 왜구로부터 수도를 방어했다.

백전노장은 부여와 공주로 직접 출전하기를 임금에게 간절히 청했다. 지금 왜구의 기세를 꺾지 못하면 향후 저들의 공세를 감당하지 못하리란 판단이 깔려 있었다. 당시 고려에서 그 임무를 확실히 수행할 수 있는 건 잘 훈련된 최영 군단밖에 없었다.

최영은 허락을 얻어내기 위해 한밤중에 부하들을 데리고 궁문 앞에 엎드렸다. 마침내 임금의 윤허가 떨어지자 최영은 잠도 자지 않고 곧바로 길을 떠났다. 양광도도순문사 최공철, 조전원수 강영, 병마사 박수년 등이 지원군을 거느리고 합류했다. 병력은 도합 5,000여 명에 이르렀다.

왜구는 부여 홍산 부근의 험준한 고지에서 고려 토벌군을 기다리고 있었다. 삼면이 절벽이고 통로는 좁은 길 하나뿐이었다. 장수들은 주춤했다. 외딴길로 들어서다가 적의 표적이 될까봐 멈추었다.

최영은 노련한 장수였다. 전투는 기 싸움에서 출발한다. 아군의 사기는 끌어올리고 적군은 혼란에 빠뜨려야 한다. 최영은 홀로 좁은 길을 말달려 적진에 뛰어들었다. 존경하는 사령관이 백발을 휘날리며 단기필마로 돌격하자 부하들의 가슴이 뜨겁게 타올랐다. 반면 유리한 고지를 점하고 있던 왜구는 노(老)장군의 돌격전에 놀라 뿔뿔이 흩어졌다.

위험천만한 순간도 있었다. 숲에서 화살이 날아와 최영의 입술에 꽂혔다. 입 주위가 금세 피범벅이 되었다. 하지만 그는 눈썹 하나 까딱하지 않았다. 태연히 화살을 뽑아들더니 숲에 매복한 적병을 쏴 죽였다.

몸을 사리지 않는 최영의 분전에 고려군은 용기백배해 일제히 치고 나갔다. 왜구는 전의를 상실하고 참패했다. 최영 군단은 퇴로가 막힌 적들을 모두 사로잡아 목을 베었다. 왜적에 대한 엄중한 경고였다.

이로써 부여, 공주, 개태사를 휩쓴 왜구가 소탕되었다. 최영이 일궈낸 홍산대첩이었다. 승전보를 받자 우왕은 옷과 술과 안장 갖춘 말을 보내 치하하고 백전노장을 철원부원군에 봉했다. 최영의 명성은 왜적의 본거지인 규슈에까지 널리 알려졌다. 왜구는 그를 '백발의 최만호'라고 부르며 특별히 경계했다.

최영 군단이 개경으로 돌아가자 왜적은 고려의 빈틈을 파고들었다. 목포의 전라도원수 군영을 급습했다. 이때 원수가 교체되었는데, 전임자 하을지는 후임자가 도착하기도 전에 진주의 자기 농장으로 돌아갔다. 그 틈에 왜구가 쳐들어왔기에 목포 군영 군사들은 지휘받지 못해 크게 패했다.

전라도중랑장 김종연은 남은 병력을 수습해 영산강 쪽으로 퇴각했다. 왜석은 나주를 노략질하고 고려군을 뒤쫓았다. 전리도 군사들이 강여울을 막 건넜는데 맞은편에 왜구가 들이닥쳤다. 이대로 가다가는 따라잡힐 것 같았다.

김종연은 꾀를 내었다. 강가에 있는 모래밭과 숲을 이용하기로 했다. 깃발들을 모래밭에 줄지어 세우고 군사들을 숲에 들어가 뛰어다니게 했다. 왜구는 강 건너에 깃발들이 정연하게 펄럭이고 먼지가 뭉게뭉게 일자 병력을 물렸다. 고려 지원군이 도착해 반격을 준비한다고 착각한 것이다.

전라도 군사들은 김종연의 활약으로 사지에서 벗어나 전주에 이르렀다. 그곳에는 신임 전라도원수 유영이 당도해 있었다. 전열을 정비한 고려군은 익산까지 쫓아온 왜적을 간신히 저지했다.

그러나 왜구의 숫자는 갈수록 불어났다. 1376년 9월 결국 전주가 함락되었다. 전라도에서 가장 중요한 성읍을 빼앗긴 것이다. 자칫 고려 최대의 곡창지대를 통째로 내줄 판이었다. 중앙군의 출격이 불가피했다. 이번에는 누굴 내보내야 할까?

집정대신 이인임은 변안열을 선택했다. 그는 중국 심양 출신의 고려인이었다. 어려서부터 무예가 출중해 원나라 무과에 장원으로 급제했다. 1351년 원나라 연경에 머물던 공민왕이 즉위할 때 그는 열여덟 나이로 임금을 호위해 고려에 들어왔다.

공민왕은 변안열을 곁에 두고 총애했다. 혼인까지 주선해 문벌귀족 원의의 딸과 결혼시키고 막대한 재산을 물려받도록 했다. 원주를 본관으로 삼게 한 것도 임금의 뜻이었다. 그는 재산과 본관을 발판 삼아 사병 집단을 양성하며 무장으로서 힘을 길러나갔다.

전장에서도 맹활약했다. 1362년에는 대장군 안우 휘하에서 홍건적을 격퇴하고 개경 수복의 일등 공신이 되었다. 최영과 함께 탐라의 목호(牧胡, 말 기르는 오랑캐)를 정벌하고 돌아온 것은 1374년의 일이었다. 이제 왜구 토벌전에 나서 공을 세울 차례였다.

변안열은 전라도와 양광도의 도지휘사로 출전했다. 전라도상원수 나세와 부원수 조사민도 합류했다. 중랑장 김종연은 작전참모로 기용되었다. 패전에도 불구하고 목포 군영의 병력을 수습한 공을 인정받았다. 현지 사정에 밝은 김종연의 조언에 도지휘사는 귀를 기울였다.

1376년 10월 왜적이 부령(부안)으로 향하고 있다는 정보가 들어왔다. 김종연의 명을 받는 탐망꾼들이 보고한 것이다. 도지휘사 변안열은 부령에서 선운사로 나아가는 길목에 군사를 매복시켰다. 개태사의 사례를 참고해 적의 이동 경로를 예측했다.

작전은 적중했다. 고려군의 매복 기습전에 방심하던 왜구는 당황했다. 급히 길을 돌려 변산 쪽으로 달아나려고 했지만, 뒤에도 나세와 조사민의 부대가 들이닥쳤다. 앞뒤에서 나타난 고려군의 협공에 왜적은 우왕좌왕 갈피를 잡지 못했다.

이때 변안열이 청룡도를 집어들고 적진 한복판으로 돌격했다. 그 용맹한 기세에 적의 전열은 순식간에 무너졌다. 청룡도를 힘차게 휘두를 때마다 왜구들이 우수수 나가떨어졌다. 도지휘사는 눈 깜짝할 사이에 적장의 목을 베었다. 압도적인 무위였다.

고려군의 사기는 하늘을 찔렀다. 왜적은 공포에 질려 추풍낙엽처럼 쓰러졌다. 수천 명이 쳐들어왔으나 살아 돌아간 자는 수백 명에 불과했다.

부령대첩이었다.

변인얼은 왜구가 약탈한 재물을 주민들에게 돌려주고 위풍당당하게 개선했다. 우왕은 그의 공을 치하하고 문하찬성사에 임명했다. 중국 심양 출신의 이방인이 고려의 재상 반열에 오른 것이다.

중랑장 김종연은 양광도원수 왕안덕의 휘하에 배속되었다. 양광도(현재의 서울, 경기, 충청)는 고려의 중추를 이루는 드넓은 지역이다. 그는 남경(한양)으로 이동해 새 임무를 맡을 채비를 했다.

고려 군부에서는 김종연의 작전 능력을 높이 평가해 장군으로 키우려 했다. 4년 전 무관으로 전장에 첫발을 내디딘 이래 강원도, 경상도, 전라도에서 왜구와 치열하게 싸웠다. 그 현장 경험을 발판 삼아 도약을 앞두게 되었다.

고려의 장군(將軍)은 1,000명 이상의 군사를 독자적으로 지휘한다. 좋은 장수가 되려면 잘 싸우는 것만으로는 부족하다. 《손자병법》에서는 "적을 알고 나를 알면 백번 싸워도 위태롭지 않다"고 했다. 전투에서 승리하고 부하들을 지키려면 무엇보다 적을 알아야 한다. 왜구, 일본에서 건너오는 도적의 실체를 누구보다 잘 알아야 한다.

김종연은 일본에 1년 반 이상 머물며 통신사 임무를 수행하고 돌아온 나홍유를 직접 찾아갔다.

나흥유

어린 임금 우가 즉위하고 세 번째 맞는 봄날이었다(1377). 경칩 무렵이라 강물 위의 바람은 쌀쌀했지만 온 천지에 생명이 움트고 있었다.

뱃길은 순탄했다. 이포나루에서 내린 김종연은 찬찬히 주위를 둘러봤다. 봄날 햇살을 받은 남한강 물줄기는 금빛 비단으로 일렁거렸다. 충주에서 굽이굽이 여울쳐온 강은 여주를 지나면서 어머니 품처럼 너그럽게 들판을 적시고 개경을 향해 나아간다. 강변을 따라 늘어선 수양버들은 연둣빛 새순을 잔뜩 머금고 봄바람에 살랑대고 있었다.

여주 백애촌은 충주의 목계와 함께 남한강에서 가장 살기 좋은 마을로 꼽혔다. 주민들은 농사 대신 배를 타고 수운에 나섰다. 남한강 유역의 풍요로운 물산이 이포나루에 모여 개경으로 옮겨졌다.

나흥유는 이곳에 학당을 열고 제자를 길렀다. 고려 학당에서는 주로 유학(儒學)과 시문(詩文)을 가르쳤다. 그의 학당은 달랐다. 유학과 시문은 과거시험에 나오는 것만 원하는 학생에게 과외를 해줬다. 대신 역사, 법률, 외교, 어학, 산술 등 실용적인 수업을 했다. 김종연은 그에게서 일본, 특히 왜구의 실체에 관해 가르침을 받고자 했다.

나흥유는 전라도 나주 출신으로 원래 글방 선생이었다. 경전에 두루 밝았으나 과거시험만 보면 낙방했다. 호구지책으로 연 것이 글방이었다. 아이들을 가르치면서 그는 진정한 재능을 발견했다. 역사에 해박하고 이야기를 잘해서 사람들이 구름떼처럼 몰려들었다. 애어른 할 것 없이 그의 이야기에 빠져들었다.

글방 선생의 역사 이야기는 점점 유명해져 임금의 귀에까지 들어갔다. 공민왕은 나흥유를 개경으로 불러들였다. 그의 구수한 입담에 국왕은 매우 흡족해했다. 일개 글방 선생을 '노생(老生)'이라고 부르며 자기 곁에 두었다. 흰 수염이 가슴을 덮는 노인장이지만 친근하게 느끼고 호감을 표시했다.

나흥유는 내친김에 고려와 중국의 지도를 편찬해 임금에게 바쳤다. 공민왕의 두 눈이 휘둥그레졌다. 노생은 두루마리 지도를 펼치고 통렬하게 강론을 펼쳤다. 역대 제왕이 어떻게 일어나고 쓰러졌는지, 천하가 어떻게 합쳐지고 나뉘었는지 막힘없이 풀어나갔다. 강론을 마치면서 그는 왕에게 충심을 다해 아뢰었다.

"옛것을 좋아하는 군자가 이 지도를 보시면 가슴에 또 하나의 천지가 열릴 것입니다."(《고려사》열전 '나흥유')

왕비 노국대장공주를 잃고 나랏일이 시들해진 공민왕이었다. 그 뻥 뚫린 가슴에 뜨겁고 웅장한 기운이 차올랐다.

임금과 노생이 함께하는 시간이 늘어났다. 왕은 수라를 들 때 종종 나홍유를 불렀다. 자신이 먹던 음식도 내렸다. 손수 간을 봐주기까지 했다. 두 사람은 시를 짓고 농담을 주고받으며 허물없이 지냈다.

"노생의 역사 강론은 태공망이 주나라 문왕을 일깨운 것과 같고, 시담(詩談)은 이태백이 당나라 현종을 즐겁게 한 것과 같도다."

글방 선생에 대한 공민왕의 신임은 갈수록 커졌다. 벼슬도 내렸다. 영전도감 판관에 앉혔다. 새 영전은 노국대장공주의 초상을 봉헌하는 전각이었다. 공민왕은 영전 공사에 모든 것을 쏟아부었다. 초상화도 심혈을 기울여 손수 그렸다.

나홍유는 이 공사를 감독하는 임무를 맡았다. 그는 책상에 앉아서 지시만 내리는 관리가 아니었다. 현장에서 일꾼을 독려하고 공사를 지휘했다. 신선처럼 흰 수염을 휘날리며 돌 위에 올라가 깃발을 휘둘렀다. 마치 공연하는 것 같았다.

세간에서는 임금에게 잘 보이려고 광대 짓 한다면서 손가락질했다. 나잇살 먹고 왕의 총애를 구하는 모습이 추잡하다는 것이었다. 노생은 아랑곳하지 않았다. 영전 공사는 고단한 일이었다. 깃발을 휘두르는 건 일꾼들의 흥을 돋우는 방법이었다.

일하다가 좋은 생각이 떠오르면 그는 거침없이 실행에 옮겼다. 나무로 반룡(蟠龍)을 깎아 전각문을 세밀하게 장식하는 수완도 발휘했다. 반룡은 승천하지 않고 땅에 서린 용으로, 임금을 상징하는 영물이었다. 노생은 진심으로 왕에게 충성했다.

나홍유의 일솜씨와 충성심은 공민왕을 기쁘게 했다. 그는 사농소경(종4품)에 이어 사재령(종3품)으로 승진을 거듭했다. 사농소경은 제사에 쓸

술과 곡식, 제물을 마련하는 관직이었고, 사재령은 수산물 조달과 하천의 교동을 관장하는 벼슬이었다. 요직은 아니지만, 경험과 수완이 필요했다.

하지만 1374년 공민왕이 시해되자 상황이 급변했다. 어린 우왕을 내세워 정권을 잡은 권신들은 끈 떨어진 노인네를 당장 쳐냈다. 대간으로부터 탄핵이 들어왔다. 영전의 목재를 훔쳐 썼다는 불명예스러운 죄목이었다. 억울했지만 파면이 불가피했다. 그를 변호할 사람이 조정에 없었다.

권문세족은 나흥유를 깔보고 있었다. 촌구석에서 온 미천한 늙은이라며 대놓고 무시했다. 유학자들도 그를 탐탁지 않게 여겼다. 오직 공자와 주자의 학문만 숭상하는 그들이 볼 때 나흥유는 얕은 재주로 임금을 현혹하는 간신에 불과했다. 이제 공민왕이 세상을 떠난 이상 노생이 중용될 일은 없어 보였다.

하지만 글방 선생은 예상을 깨고 금방 정계에 복귀했다. 이듬해 2월 통신사에 임명되어 일본으로 떠난 것이다. 고려 최고 의사결정 기구인 도당(都堂)에 한 가지 제안을 올린 덕분이었다. 일본과 화친을 도모하자는 파격적인 제안이었다.

1274년과 1281년 여원연합군의 두 차례 정벌 이후 고려와 일본의 국교는 끊어졌다. 공민왕 때 교토에 사절을 보내 왜구를 금해달라고 요청했지만, 남북조 내전으로 일본 조정이 어수선해 별로 효과를 보지 못했다. 화친이라니, 얼토당토않아 보였다.

나흥유는 일본 정세를 잘 파악하고 있었다. 1333년 고다이고 천황이 가마쿠라 막부를 무너뜨리고 직접 통치를 단행하지만, 1336년 쇼군 아시카가 다카우지가 군사를 일으켜 교토에 새로 막부를 열면서 일본 조정은 남조와 북조로 갈라졌다.

남북조 내전이 가장 격렬했던 지방이 일본 서해도 규슈였다. 일본 전역에서 북조 무로마치 막부가 주도권을 잡았지만, 규슈에서는 남조 천황을 지지하는 정서부(征西府)가 기세등등했다. 1350~1360년대에 규슈를 장악한 것은 오히려 남조 세력이었다.

규슈의 판도가 바뀐 것은 1370년대 들어서였다. 3대 쇼군 아시카가 요시미쓰가 이마가와 료슌을 규슈절도사에 임명하고 대대적인 정벌전을 펼쳤다. 치열한 공방전 끝에 북조 막부 측이 승기를 잡았다. 남조 정서부를 본거지에 고립시키고 포위전에 들어간 것이다.

나흥유는 북조 막부가 내전에서 승리하면 왜구를 통제할 수 있다고 보았다. 물론 저절로 되지는 않는다. 무로마치 막부가 왜구 통제를 우선순위로 삼도록 고려에서 외교적인 압력을 가해야 한다. 그러려면 미리 화친을 맺어둘 필요가 있다. 왜적의 침공에 진절머리 난 대신들은 일리가 있다고 여겨 그의 제안을 채택했다.

결국 통신사 파견이 결정되었고 나흥유가 고려 최초로 그 임무를 맡았다. 1375년 2월 그는 합포(마산)에서 배에 올라 규슈로 향했다. 국교가 끊긴 나라에 화친을 맺으러 가는 길이었다. 호전적인 막부에서 어떻게 나올지 몰랐다. 도중에 왜구에게 붙잡히면 목숨을 부지하기도 힘들다. 이래저래 위험하기 그지없는 임무였다.

아니나 다를까 늙은 사신은 도착하자마자 시련에 부딪혔다. 규슈의 관문 하카타에서 첩자로 오해받아 체포되었다. 고려에서 온 통신사라고 아무리 얘기해도 소용없었다. 나흥유는 규슈 태재부(太宰府)로 끌려가 관리들에게 심문받아야 했다. 옥에 가두고 밥도 제대로 주지 않아 굶어 죽을 뻔했다.

규슈절도사 이마가와 료슌은 나흥유를 막부가 있는 교토로 압송했다. 첩자 혐의가 씌워진 죄인 신세였다. 고려 최초의 통신사는 가시밭길을 걸었다. 어느 정도 예상은 했지만 호된 곤욕을 치르게 되었다.

나흥유에게 구원의 손길을 내민 사람은 고려 출신 승려 양유였다. 진주 사람이라는데 왜승을 따라 일본에 왔다고 한다. 무로마치 막부는 늙은이가 정말 통신사가 맞는지 그이더러 알아보게 했다. 나흥유를 만난 양유는 거짓이 없다며 막부에 석방을 청했다. 늙은 사신은 그제야 감옥에서 풀려났다.

석방되었다고 문제가 해결된 것은 아니었다. 막부는 고려와 화친에 관심이 없었다. 몇 해 전 명나라 황제가 남조 정서대장군 가네요시 친왕을 '일본국왕'으로 임명하자 쇼군 아시카가 요시미쓰는 격분했다. 명나라든 고려든 대외 관계에 불신이 컸다. 화친은커녕 약조조차 받기 어려운 형편이었다.

노련한 사신은 꾀를 냈다. 상대가 관심을 안 보일 때는 주목을 받으면 되었다. 나흥유는 양유를 통해 자기 나이가 백오십 살이라고 소문냈다. 실제 나이는 예순 살이었지만 흰 수염 휘날리는 신선의 풍모에 일본인들은 속고 말았다. 숙소 문이 미어지게 구경꾼들이 몰렸다. 그림을 그리거나 찬(讚)을 지어 주는 자까지 있었다.《고려사》열전 '나흥유')

계책은 멋지게 들어맞았다. 어느 날 막부의 외교승 토쿠소 쥬사가 나흥유를 불렀다. 고려 통신사는 드디어 외교관의 임무를 수행했다. 교섭 끝에 양국이 사신을 교환하는 데 합의했다. 고려 통신사의 상대역은 규슈절도사 이마가와 료슌으로 정했다. 교토까지 찾아가는 것보다 왜구를 통제할 수 있는 규슈의 수장을 만나는 게 실익이 컸다.

나흥유는 규슈로 돌아가 이마가와 료슌과 면담했다. 규슈절도사는 과거 여원연합군의 침공을 언급하며 중국과 고려가 합세해 또다시 일본을 칠까 경계했다. 나흥유는 그것이 왜구를 통제해야 하는 까닭이라고 역설했다. 고려와 명나라를 닥치는 대로 노략질하는 왜구가 일본 정벌의 빌미가 될 수 있다는 논리였다. 규슈절도사는 그의 말에 공감했다.

1376년 10월 고려 통신사 나흥유가 일본에서 돌아왔다. 무려 1년 8개월 만의 귀환이었다. 그는 막부 외교승 토쿠소 쥬사의 서찰을 조정에 올렸다.

"일본 규슈에는 난신(亂臣)들이 땅 한 귀퉁이씩 차지하고 공물과 세금을 바치지 않은 지가 벌써 스무 해를 넘었습니다. 귀국을 침범해 악행을 일삼는 것은 서쪽 바닷가 지역의 억세고 사나운 백성들이 저지른 소행으로 우리 조정과는 무관합니다. 지금 그들을 토벌하기 위해 규슈 깊숙이 군사를 들여보내 날마다 전투를 벌이고 있습니다. 완벽히 수복하면 하늘에 맹세코 왜구를 금하겠습니다."《고려사》세가 '우왕 2년')

비록 낯선 땅에서 고생했지만 나흥유는 여한이 없었다. 고려와 일본 조정이 100여 년 만에 국교를 맺고 교류할 수 있게 만든 것이다. 그는 고려 통신사를 끝으로 조정에서 깨끗이 물러났다. 여주 백애촌에 학당을 열어 인재를 키우기 시작했다. 김종연이 찾아간 것은 그 무렵이었다.

구이학당(九怡學堂). 아홉 가지 기쁨이 있는 배움터라⋯⋯. 김종연은 현판을 힐끗 바라보고 대문 안으로 들어섰다. 학생들의 글 읽는 소리가 낭랑하게 울려 퍼졌다. 안에서 중년의 사내가 나와 그를 맞이했다. 머리에 유선을 쓴 것으로 보아 글선생인 듯했다. 갸름하고 청수한 얼굴이었다. 가지런히 손질한 붓 모양의 수염이 단정한 인상을 주었다.

"뉘시오?"

"양광도중랑장 김종연이라고 합니다. 나흥유 선생을 뵈러 왔소만."

"스승님은 무슨 일로 찾는 게요?"

사내는 김종연을 쓱 훑어보고는 고개를 갸웃하며 물었다. 낯선 무관이 스승을 찾을 만한 까닭이 있는지 자문하는 기색이었다. 김종연은 두 손을 맞잡아 얼굴 앞으로 들어올리고 공손히 말했다.

"그저 배움의 기회를 얻고자 할 따름입니다."

사내는 싱긋 미소 지으며 경계를 풀었다. 어느새 목소리가 푸근해졌다.

"이 몸은 조유입니다. 여기서 학생들을 가르치고 있소이다. 스승님은 봄기운을 마시겠다며 아침부터 산에 오르셨소. 그대가 가서 좀 모시고 오시구려. 보다시피 학생들이 많아 혼자 감당하기가 벅차다오."

학생들은 어느새 창문에 잔뜩 달라붙어 관복 입은 무관을 쳐다봤다. 조유는 아이들을 들여보내고 강 건너편에 자리한 나지막한 산을 손으로 가리켰다. 산의 생김새가 예사롭지 않았다. 도인이 가부좌를 하고 앉아 있는 형상이었다. 양광도중랑장의 시선을 사로잡은 것은 성채였다. 성곽이 뱀처럼 구불구불 산을 휘감아 정상으로 이어져 있었다.

김종연은 마침 포구를 나서는 장삿배를 얻어 타고 강을 건넜다. 산은 멀리서 볼 때와는 달리 초입부터 꽤 가팔랐다. 머뭇거림 없이 쭉 뻗어올라간 산길을 그는 뚜벅뚜벅 걸었다.

파사산(婆娑山)이라고 했던가. 《시경》의 한 구절이 떠올랐다. "子仲之

子 婆娑其下(자중지자 파사기하)." 자중 씨의 자식들이 나무 아래서 너울너울 춤을 추고 있구나. 느릅나무와 상수리나무가 빽빽이 우거진 숲에도 상서로운 아지랑이가 춤을 추듯 피어오르고 있었다.

한 식경쯤 걸었을까? 담쟁이 넝쿨이 기어오르는 옛 성곽이 모습을 드러냈다. 파사성, 천년도 더 전에 신라 파사왕이 처음 쌓았다는 전설의 성이다. 그로부터 수백 년 후에 진흥왕이 남한강 유역을 차지하며 다시 증축했다고 한다. 성 밑으로 해자 도랑이 빙 둘러 있었고 그 앞에 목책을 세운 흔적들이 보였다. 성벽은 안에 흙을 다져 넣고 바깥으로 돌을 쌓았다. 성문은 무너져내린 지 오래였다.

나그네는 마주 선 성곽 위로 올라갔다. 뒤로 돌아가 돌계단을 밟고 오르자 시야가 탁 트이면서 남한강이 한눈에 펼쳐졌다. 서에서 동으로 유장하게 굽이치며 흐르는 강. 뺨을 스치는 싱그러운 강바람에 기분 좋은 전율이 감돌았다.

그는 성곽길을 따라 정상으로 향했다. 군데군데 성벽이 허물어진 곳도 있었지만, 돌무더기를 디뎌 어렵지 않게 건널 수 있었다. 성곽길 옆으로 수풀이 우거져 호젓한 분위기를 자아냈다. 무상한 세월을 품은 옛 성의 풍모였다.

이윽고 산 정상에 이르렀다. 김종연은 우뚝 그 자리에 멈춰 서서 사방을 둘러보았다. 넘실거리는 산등성이 사이로 남한강 줄기가 아득하니 뻗어 있었다. 손에 닿을 듯한 하늘에는 짙은 구름이 뭉게뭉게 피어올랐다. 가슴 뭉클한 광경에 김종연은 자기도 모르게 중얼거렸다.

"내 안의 신령을 만나 세상의 기세를 다스릴 곳이로구나."

그때 어디선가 피리 소리가 흘러나왔다. 남쪽 벼랑에 면한 누각 쪽이었다. 도롱이를 걸친 노인이 피리를 불고 있었다. 비도 오지 않는데 도롱이 자림이라니 기이했다. 누각 아래에는 나귀 한 마리가 한가로이 풀을 뜯고 있었다.

낯선 무관이 걸어오자 노인은 피리를 입에서 떼고 물끄러미 쳐다보았다. 온화한 미소를 짓고 있지만 눈매는 예사롭지 않았다. 벽란도에 걸린 중국 그림에서 보았던가? 하얀 수염이 가슴을 덮고 두 볼은 붉은 대춧빛이어서 꼭 신선 같았다. 말로만 듣던 나흥유가 틀림없었다.

"양광도중랑장 김종연입니다. 선생님께 가르침을 받고자 왔습니다."

김종연은 소속과 성명을 밝히고 스승의 예를 갖춰 절했다.

"가르침이라니 과분한 말씀이오. 시골에서 소일하는 늙은이올시다."

"참된 깨달음을 얻은 분들은 산천을 유유히 거닌다고 들었습니다."

나흥유는 무관을 떠보고자 '깨달음'이라는 말을 슬쩍 되감았다.

"어리석은 늙은이에게 무슨 깨달음이 있겠소? 사람 잘못 봤소이다."

"지극한 사람은 자기 공적이 없고, 신령한 사람은 헛된 이름이 없다지 않습니까? 선생님은 통신사로서 공을 세우고도 자신을 내세우지 않고 허명에 연연하지 않았으니 이미 말이 아닌 행보로 깨달음의 경지를 보여주신 셈입니다."

무관의 입에서 《장자》 '소요유(逍遙遊)'의 한 구절이 나오자 나흥유는 탄복했다. 문재(文才)를 갖춘 무관이야말로 작금의 고려에 가장 필요한 인재가 아닌가.

나흥유가 흡족해하며 고개를 끄덕이자 김종연은 누각에 올라가 세 번 반 절했다. 정식으로 스승과 제자의 예를 갖춘 것이다.

구름이 동쪽 하늘에서 몰려와 비를 뿌렸다. 봄비는 메마른 산천을 촉

촉이 적시며 가지마다 움튼 생명을 뽀얗게 터뜨렸다. 제자의 시선이 문득 스승의 도롱이에 머물렀다. 비가 내릴 것을 알고 계셨구나.

"상서로운 아지랑이가 숲길에 피어오르는 것을 자네도 보지 않았는가? 아지랑이는 산천이 불어주는 입김이라네. 오늘은 봄비와 함께 반가운 손님이 올 거라고 귀띔하더군."

마쓰라당

나흥유는 나귀를 타고 산에서 내려갔다. 숲길을 막 벗어나자 외딴집이 나타났다. 선정사(禪定寺), 노인이 머무는 작은 암자였다. 천 길 바위 봉우리가 병풍처럼 사방을 둘렀다. 깎아지른 벼랑 아래로 강물이 철썩대고 있었다.

남한강은 평화롭게 흘렀다. 노을에 물든 강물 위로 황새들이 춤추듯 날아올랐다. 물결을 일으키며 미끄러지듯 비행하더니 포구의 어선 주위를 빙글빙글 돌았다. 마침 운송 나간 배들도 이포나루로 줄지어 들어오고 있었다.

"물이 깊지 못하면 저 배를 띄울 힘이 없지. 작금의 고려가 그렇다네. 물이 고갈되었어. 선왕께서 조금만 더 살아 계셨더라면……."

노생은 비명에 간 공민왕을 그리워했다. 어느새 밤의 장막이 암자를 에워쌌다. 나흥유는 작은 방으로 김종연을 안내했다. 등잔에 불을 밝힌 노인은 궤짝에서 주섬주섬 책을 꺼내 좌탁 위에 올려놓았다. 《구주견문록(九州見聞錄)》이라는 제목에 젊은 무관의 눈이 휘둥그레졌다.

"구주(九州)라면 일본의 규슈를 말하는 것입니까?"

"자네는 왜구가 궁금해서 날 찾아온 게 아닌가? 왜구의 실체를 알려면 규슈에서 벌어지고 있는 남북조 내전을 들여다보지 않으면 안 되네."

왜구의 실체! 김종연은 정신이 번쩍 드는 기분이었다. 처음에 그는 왜구가 단순한 도적 떼인 줄 알고 싸웠다. 하지만 전장에서 부딪힌 왜적은 전투 경험이 풍부한 군대였다. 잘 조직돼 있었으며 군령에 따라 움직였다.

젊은 무관은 답답했다. '이자들은 대체 누구인가? 뭘 알아야 제대로 싸우지.' 그는 작전에 능했다. 군사 작전의 관건은 적의 허를 찌르는 것이다. 허점을 찾으려면 저들이 누구이고 원하는 게 뭔지 파악하고 있어야 한다.

나흥유는 통신사로 일본에 건너가 1년 8개월간 체류하면서 규슈의 속사정을 조사하는 데 공을 들였다. 규슈가 왜구의 소굴이라고 여겼기 때문이다. 고려 출신 승려 양유가 현지 정보를 수집해 적지 않은 도움을 주었다. 덕분에 나흥유는 왜구의 실체를 꿰뚫어볼 수 있었다.

왜구는 일본에서 바다를 건너온 도적 떼였다. 그러나 단순한 도적의 무리는 아니었다. 고려 말 왜구는 해적 집단과 지방 영주가 손잡고 노략질을 목적으로 군사를 일으켰다. 그들은 지역과 대상을 정해 조직적으로 습격했다. 약탈물은 노략질에 참여한 해적과 영주, 무사와 평민들이 지분에 따라 나눠 먹었다.

일본 서남부 규슈는 왜구의 소굴이었다. 고려와 지리적으로 가까운데다 남북조 내전이 격렬하게 벌어지며 막부의 통제에서 벗어난 지방이다. 특히 '삼도(三島)'라 하여 쓰시마(對馬島), 이키노시마(壹岐島), 마쓰라(松浦)에 왜구가 들끓었다. 쓰시마와 이키노시마가 전진기지라면 왜구의 본진은 북규슈 히젠국의 마쓰라(지금의 마쓰우라)였다.

마쓰라 지역은 반도와 섬들로 이뤄져 있는데 규슈에서 대륙을 바라보는 지세였다. 이곳에 강력한 해상 세력이 오랜 세월 자리 잡고 있었다. 헤이안시대(794~1185)에 등장한 '마쓰라 수군'이었다. 말이 수군이지 실상은 해적에 가까웠다.

일본은 일찍부터 해상운송이 발달한 나라였다. 바다에서 세금과 물품을 빼앗는 해적 행위도 만연했다. 특히 국가 기강이 흐트러진 헤이안시대에 수군을 자처하는 해적이 활개쳤다. 세토내해는 대표적인 해적 소굴이었다. 해적선은 한때 1,000여 척이 넘었으며 바닷길을 막고 통행세를 걷기도 했다.

그러나 가마쿠라 막부(1185~1333)가 들어서자 해적은 된서리를 맞았다. 엄격한 무사 정권은 바다의 도적 떼를 붙잡아 인정사정 봐주지 않고 응징했다. 해적은 막부에 충성을 맹세하고 변신을 도모했다. 무사단으로 재편하는 해상 세력이 나타났다.

'마쓰라당(松浦黨)'은 마쓰라 지역의 50여 개 무사단이 연합 세력을 이룬 것이다. 그들은 마쓰라반도, 이마리만, 히라도섬 등 북규슈 히젠국 연안에 영지를 갖고 세력을 키워나갔다. 이키노시마 등 서남해 도서 지역에도 무사단이 진출해 자리 잡았다.

마쓰라당은 규슈 통치기구인 태재부의 명을 받으면서도 독립적으로 활동했다. 막부가 국내에서의 해적 행위를 엄금했으므로 이 바다의 무사들은 해외로 눈길을 돌렸다. 고려와 중국을 약탈하기로 했다. 본격적인 '왜구'의 등장이었다.

1225년 4월 마쓰라당은 약탈 대상을 물색하기 위해 경상도 연안에 정탐선 2척을 보냈다. 수상한 왜선이 나타나자 주현(州縣)의 군사들이 출동해 저들을 모두 사로잡았다. 몇 차례 간을 본 왜구는 1227년 수십 척의 병선을 띄웠다. 이키노시마와 쓰시마를 징검다리 삼아 고려로 쳐들어왔다. 4월에 금주(김해), 5월에 웅신현(진해)이 당했다. 고려군도 적선 2척을 나포하는 등 분전했지만 백성의 피해가 상당했다.《고려사절요》'고종 2')

왜구의 출현과 적지 않은 피해에 고려 무신정권은 현명하게 대응했다. 권신 최우는 1227년 12월 막료 박인을 규슈 태재부에 보내 왜구 처벌과 재발 방지를 요구했다. 태재부 장관은 쓰시마로 옥리들을 보내 왜구 90여 명을 잡아들였다. 대부분 마쓰라당 무사들이었다.

그들은 고려 사신이 보는 앞에서 처형당했다. 내부 반발을 무릅쓰고 강력히 처벌한 데는 이유가 있었다. 박인이 고려의 요구를 들어준다면 일본과 교역을 허락하겠다는 최우의 밀지를 전한 것이다. 이로써 고려 무신정권과 가마쿠라 막부의 강화가 성립되었다.

마쓰라당은 그러나 왜구 짓을 그만두지 않았다. 잊을 만하면 나타나 고려 연안을 노략질했다. 해적들은 대륙에서 닥친 재앙에 직면해서야 약탈을 멈추었다. 몽골제국의 쿠빌라이 칸이 대대적인 일본 정벌을 단행한 것이다.

1274년 황제의 명을 받은 여원연합군이 1차 일본 원정에 착수했다. 병력 4만여 명과 함선 900여 척이 동원되었다. 몽골족과 한족으로 이뤄진

원나라 군대와 병참 역할까지 도맡은 고려군은 10월에 합포(마산)를 출발했다.

연합군은 쓰시마, 이키노시마를 도륙한 후 마쓰라 지역으로 쳐들어갔다. 규슈의 관문 하카타에 상륙하려면 배후의 위협인 마쓰라당을 무력화시킬 필요가 있었다. 예상치 못한 습격에 '왜구 본진'은 치명적인 손실을 보았다. 당주 일가를 비롯해 수백 명이 목숨을 잃었다.

마쓰라당을 제압한 여원연합군은 곧장 하카타만으로 밀고 들어갔다. 하카타에는 태재부에서 소집한 규슈 전역의 무사들이 기다리고 있었다. 일진일퇴의 공방전 끝에 날이 어두워지자 연합군은 배로 돌아가 전열을 정비했다.

그날 밤 끔찍한 폭풍우가 하카타만의 선단을 강타할 줄은 꿈에도 몰랐다. 세찬 풍랑이 바다 위에 떠 있는 함선들을 집어삼키고 부숴버렸다. 전력의 1/3이 비바람과 함께 사라졌다. 여원연합군은 어쩔 수 없이 퇴각했다. 출병 한 달 만의 일이었다.

가마쿠라 막부와 규슈 태재부는 이 폭풍우를 '가미카제(神風)'라고 부르며 기적의 승리를 자축했다. 신의 힘으로 원구(元寇), 몽골 도적의 침략을 물리쳤다고 미화했다. 실상은 여원연합군의 불운 덕택에 가까스로 패배를 모면한 셈이다.

한편 마쓰라당은 복수심을 불태우며 조직 재건에 나섰다. 막부에서 한때 고려에 대한 반격을 도모하자 병력을 끌어모아 선봉에 서고자 했다. 몽골제국이 두려워 감히 반격은 하지 못했지만 마쓰라 왜구는 해적답게 호전적인 움직임을 보였다. 그들은 여원연합군의 재출병을 단단히 별렀다.

일본을 향한 쿠빌라이 칸의 야심은 무시무시했다. 1281년 5월 여원연합군은 2차 일본 원정에 들어갔다. 총인원 14만여 명에 4,400여 척의 대선단이 꾸려졌다. 몽한군(蒙漢軍)과 고려군으로 구성된 동로군이 4만 명, 1276년에 복속시킨 남송 수군 위주의 강남군이 10만 명이었다. 동로군과 강남군은 6월 15일 이키노시마에서 만나 하카타로 진격할 계획이었다. 유례없는 대규모 정벌전이었다.

하지만 한 번도 힘을 합쳐본 적 없는 군단들이, 그것도 바다에서 일사불란하게 작전을 수행하기는 불가능했다. 강남군의 합류가 지체되면서 동로군은 이키노시마와 규슈 사이를 우왕좌왕 떠돌아야 했다. 마쓰라당은 이키노시마에서 여원연합군을 괴롭혔다.

여원연합군은 뒤늦게 완전체를 이뤘으나 하카타만에 상륙하는 데 실패했다. 막부군이 하카타 연안에 석축을 쌓고 결사적으로 막았기 때문이다. 원정군은 인근 섬에 내려 잠시 휴식을 취하기로 했다.

8월 1일 거대한 태풍이 불어닥쳤다. 거센 풍랑에 강남군이 타고 온 배들이 대부분 침몰하거나 파손되었다. 연합군은 부랴부랴 선단을 수습해 합포로 돌아갔다. 섬에 잔류하거나 헤엄쳐 간 수만 명의 병력은 굶주림에 시달리다가 항복했다. 그들은 이역만리 객지에서 적에게 처형되거나 노예로 끌려갔다.

엄청난 손실을 보았지만 쿠빌라이 칸은 개의치 않고 3차 원정을 추진했다. 황제의 오만한 고집이었다. 몽골제국의 일본 정벌은 1294년 대칸이 세상을 떠나면서 최종적으로 중단되었다.

왜구도 한동안 종적을 감췄다. 원나라와 고려가 또다시 정벌에 나설까봐 막부에서 엄격히 금지한 것이다. 두 차례 물리치기는 했지만 바람의

덕을 크게 봤다. 다음에도 행운이 따르리란 보장은 없었다. 침공의 빌미를 주지 않는 게 상책이었다. 마쓰라당은 복수의 칼을 갈면서 때를 기다렸다.

고려에 왜구가 다시 나타난 것은 1350년의 일이다. 중국에서는 몽골 제국이 쇠퇴했고, 일본은 남북조 내전이 점입가경이었다. 왜구 본진 마쓰라당에 채워진 족쇄가 풀린 것이다. 돌아온 왜구는 고려 연안 지역이나 약탈하던 지난날의 해적이 아니었다. 나라를 먹살 잡고 흔드는 중대한 위협이자, 백성을 고통 속에 몰아넣는 악랄한 숙적이었다.

여원연합군의 침공으로 궤멸 위기를 겪으면서 마쓰라당은 결속했다. 당을 이루는 무사단들은 원래 혈연으로 끈끈하게 엮여 있었다. 그 혈연이 제도화되며 혈맹으로 나아갔다. 50여 개 무사단은 공동 규약을 만들고 합의에 따라 당의 방침을 정했다.

마쓰라당은 내부에 몇 개의 지부를 두어 서로 지원하고 힘을 모았다. 왜구도 지부별로 움직였다. 무사단 여럿이 한 지부가 되어 노략질에 나섰다. 여러 지부가 모여 대대적으로 침공할 수도 있었다. 약탈 지역과 대상에 따라 규모를 조절하는 방식이었다.

왜구 지부는 이키노시마에 집결해 전술을 짜고 인원을 편성했다. 이곳이 실질적인 출항지인 셈이다. 출발한 선단은 쓰시마의 아소만에 들러 보급받았다. 돌아올 때도 여기서 노획물을 분배했다.

쓰시마 도주 소 씨 일족은 태재부의 명에 따라 공식적으로 왜구를 금했다. 그러나 도주라도 마쓰라당의 출입까지는 막지 못했다. 쓰시마 주민들은 환영했다. 바다의 악당들에게 술과 여자를 제공하면 수입이 쏠쏠했기 때문이다.

규슈 내전의 격화는 마쓰라 왜구에게 기회였다. 남북조 내전은 북조 쇼군 아시카가 다카우지와 남조 고다이고 천황의 대립에서 비롯되었다. 그런데 남조와 북조의 분열에 이어 1349년 북조 무로마치 막부에 내분이 일어났다. 쇼군의 동생 아시카가 다다요시와 집사 고노 모로나오의 갈등으로 막부가 둘로 쪼개진 것이다.

쇼군 아시카가 다카우지가 중재에 나섰지만, 분쟁은 격렬했다. 결국 집사 측이 무력을 동원해 내정을 맡고 있던 다다요시를 구금하기에 이르렀다. 그 불똥은 규슈로 튀었다. 아시카가 다다요시의 양자 다다후유가 규슈로 도망쳐 막부에 반기를 들었다.

아시카가 다다후유는 본래 쇼군이 비천한 여인에게서 낳은 자식이었는데, 아버지로부터 인정받지 못하고 버려지다시피 해서 원망과 서러움이 컸다. 이 불우한 서자를 양아들로 삼고 공을 세울 수 있게 밀어준 이가 숙부 다다요시였다. 아시카가 다다후유는 양부를 위해 기꺼이 생부에게 맞섰다.

이로써 규슈는 막부와 남조, 그리고 다다후유 세력이 삼파전을 벌이며 대혼란 속으로 빠져들었다. 마쓰라당은 규슈 태재부의 통제를 받고 있었는데, 그 중추 세력인 쇼니 씨가 다다후유를 지지했다. 규슈의 막부 통치 체제가 무너진 것이다. 족쇄가 풀린 마쓰라 왜구는 고려로 우르르 몰려갔다.

그들은 예전의 마쓰라당이 아니었다. 목표를 명확히 설정하고 조직적으로 움직였다. 조세로 거둔 곡식이 모이는 각지의 조창과 곡식을 개경으로 운반하는 조운선이 1순위 표적이었다. 여러 지부가 이합집산하며 대대적으로 습격하고 신속하게 빠졌으므로 방비하기 어려웠다.

1350년 왜선 100여 척이 순천을 습격하고 내륙으로 들어가 남원까지 노략질했다. 장흥에서 영광에 이르는 해안지대도 무사하지 못했다. 왜구가 노린 것은 섬진강과 서남해 연안의 조창들이었다. 이듬해에는 왜선 130여 척이 서해를 따라 자연도와 삼목도까지 북상해 약탈했다. 조운선이 지나는 길목이었다. 1352년에는 강화도와 교동도를 쑥대밭으로 만들었다. 조세로 거둔 곡식이 집결하는 곳이었다. 개경 코앞에서 나라의 세금을 털어간 것이다.

조창과 조운선, 조세에 대한 약탈은 규슈 내전의 격화에 따른 새로운 수요와 관련이 깊었다. 막부와 남조와 다다후유, 이 세 파벌이 경쟁적으로 병력을 늘리면서 군량미 확보가 관건으로 떠올랐다. 병사들을 잘 먹여야 잘 싸울 게 아닌가?

하지만 식량의 내부 생산은 한계가 있었다. 모자란 것은 외부, 곧 고려에서 노략질해 조달했다. 왜구 본진 마쓰라당이 군량미 조달 임무를 맡았다. 그들은 한 진영만을 위해 일하지 않았다. 마쓰라 무사단들은 각자 이해관계가 맞는 세력과 손잡았다. 단, 자기들끼리는 서로 끌어주고 밀어주며 협조했다.

그것은 바다에서 짓는 도적 농사였다. 고려와 규슈를 오가는 항로에 마쓰라당의 풍년가가 울려 퍼졌다. 그들의 배에 가득 실린 곡식은 고려 백성의 고혈이었다.

남조 정서부

내전이 장기화하고 격렬해지며 왜구는 다양한 모습으로 변신을 거듭했다.

1351년 아시카가 다다요시가 남조와 손잡고 고노 모로나오 형제를 죽였다. 양자 다다후유도 규슈절도사에 오르며 승승장구했다. 그러자 쇼군 아시카가 다카우지가 움직였다. 남조에 거짓으로 항복해 배후를 안정시키고 동생 다다요시를 정벌하러 나섰다.

1352년 결국 아시카가 다다요시가 죽음을 맞자 양자 다다후유는 규슈에서 주고쿠로 도망가야 하는 처지가 되었다. 남조에 귀순한 그는 새로 군사를 모아 막부가 있는 교토로 쳐들어갔지만, 쇼군 부자 아시카가 다카우지와 요시아키라의 역습을 받고 궤멸당했다.

막부의 요란한 권력투쟁에 쾌재를 부른 것은 물론 남조 측이었다. 요시노에 자리 잡은 남조 천황은 막부 내분을 이용해 천황가의 정통성을 인정받았다. 휘하 무장들도 북조의 본거지 교토를 여러 차례 공략해 힘을 과시했다. 쇼군 아시카가 다카우지와 반기를 든 다다요시-다다후유가 서로 싸우면서 정략적으로 남조에 고개를 숙인 덕분에 어부지리를 얻었다.

내친김에 무력으로 막부를 타도하고 내전을 종식하려는 움직임이 규슈의 남조 정서부에서 일어났다. 그 중심에 불세출의 용장 기쿠치 다케미쓰가 있었다. 히고국 명문 기쿠치 씨의 당주인 그는 1348년 고다이고 천황의 아들 가네요시 친왕을 본거지 와이후성으로 맞아들였다. 남조 정서부가 일어서는 순간이었다.

기쿠치 다케미쓰는 남조 깃발을 높이 들고 사방으로 정벌전에 나섰다. 막부가 임명한 규슈절도사 잇시키 노리우지를 몰아내고 규슈 3대 세력인 치쿠젠국의 쇼니 씨, 분고국의 오오토모 씨, 사쓰마국의 시마즈 씨를 평정하고자 했다. 1353년 규슈절도사와 쇼니 씨 사이에 분쟁이 발생하자 기쿠치 다케미쓰는 그 틈을 비집고 들어갔다.

쇼니 씨는 대대로 태재부의 고위직을 지내며 북규슈를 지배해온 지역 맹주였다. 마쓰라당 또한 그들의 영향력 아래 있었다. 하지만 막부 내분 당시 쇼니 씨가 후원했던 아시카가 다다후유가 패망하자 입장이 곤란해졌다. 규슈절도사 측은 마치 점령군처럼 쇼니 씨의 본산인 태재부와 하카타로 밀고 들어왔다. 당주 쇼니 요리히사는 위기의식을 느끼고 기쿠치 다케미쓰와 손잡았다.

그해 남조 정서부는 쇼니 씨의 지원에 힘입어 규슈절도사의 군대를 격파했다. 1355년에는 분고국을 공략해 오오토모 씨의 항복을 받아냈다. 하카타에 머물던 규슈절도사 잇시키 노리우지도 본토 나가토국으로 쫓아버렸다. 잇시키 노리우지는 이듬해 규슈 부젠국에 상륙해 반격을 시도했지만 기쿠치 다케미쓰에게 또 패하고 말았다. 규슈는 어느덧 남조 정서부의 세상이 되었다. 북조 막부 세력은 감히 발을 붙이지 못했다.

기쿠치 다케미쓰와 남조 정서부가 규슈를 휩쓰는 동안 마쓰라 왜구는 고려에서 조세로 거둔 곡식을 거덜내고 있었다. 1355년 한 해에만 전라도 일대 조운선 200여 척이 약탈당했다. 1358년에는 도당에서 "왜구의 침구(侵寇)가 극심해 관리들에게 녹봉도 못 줄 지경"이라는 보고를 올렸으니 피해가 어느 정도였는지 짐작할 수 있다.

빼앗긴 곡식은 쇼니 씨와 손잡은 남조 정서부에 흘러들어갔다. 쇼니 씨에 충성해온 마쓰라당이 기쿠치 다케미쓰의 정벌전에 보급부대로 참여한 셈이다. 1353년과 1356년 남조군이 규슈절도사와 대판 붙은 해에는 고려에 왜구 출현이 거의 없었다. 마쓰라당이 다른 임무를 맡았기 때문이다. 그들은 수군으로서 본토와 규슈 사이의 세토내해를 봉쇄했다. 막부의 배후 지원을 끊고 규슈절도사의 군대를 고립시키는 중요한 역할이었다.

하지만 1359년 쇼니 씨가 다시 막부 편으로 돌아서자 마쓰라당도 옛 맹주를 따라나섰다. 아시카가 다카우지가 세상을 떠나고 후계자 요시아키라가 2대 쇼군에 올랐다. 쇼니 씨와 오오토모 씨는 규슈를 북조에 돌려주고 그 보상으로 지배권을 되찾으려 했다. 오오토모 씨에 이어 쇼니 씨가 반기를 들자 남조 정서부는 치쿠고강으로 진군했다.

고라산에 진을 친 기쿠치 다케미쓰는 강 건너편을 바라보았다. 쇼니 요리히사가 소집한 북조 연합군이 오른쪽 둔치에 포진하고 있었다. 남조

4만 대 북조 6만. 아무리 잘 싸우는 남조 정서부라도 극복하기 버거운 병력 열세였다. 그러나 기쿠치 다케미쓰는 물러날 생각이 없었다. 불세출의 용장은 거침없이 강을 건넜다.

1359년 8월 남북조 내전 최대 전투가 막을 올렸다. 남조 정서부는 적진 한가운데로 기마 돌격전을 펼쳐 북조 연합군의 전열을 무너뜨렸다. 무려 17차례의 돌격전이었다. 사상자들이 쏟아졌다. 정서대장군 가네요시 친왕마저 부상으로 쓰러졌다. 내부 출혈이 컸지만 기쿠치 다케미쓰는 밀어붙였다. 이 전투는 그럴 만한 가치가 있다고 보았다. 희생이 있더라도 적의 기를 완전히 꺾어 남조의 승세를 굳혀야 했다.

결국 북조 연합군은 치명적인 타격을 입고 뿔뿔이 흩어졌다. 마쓰라당은 재빨리 군사를 빼 본거지로 돌아갔다. 사실 마쓰라당은 쇼니 씨의 참패를 예견하고 있었다. 양봉음위(陽奉陰違). 겉으로는 복종하지만, 속마음은 따르지 않은 지 오래였다. 손익계산을 마친 왜구는 남조 정서부에 붙었다. 대세를 거스르지 않는 게 그들의 생리였다.

1361년 기쿠치 다케미쓰는 마침내 규슈 태재부를 점령했다. 그는 남조 정서부 공관을 이곳으로 옮겼다. 규슈 전역이 남조의 지배 아래 있음을 선포한 것이다.

정치적인 쾌거였지만 마냥 기뻐할 수만은 없었다. 전란이 길어지면서 주민 피해가 막심했다. 경작지가 황폐해져 식량난이 가중되었다. 굶어 죽는 사람들이 속출했다. 난민을 먹여 살릴 책임이 남조 측에 있었다.

마쓰라당이 바빠졌다. 1360년 왜구는 강화도에 쳐들어가 세곡(稅穀) 4만 석을 약탈했다. 죄 없는 고려 백성도 수백 명이나 도륙했다. 그들은 갈수록 잔악해졌다. 1363년에는 213척의 왜선이 교동도에 모습을 드러냈다. 마쓰라당이 총출동한 것이다. 경상도와 전라도의 세곡을 개경으로 운반할 길이 막혀버렸다.

이듬해 고려군은 서강(예성강)과 동강(임진강)에서 군선 80여 척을 동원해 조운선을 호위하려 했으나 해전에서 참패를 면치 못했다. 왜구의 대담한 노략질에 고려군은 속수무책이었다.

고려는 사면초가에 빠졌다. 왜구도 왜구였지만 북방의 적들도 무시무시했다. 홍건적 20만 대군의 습격을 받아 개경이 함락되었다(1361). 원나라 군벌 나하추가 2만 병력을 이끌고 함흥으로 진격했다(1362). 고려 왕위를 노리는 덕흥군이 군사 1만 명을 거느리고 의주를 점령했다(1364). 최영, 이성계, 변안열 등 고려의 명장들은 북방을 틀어막아야 했다. 왜구까지 감당하기에는 장수도, 병력도, 군선도 턱없이 모자랐다.

마쓰라당이 고려에서 식량을 싹쓸이해 온 덕분에 남조 정서부는 민심을 빠르게 안정시키고 무사들의 충성을 확보할 수 있었다. 그 힘으로 기쿠치 다케미쓰는 '동정(東征)'의 깃발을 높이 들어올렸다. 1368년 2대 쇼군 아시카가 요시아키라가 죽자 규슈 전역의 무사단을 소집해 교토를 향해 진군했다. 기쿠치 씨, 시마즈 씨, 하라다 씨, 미하라 씨, 마쓰라당 등 유력한 씨족들이 대거 참여한 7만여 군세였다.

그러나 남조 정서부의 야심만만한 동정은 본토에 닿기도 전에 시모노세키 부근에서 무산되고 말았다. 나가토국과 스오국을 지키는 오오우치 씨가 세토내해의 해적단을 끌어들여 바다를 봉쇄하고 동정군을 격파한 것이다.

해상 수송과 호위를 맡은 마쓰라당도 옛 해적 동료들에게 흠씬 두들겨 맞고 인명과 선박 모두 심각한 피해를 보았다. 1368년 고려 땅에 왜구가 나타나지 않은 이유다. 대신 동정군 중 일부가 경상도 연안으로 도망쳤다. 그들은 고려 조정의 허락을 받아 남해와 거제에 머물다가 이듬해 돌아갔다.

동정의 실패로 남조 정서부는 내리막길에 접어들었다. 기쿠치 다케미쓰와 가네요시 친왕이 여전히 건재했지만 한 번 꺾인 기세는 회복하기 어려웠다.

그 무렵 규슈에 풍운을 몰고 올 인물이 내전의 한복판에 등장했다. 무로마치 막부에 충성해온 무장이자 당대의 문장가로 손꼽히던 이마가와 료슌이었다. 3대 쇼군 아시카가 요시미쓰는 1370년 그를 규슈절도사에 임명하고 남조 정서부 토벌을 명했다. 규슈를 되찾아오라는 뜻이었다.

이마가와 료슌은 문무를 겸비한 장수이자 책략가였다. 그는 섣불리 움직이지 않았다. 무리수를 두지 않고 차근차근 토대를 쌓았다.

1371년 료슌은 동생 이마가와 나카아키를 히젠국 방면으로, 양자 이마가와 요시노리를 분고국 방면으로 보내 과거 막부와 함께했던 세력들을 포섭했다. 대세에 민감한 마쓰라당은 다시 북조로 돌아섰다. 또 기쿠치 씨의 동맹 아소 씨가 내란에 휩싸이자 아소 고레무라를 히고국 슈고(守護)로 임명해 막부 편으로 끌어들였다.

1372년 이마가와 료슌은 본토 주고쿠의 병력을 이끌고 규슈에 상륙했다. 부젠국 다카자키성을 거점으로 삼아 남조에 반격을 개시했다. 우호 세력들의 배신으로 남조 정서부는 고립을 면치 못했다.

1373년 규슈절도사는 태재부 근방에 진을 치고 새로운 북조 연합군을 집결시켰다. 4월부터 8월까지 격렬한 공방전이 벌어졌다. 마쓰라당은 하카타만으로 군량과 물자를 날랐다. 고려를 부지런히 털어 북조군의 보급에 쏟아부었다.

궁지에 몰린 기쿠치 다케미쓰와 가네요시 친왕은 어쩔 수 없이 태재부를 포기하기로 했다. 남조 정서부는 겹겹이 에워싼 포위망을 뚫고 탈출했다. 그들은 치쿠고강 남쪽 고라산에서 농성에 들어갔다. 전황이 어려워도 이를 악물고 버텼다.

그러나 하늘이 돕지 않았다. 그해 11월 불세출의 용장 기쿠치 다케미쓰가 병으로 세상을 떠났다. 남조의 영웅이자 정신적 지주가 쓰러진 것이다. 막부 타도의 희망은 찬바람에 날려 흩어졌다.

농성군의 사기는 땅에 떨어졌다. 장남 기쿠치 다케마사가 분전했지만, 전세는 이미 기울었다. 1374년 5월 북조 연합군의 총공세에 고라산이 함락되었다. 중상을 입고 와이후성으로 퇴각한 다케마사도 아버지의 뒤를 따라갔다.

그의 아들 기쿠치 다케토모가 당주의 자리에 앉았다. 고작 열한 살의 어린아이였다. 가네요시 친왕이 몸소 전열을 재정비했지만, 그이도 어느새 머리에 서리가 내려앉았다. 남조 정서부는 쇠락하며 흔들리고 있었다.

다시 북조로 넘어간 마쓰라당은 막부 방침에 따라 왜구 짓을 그만뒀을까? 왜구는 여전히 고려를 넘나들며 노략질에 열을 올렸다. 그 무렵에는 세토내해의 해적들과 함께 중국 연안까지 진출해 악명을 떨치기 시작했다.

규슈절도사도 그 짓을 막을 수 없었다. 이마가와 료슌은 육지 쪽에서 기쿠치 씨의 영지를 포위한 채 압박하고 있었다. 문제는 바다였다. 남조 정서부가 규슈의 내해 아리아케카이를 통해 다른 지역 남조 세력과 왕래하고 요시노의 천황에게 명을 받으면 포위 압박전의 의미가 퇴색한다. 바나까지 봉쇄하려면 마쓰라당의 협조가 절실했다.

규슈절도사도 막부도 마쓰라 왜구에게 감 놔라 배 놔라 할 처지가 아니었고, 굳이 그럴 이유도 없었다. 어차피 고려와는 몽골 침공 이후 국교가 끊어지지 않았는가.

다만 마쓰라당의 고려 약탈은 날이 갈수록 험난해지고 있었다. 북방의 홍건적, 나하추 군벌, 덕흥군 세력, 여진족 등을 물리치자 고려는 드디어 왜적 방비에 핵심 전력을 투입했다. 원수, 부원수, 조전원수들을 지방 요충지에 보내 공격적으로 대응했다. 최영, 이성계, 변안열 등 북방을 호령해온 맹장들이 왜구 토벌전에 나섰다. 또 연안 지역의 조창과 백성을 내륙으로 옮기고 세곡 운송도 육로를 개척했다.

이제 왜구 본진 마쓰라당의 힘만으로는 노략질을 이어가기 어려웠다. 이때 고려에 새로운 왜구가 나타났다. 그들은 말을 잘 탔고 백병전에 능했으며 다양한 전법을 구사했다. 고려의 요충지를 대규모로 공략하는 왜구 정예군단이었다. 정체가 무엇일까?

"규슈의 남조 군대일세. 히고국으로 돌아간 정서부와 오오스미국의 무사단들이 다카기-아마쿠사 연안에 마련해놓은 수군 선단을 이용해 고려를 치러 온다네."

나흥유는 《구주견문록》 맨 뒷장에 있는 지도를 펼쳤다. 그는 고려 합포에서 일본 규슈 쪽으로 선을 여러 개 그려 넣었다. 왜구의 침입로를 거꾸로 짚어나간 것이다. 물길은 이른바 '삼도(三島)', 쓰시마와 이키노시마와 마쓰라를 거쳐 규슈의 내해 아리아케카이로 쑥 들어갔다. 그 안쪽 바다에 무려 500여 척의 배가 대기하고 있었다. 남조 수군이었다.

수군은 기쿠치 다케미쓰가 죽기 전에 남조를 위해 안배한 마지막 유산이었다. 마쓰라당이 배신하자 그는 자체적으로 군선 제작에 착수했다. 떠난 사람들을 구질구질하게 붙잡거나 원망하지 않는 게 그이다웠다.

또 마쓰라당 내부에는 소수지만 여전히 남조에 협조하는 무사단도 있었다. 그들이 선박 건조를 지휘하고 승려와 농민들이 현장에 달라붙었다. 수군 병력은 다카기-아마쿠사 연안에서 뱃사공, 노꾼, 길잡이들을 뽑아 충원했다.

남조 세력은 모자란 군량과 물자, 인력을 보충하려고 고려 땅에 발을 들였다. 규슈의 불리한 전세를 약탈로 만회하려 했다. 기존의 마쓰라당에 남조 군대가 가세함으로써 왜구의 노략질이 더욱 빈번해졌다.

1374년 우왕 즉위 이후에는 해마다 10차례 이상 털렸다. 남조 군대는 대규모로 내륙 깊숙이 치고 들어와 전주, 공주 등 요충지를 공략하기 일쑤였다. 훈련도 잘돼 있고 전투 경험도 풍부해 야전에서 만만치 않은 상대였다. 그들은 기마전, 교란전, 매복전 등을 자유자재로 펼치며 고려 수도 개경을 압박했다.

김종연은 150년이나 고려의 곡간을 약탈하고 백성을 고통 속에 몰아넣은 왜구, 마쓰라당에 분노했다. 이키노시마와 쓰시마를 거쳐 고려로 쳐들어오는 또 다른 왜적, 남조 정서부를 떠올리며 전율했다. 지난 수년간 그들과 목숨 걸고 싸우다가 먼저 떠난 전우들이 생각났다. 눈시울이 붉어졌다.

계엄령

스승과 제자의 이야기는 장지문으로 옥빛 여명이 스며들 때까지 이어졌다. 나홍유는 이야기를 나누면서도 젊은 무관을 유심히 살폈다. 맑고 굳센 기운이 광채를 이루며 청년의 이마에서 뿜어져 나왔다. 노인은 비밀리에 도모하고 있는 일을 떠올렸다. 이 사람이 적임자일지도 모르겠다는 생각이 들었다.

나홍유는 문을 열고 암자를 나섰다. 아찔한 낭떠러지 밑으로 구불구불 길이 나 있었다. 한 사람이 겨우 지나갈 수 있는 좁은 길이었다. 김종연은 말없이 노인의 뒤를 따랐다. 비 온 뒤라 길이 미끄럽다. 한 발만 헛디뎌도 천 길 아래 강물이다. 조심조심 내려가니 바위마당이 나타났다. 비로소 한숨 돌리고 고개를 든 김종연은 뜻밖의 형상에 마음을 빼앗겼다.

마애불이었다. 깎아지른 벼랑 위로 고통받는 백성을 구제하기 위해 내려온다는 미륵이 자태를 드러냈다. 연꽃 무늬 대좌 위에 인자한 얼굴로서 있는 미륵불의 모습이 바위벽의 앞면에 새겨져 있었다.

남한강 너머로 해가 떠오르자 미륵의 뺨이 발그레 물들며 노인과 청년에게 자비로운 미소를 지었다. 밖으로는 겉모습에 휘둘리지 않고, 안으로는 마음을 어지럽히지 않는 외선내정(外禪內定)의 별세계가 강물이 찰싹대는 바위마당에 펼쳐졌다.

"미륵은 백성에게 구원을 약속했네. 그것은 사바세계의 고통을 견디는 오랜 믿음이고 삶의 끈을 놓지 않는 절박한 희망이야."

나홍유는 마애불에 푹 빠진 젊은이를 일깨웠다. 목소리에 힘이 실렸다. 그는 소매를 떨치고 가부좌했다.

"백성 곁에 현세의 미륵이 있어야 하네. 지금은 왜구로부터 백성을 지키는 게 구원이야. 그러려면 이목(耳目)이 밝아야지. 똑바로 보고 제대로 들을 수 있어야 지킬 수 있거든. 고려 조정은 이목이 어두워. 왜구의 실체에는 눈뜬장님이고, 민심의 소리에도 귀가 먹었어. 뜻있는 사람들이 나서서 눈과 귀가 되어야 해. 자네 어떤가? 함께해볼 텐가?"

무슨 말인지 모호했지만, 김종연은 그 뜻을 알 것 같았다. 그는 말없이 고개를 끄덕였다. 나홍유는 만족스레 수염을 쓰다듬으며 당부의 말을 남겼다.

"아침 배를 타고 한양 군영으로 돌아가게. 올해는 분주한 해가 될 것이야. 정월에 규슈절도사가 막부 지원군을 받아 치후–니나우치에서 정서부 군대를 크게 깨뜨렸지. 남조 영주와 무사들은 패전을 만회하기 위해 눈에 불을 켜고 고려를 노략질할 걸세. 저들을 힘껏 막아주게. 이쪽의 일은 준비되는 대로 자네에게 연통을 넣겠네."

스승에게 작별을 고하고 김종연은 이포나루로 건너가 배에 올랐다. 강

바람이 뺨을 토닥거리며 향기로운 봄기운을 채워주었다. 배는 벼랑을 스치듯이 지나갔다. 마애불이 자애로운 모습을 드러내자 뱃사람들이 두 손을 모으고 고개를 숙였다.

김종연은 새벽의 언약을 곱씹으며 마애불을 쳐다보다가 깜짝 놀랐다. 왼편에 또 다른 형상이 있었다. 새벽녘 바위마당에서는 못 봤는데 아침 햇살에 신비로운 얼굴이 나타났다. 그것은 벼랑에 새긴 사람의 얼굴상이었다.

유심히 살펴보니 둥근 윤곽에 뭉툭한 코와 헤벌린 입이 덩그러니 자리 잡고 있었다. 어디서나 볼 수 있는 백성의 얼굴 같았다. 그런데 의당 있어야 할 눈과 귀가 안 보였다. 이목을 갖추지 못한 미완의 얼굴상이었다.

나홍유의 말이 떠올랐다. 백성의 곁에 현세의 미륵이 있다면, 미륵의 곁에는 백성의 선한 얼굴이 있다. 저 얼굴을 완성하는 건 누구의 몫일까? 문득 눈과 귀를 새기고 싶다는 열망이 일었다. 백성의 얼굴이 웃고 있는 것 같았다. 껄껄껄, 김종연도 마주 보고 웃었다. 뱃사람들이 눈을 껌뻑거리며 쳐다봤다.

한양 군영에 돌아오니 새로 부임한 상관이 기다리고 있었다. 양광도부원수 지용기였다. 그는 충주 사람으로 조정의 요직을 두루 거친 문신이었다. 능력을 인정받아 장수로 나섰지만, 군영은 아직 생소했다. 지용기는 젊은 나이에도 전투 경험이 풍부하고 작전 능력을 갖춘 김종연에게 수시로 조언을 구했다.

두 사람은 머리를 맞대고 왜구의 약탈 실태와 대응 방식을 분석했다. 1377년 들어 확실히 왜적의 침입이 빈번해졌다. 해안지대에는 수십 리 간격으로 고려군의 초소들이 설치돼 있지만 속수무책이었다. 초병들은 훈련도 안 돼 있고 무기와 갑옷도 부족했다. 왜구 수백 명이 떼 지어 몰려오면 걸음아 나 살려라, 달아나는 수밖에 없었다.

왜적은 간교했다. 초소 간의 넓은 간격도 효과적으로 이용했다. 5~10명씩 조를 짜서 초소와 초소 사이로 자유롭게 침투했다. 낮에는 그나마 멀리서 조망해 차단하기도 했지만, 밤이 되면 이 마을 저 마을 활보해도 막을 도리가 없었다. 저들은 미리 간첩을 보내 부잣집을 점찍은 뒤 느닷없이 나타나 신속하게 털고 사라졌다.

인명피해도 부쩍 늘었다. 왜구는 고려인을 마구 납치했다. 규슈절도사의 대공세에 남조 정서부는 궁지에 몰렸다. 전쟁은 장수와 병사들이 전투만 잘한다고 이기는 게 아니다. 무기, 갑옷, 군량미 등의 보급 물자와 후방에서 궂은일할 지원 인력이 풍족해야 군대가 제대로 돌아간다. 남조 측은 보급 물자뿐 아니라 지원 인력이 부족했다. 그래서 고려 백성을 약탈하는 것도 모자라 끌고 가 노예로 부려먹었다.

왜적의 침입이 잦아지고 피해 또한 눈덩이처럼 불어나자 고려 조정은 해안지대에 '청야책(淸野策)'을 발동했다. 청야책은 말 그대로 들판을 비워 적이 빈손으로 돌아가게 만드는 계책이다. 작물을 베어버리고 농토를 포기하는 것이어서 주민들의 반발이 컸다. 바닷가에는 기름진 경작지가 많았다. 이런 알짜배기 땅을 곱게 버릴 백성이 세상천지에 어딨나? 조정의 영이니 어쩔 수 없이 따랐지만, 불만이 가득했다.

청야책은 들판만 비우는 게 아니었다. 사람이 약탈 대상이라 마을 주민들도 피난을 보냈다. 농사를 짓고 군역을 지는 백성은 나라의 근본이요, 국력의 지표였다. 왜적에게 빼앗기는 것을 용납할 수 없었다.

문제는 인근의 산성이나 섬으로 대피시켜도 소용없다는 것이었다. 내륙으로 100리 정도는 왜구가 손쉽게 드나들었다. 게다가 바다는 제집 안방처럼 여겨 섬에 숨는 것은 아무 도움이 안 되었다.

그럼 내륙 깊숙이 산간 벽촌으로 피난해야 할까? 이런 곳은 원주민들이 문제였다. 안 그래도 농토가 좁고 척박한데 생업을 잃은 피난민들까지 먹여 살리려면 등골이 휜다. 원주민과 피난민 모두 산 입에 거미줄 치게 생겼다.

피난은 지지부진했다. 뾰족한 수가 없어 이러지도 저러지도 못했다. 김종연은 궁리 끝에 묘안을 냈다. 백성들이 생업을 충실히 이어가면서도 스스로 왜적을 물리치는 방안이었다.

"장군! 이 문제들은 방어용 성을 구축하면 해결됩니다. 성은 해안으로부터 100리 안에 위치하되, 안에서 물과 땔감을 얻을 수 있고 주변에 비옥한 경작지가 있어야 합니다. 이 성들에 바닷가 주민들을 불러모으자는 것입니다. 성마다 200~300가구 1,000여 명 정도는 들어가서 살게 합니다. 집과 담을 서로 접하게 지으면 좁은 면적에도 많은 인원을 수용할 수 있습니다. 여기에 관아를 두고 곡식 창고를 지으면 성이 완성됩니다."

지용기가 흥미롭다는 듯 고개를 주억거렸다.

"주민들이 거주하는 마을이자 왜구로부터 방어하는 성이란 말이지?"

김종연은 간밤에 그린 그림을 품에서 꺼내 탁자 위에 올려놓았다. 방어용 성의 상상도였다. 성벽은 높이 쌓고 위에 망루를 세운다. 성을 빙 둘러 해자를 깊게 파서 물을 채운다. 성문에는 해자를 건너는 다리를 설치한다. 성과 해자 사이에는 품(品) 자 모양의 참호를 만들어 병사들이 몸을 숨긴다. 그 앞에는 사슴뿔 형상의 목책을 세워 왕래를 막고 경비를 엄격하게 한다. 이 성에서 백성들이 생업과 방어를 스스로 책임질 수 있다고 그는 자신했다.

"비옥한 경작지를 성에서 20리 안에 두면 됩니다. 주민들이 새벽에 농사 지으러 나갔다가 저물녘에는 돌아오도록 합니다. 곡식은 수확하는 대로 성안의 창고로 운반해야지요. 왜적이 쳐들어오면 청장년 남자들은 성에 올라가고, 여자와 노인들은 음식을 나릅니다. 각자 맡은 곳만 잘 수비하면 저들은 곧 물러갈 것입니다. 왜구의 목적은 식량과 재물을 약탈하고 사람을 납치하는 데 있습니다. 성을 공격해서 땅을 차지하는 데는 관심이 없지요."

여기서 중요한 것은 성과 성 사이의 협력 체계다. 봉수와 기병을 활용하면 효과적이다. 적이 출현하면 즉각 봉화를 올려 구원병을 부르고, 이웃 성에서는 반드시 기병을 보내 호응해야 한다. 평소 봉수를 잘 관리하고 정예 기병을 두고 있어야만 가능하다. 왜구는 고려군을 앞뒤로 만나는 걸 원치 않는다. 조수를 이용해 밀물에 들어왔다가 썰물에 빠져나가려고 서둘러 퇴각할 가능성이 크다. 이때 후미를 치면 큰 타격을 줄 수 있다.

김종연은 확신에 차 있었다. 부원수 지용기도 무릎을 쳤다. 중랑장의 안을 시행하면 백성은 편안해지고 왜적도 통제될 것 같았다. 그는 임금에게 보고를 올렸다. 우왕은 양광도에서 올라온 안을 최고 의사결정 기구인 도당에 내려 의논하게 했다.

그러나 대신들은 탐탁지 않았다. 해안지대에 방어용 성들을 쌓다가 나라 곳간이 금세 바닥난다는 것이었다. 주민들 스스로 생업과 방어를 책임지게 한다는 발상에도 코웃음을 쳤다. 현실적으로 불가능하다는 의견이 주를 이뤘다. 결국 현장 경험에서 우러나온 안은 조정의 탁상 위에서

부결되고 말았다. 대신 해안 초소를 조금 늘려주겠다는 타협책이 나왔다. 일선에서 볼 때는 히나 마나 한 일이었다.

개경에서 온 답신에 김종연은 맥이 탁 풀렸다. 처음에는 시행하기 힘들겠지만 애써 추진하다 보면 반드시 성과를 낼 안이었다. 때마침 지용기도 전라도원수로 발령받아 떠나야 했다. 승진하긴 했지만, 마음은 편치 않았다. 두 사람은 아쉬운 작별을 고하고 후일을 기약했다.

머지않아 우려했던 일이 현실로 다가왔다. 정초에 규슈절도사에게 패한 남조 군대가 왜구로 변신해 대대적인 침공에 나섰다. 목표도 한층 대담해졌다. 노골적으로 고려 수도 개경에 대한 야욕을 드러냈다. 그들은 치밀한 작전을 세우고 용의주도하게 움직였다.

1377년 3월 왜선 200여 척이 착량(窄梁)에 나타났다. 착량은 강화와 대곶(김포) 사이의 해협으로 주민들은 '손돌'이라고 불렀다. 좁고 물살이 센 해협이라 수군이 방어하기에 유리했다. 고려는 이곳에 군선 50여 척을 두고 왜구의 침입에 대비했다.

최영은 착량 수군장 손광유에게 해협 밖으로 나가지 말라고 명했다. 착량 어귀에서 무력 시위만 해도 충분히 적을 묶을 수 있다는 뜻이었다. 그러나 손광유는 경솔하게 착량을 떠났다가 술에 취해 잠드는 바람에 참패당했다. 왜구의 야습에 고려 선단이 불타올라 바다가 대낮처럼 밝았다. 전사자가 1,000여 명에 이르렀고 남은 배들을 모두 빼앗겼다.

왜적이 강화부에 들이닥치자 만호와 부사는 산으로 도망쳤다. 왜구가 섬을 크게 약탈하는 동안 도통사 최영이 부랴부랴 해풍 승천부에 당도해 방어선을 쳤다. 적은 최영 군단과의 충돌을 피했다. 강화에서 물러나 통진(김포) 등 여러 현을 털었다. 그들이 휩쓸고 지나간 곳에는 아무것도 남아나지 않았다. 노략질에 들뜬 도적들은 신나게 웃고 떠들었다.

"금지하고 막는 자가 하나도 없으니 참으로 낙토(樂土)로다."(《고려사절요》'신우 1')

강화, 통진 등지에서 밤낮으로 봉화가 오르자 코앞에 있는 개경에는 계엄령이 내려졌다. 최영은 6도도통사로서 경성 방어를 총지휘했다. 삼사좌사 이희필을 동강도원수로 임명하고 목인길, 임견미 등 11명을 부원수로 삼아 수성도통사 경복흥의 통제를 받게 했다. 또 의창군 황상을 서강도원수로 임명하며 이성계, 변안열 등 10명을 부원수로 배치해 경기도통사 이인임의 휘하에 두었다. 나라의 대들보라고 할 인물들이 총동원되었다.

이인임, 경복흥, 최영은 어린 임금을 떠받들며 고려를 실질적으로 이끄는 재상들이었다. 그들은 노련한 대신이라 이번 습격이 심상찮음을 간파했다. 왜적의 대공세를 예감한 것이다. 아니나 다를까 멀리 경상도에서 원수 우인열이 급보를 전했다.

"왜구가 대마도에서 몰려와 바다를 뒤덮었습니다. 돛과 돛대가 서로 이어질 정도입니다. 군사를 내보내 요충지들을 지키게 하였으나 형세가 위급합니다. 한 도의 병력으로는 역부족이니 나라에서 조전원수를 보내 중요한 곳을 방비하게 하소서."(《고려사절요》'신우 1')

울주에 상륙한 왜적은 경주, 양산, 밀양, 언양 등 경상도의 주요 성읍을 노략질하고 불살랐다. 그러나 고려 조정은 지원군을 파견할 형편이 아니었다. 강화와 통진을 휩쓴 왜구가 양광도에 머물면서 호시탐탐 개경을 노렸기 때문이다. 왜적 일부는 다시 강화를 점령하고 서강으로 진격하기도 했다. 최영과 변안열이 적의 예봉을 꺾긴 했지만, 개경은 여전히 위태로웠다. 지방까지 챙길 여력이 없었다.

탐망꾼들에 따르면, 경상도로 쳐들어온 왜적은 남해의 섬들을 기지로 삼고 사방으로 퍼져나갔다. 근거지가 여러 섬에 흩어져 있어 정확한 규모는 파악하기 어려웠지만, 배는 300여 척에 이르고 병력도 1만여 명에 육박하는 것으로 알려졌다. 왜선들은 20~50척씩 섬에서 나와 경상도, 전라도, 양광도, 서해도, 제주도 등지로 약탈 항해에 나섰다.

그 와중에 김해부사 박위는 의미 있는 승리를 일궈냈다. 왜구가 배 50여 척에 나눠 타고 황산강을 거슬러 올라가 밀양을 노략질하려 했다. 박위는 어선 30여 척을 징발해 강 위에서 적을 기다렸다. 왜적은 숫자를 믿고 밀고 들어왔다. 이때 강변에 매복한 고려군이 화살을 퍼부었다. 어선들도 돌격했다. 왜구를 전멸시켰다. 황산강에서 거둔 지략의 승리였다.

한편 양광도 바닷가 고을들은 심각한 피해를 보았다. 왜구는 간교하게도 빼앗은 고려 군선을 앞세우고 들어왔다. 탐망꾼들이 아군이라고 오판해 관아와 백성들이 무방비로 당했다.

김종연은 양광도원수 왕안덕과 함께 안성 방면으로 출전했다. 왜구는 이미 썰물처럼 빠져나간 뒤였다. 정예 기병을 거느리고 추격에 나섰지만, 간발의 차로 놓쳤다. 그는 분통이 터져 하늘에 부르짖으며 통곡했다. 뜨겁고 격렬한 여름이었다.

2부

비밀 결사

파사계

"칼을 뽑아 강물 잘라도 물은 이내 다시 흐르고(抽刀斷水水更流), 술잔 들어 시름 삼켜도 시름은 또다시 깊어만 간다(擧杯消愁愁更愁)."

양광도중랑장 김종연은 뱃전에서 이백의 한시를 읊조리며 남한강 물결을 들여다보았다.

청운의 포부는 윗전에게 치이고 왜적에게 고전하며 실망으로 얼룩졌다. 시름은 삼키고 또 삼켜도 강물처럼 끊이지 않고 밀려왔다. 세상사 뜻대로 되는 일 없으니 이대로 머리 풀고 훌쩍 떠나는 건 어떨까. 문득 임진강 포구에서 목에 줄이 감긴 채 가쁜 숨을 헐떡이며 자신을 바라보던 아버지의 처연한 최후가 떠올랐다. 김종연은 머리를 세차게 흔들었다.

1377년 어느 가을날 나흥유에게서 연통이 왔다. 긴히 할 얘기가 있으니 여주 백애촌에 다녀가라는 것이었다. 배는 일렁이는 물결을 타고 미끄러지듯이 이포나루로 접어들었다. 저만치 구이학당의 조유가 목을 빼고 기다리는 모습이 눈에 밟혔다. 붓 모양의 단정한 수염이 소슬바람에 흩날리고 있었다. 그는 김종연을 학당 후원의 정자로 안내했다.

"얼굴이 반쪽일세. 마음고생 많았네."

스승은 제자의 속마음을 훤히 들여다보는 것 같았다. 김종연은 잠시나마 머리 풀고 떠나볼까 한 속내를 들킨 것 같아 부끄러웠다. 비참한 운명은 맹수처럼 약골을 알아보는 법이다. 도망치는 자는 비운에 집요하게 쫓기다가 결국 잡아먹힌다. 강해져야 한다.

심경의 변화를 읽은 듯 나흥유는 싱긋 웃음 지었다. 그는 눈을 가늘게 뜨고 뭔가 골똘히 생각하더니 본론을 꺼냈다.

"지난여름 백애촌 사공들이 왜구 간첩을 붙잡았네. 수상한 중이 여러 배를 갈아타며 이곳저곳 기웃거린다기에 내가 잡아오라고 했지. 이놈을 굴에 가두고 며칠 심문해서 자백을 받아냈는데, 자기가 정서부 소속 하급 무사라고 하더군."

나흥유의 말에 김종연은 심각해졌다.

"정서부 첩자가 여주를 염탐했다면 보통 일이 아닙니다. 여주는 기름진 들판이 펼쳐져 있고 남한강의 물산이 모여드는 풍요로운 고을이니까요. 저들이 탐낼 만하지요."

왜구의 의도가 엿보였다. 남조 정서부는 규슈절도사의 군세에 밀려 히고국으로 퇴각한 처지였다. 북조 연합군의 포위망이 구축되면서 식량난이 발생하고 있었다. 군량미도 부족했고 주민들도 굶주렸다. 이 식량난을 타개하려면 여주같이 풍요로운 곳을 털어야 했다.

나흥유는 한 걸음 더 나아가 내륙 수운을 주목했다. 저들이 여주를 빼앗는다면 남한강 물줄기를 따라 북쪽으로 한양과 개경을 도모할 수 있고, 남쪽으로 충주와 조령까지 겨냥할 수 있다. 고려의 먹살을 잡고 드잡이하는 형국이 된다. 그는 공민왕 시절 사재령(종3품)을 지냈다. 하천의 교통을 관장하는 벼슬이라 물길에 훤했다. 남한강 내륙 수운은 고려의 젖줄이다. 왜구가 넘보지 못하도록 단단히 지켜야 한다.

글선생 조유도 입을 열었다. 그는 권문세족 출신 유자(儒者)였지만 신분도 학벌도 보잘것없는 나흥유를 기꺼이 따랐다. 경세(經世)의 지혜를 감춘 현자임을 알아본 것이다. 조유는 스승 대신 간첩을 심문해 귀한 정보를 얻어냈다.

"굴에 가둔 첩자가 털어놓은 게 있습니다. 왜적이 양광도 여러 고을을 침공하면 최영이 군사를 거느리고 내려올 테니 그 틈을 노려 개경을 기습하자는 작전을 세웠답니다."(《고려사절요》'신우 1')

남조 정서부는 개경을 노리고 있었다. 걸림돌은 최영 장군과 그의 정예군단이었다. 지난해 홍산전투에서 노장군의 담력과 용병술을 눈으로 확인한 왜적은 최영 군단이 지키는 한 개경을 범하기 어렵다고 판단했다. 남조 왜구는 간교한 술책을 쓰기로 했다. 양광도의 요충지를 쳐서 최영 장군을 유인하려 한 것이다. 여주라면 백전노장을 개경에서 끌어낼 미끼로 더할 나위 없었다.

"저들은 단순히 식량을 구하려고 고려에 쳐들어오는 게 아닌 듯합니다. 정초에 규슈절도사에게 참패하더니 뭔가 다른 꿍꿍이를 가진 것이 틀림없습니다."

세 사람은 머리를 맞대고 정서부의 의도를 가늠해보았다. 그리고 저들이 이 땅에 남조 세력의 새 근거지를 구축할 계획이라고 결론 내렸다. 북조 연합군의 포위망이 시시각각 조여오는 상황에서 만일에 대비해 고려에 기지를 두려는 것이다.

1368년 기쿠치 다케미쓰의 동정이 실패로 돌아갔을 때도 남조 세력 일부가 고려 조정의 허락을 얻어 경상도 연안에 머물다가 돌아간 적이 있었다. 이제 정서부는 임시 도피처가 아니라 사실상의 영지를 원하고 있다. 본거지에서 패해 쫓겨오더라도 전열을 재정비하고 재기의 발판을 마련할 항구적인 기지 말이다.

물론 고려 조정이 땅을 내줄 리 없다. 원하는 땅을 얻으려면 개경을 무력으로 압박하고 조여야 한다. 현재 남조의 전력상 고려를 정벌하기는 힘들다. 다만 고려의 수도에 치명타를 입히고 유리한 조건으로 화친을 맺을 수는 있다. 정서부는 고려 침공 병력을 조금씩 늘려나갔다.

남조 왜구에는 정서부 외에도 여러 군세가 참여했다. 경상도에서 들어온 보고에 따르면 원수 배극렴이 왜적과 싸웠는데 적의 괴수가 '패가대만호(霸家臺萬戶)'를 칭했다고 한다. '패가대(霸家臺)'는 북규슈 하카타를 가리키는 한자식 지명이다. 적장은 병사들의 호위 속에 말달려 나오다가 진흙에 빠지고 말았다. 지형을 미처 숙지하지 못한 것이다. 고려군은 얼른 덮쳐 이자를 베었다.(《고려사절요》 '신우 1')

하카타의 왜장이 어쩌다 고려 땅에서 어이없이 목숨을 잃었을까? 하카타는 원래 치쿠젠국 영주 쇼니 씨의 관할지였다. 쇼니 씨는 북조 막부를 지지했지만 규슈절도사와 계속 갈등을 빚었다. 태재부, 하카타 등 자기들 영지에서 중앙 관리인 절도사가 영향력을 행사하는 게 못마땅했기 때문이다. 결국 일이 터졌다. 1375년 당주 쇼니 후유스케가 규슈절도사의 초대로 연회에 참석했다가 살해당했다. 이후 치쿠젠국의 쇼니 씨는 남조 정서부와 손잡고 고려를 노략질하는 데 동참했다. 사쓰마국, 오오스미국 등 남규슈의 무사단들도 대거 왜구로 가담했다.

고려 조정은 전전긍긍했다. 규슈절도사와 북조 연합군의 연이은 승전으로 규슈의 질서가 잡히고 왜구가 줄어들 것으로 기대했지만 허사였다. 오히려 왜적이 더 늘어났고 더 강해졌다. 이게 어찌 된 일인가. 고려는 태재부의 절도사에게 항의하며 왜구를 금해달라고 요청했다. 규슈절도사 이마가와 료슌은 승려 신홍을 보내 해명했다.

"고려에 침범하는 초적(草賊)은 도망친 무리라 우리의 명에 따르지 않습니다. 금지하기가 쉽지 않습니다."《고려사절요》'신우 1')

고려는 1377년 9월, 전 대사성 정몽주를 사신으로 파견해 왜구 금지를 다시 한 번 강력히 요구했다. 집정대신 이인임은 노련했다. 정몽주는 성리학에 밝은 신진사대부였다. 정권 비판에 앞장서는 인물이지만 유능했다. 일본에까지 이름이 알려진 유명 학자이기도 했다. 이인임은 정몽주가 규슈절도사와 막부를 움직일 수 있으리라 기대했다. 왜구를 금하는 실질적인 방안을 이 총명한 외교관이 협의하고 도출하길 바랐다.

규슈절도사 이마가와 료슌은 정몽주를 환대했다. 그는 막부의 무장이면서 일본에서 손꼽히는 문인이었다. 고려에서 온 최고의 유학자를 예우할수록 자신의 위상도 올라갔다.

정몽주는 영리하고 끈질기게 협상을 벌였다. 귀국길에 그는 규슈에 끌려간 고려인 피랍자 수백 명을 데려왔다. 규슈절도사 휘하의 관리와 병사들도 동행했다. 왜구 금지는 말로만 해서는 효과가 없다. 정몽주의 제안에 이마가와 료슌은 공권력을 발동해 호응했다.

규슈절도사의 부하들은 고려 바다를 누비며 왜구를 감시했다. 북조 연합군으로 돌아선 마쓰라당이 삼시 내상이있다. 해직신 및 척을 나포하는 성과도 거뒀다. 그러나 남조 왜구는 어쩌지 못했다. 정서부의 침공은 날이 갈수록 규모가 커지고 대담해졌다.

고려 조정에서는 왜적을 물리칠 장수들을 물색했다. 각지의 세력가들이 나라의 부름을 받았다. 그들은 자기 힘으로 병사들을 뽑고 먹이고 조련할 수 있었다. 재정난으로 중앙군조차 유지하기 어려운 조정에는 천군만마였다.

개중에 가장 두각을 나타낸 인물은 '동북면의 바투' 이성계였다. '바투'는 몽골어로 '무적의 용사'를 뜻한다. 그의 고조부 이안사는 전주에서 죄를 짓고 두만강 너머로 도망쳐 원나라에 투항했다. 이후 대대로 원나라 벼슬을 지내다가 1356년 공민왕이 쌍성총관부를 공략할 때 큰 공을 세워 다시 고려로 귀순한 집안이다.

이성계는 본거지 함흥에 2,000여 명의 가병(家兵)을 두었다. 그들은 농사 짓고 전쟁에 나서며 이 씨 집안을 굳세게 뒷받침했다. 그 저력으로 이성계는 홍건적, 나하추, 여진족 등과 싸워 이겼다. 이제 북방에서는 더 이상 적수가 없었다.

고려 조정은 동북면의 바투를 원수에 임명해 왜적을 막도록 했다. 왜구 토벌전에서 그의 활약은 눈부셨다. 이성계의 전매특허는 하늘이 내린 활 솜씨였다. 1377년 해주전투에서 그는 긴 화살을 17번 쏘았는데 모두 적의 왼쪽 눈을 맞혀 죽였다. 100보 이상 떨어져도 정확히 꿰뚫을 만큼 신궁이었다.

기마술도 활 솜씨 못지않았다. 지리산에서는 적의 무리가 고지대 절벽에 기대 고슴도치처럼 웅크리고 있었다. 공략에 나선 둘째 아들 방과(훗날의 정종)가 고개를 절레절레 흔들고 돌아오자 이성계는 친히 말을 달려 적진으로 향했다. 그가 시퍼런 검날을 번뜩이며 단번에 벼랑 위로 뛰어오르니 왜구는 혼비백산해 태반이 떨어져 죽었다.

용장 밑에 약졸 없다. 가병들의 사기는 하늘을 찔렀다. 싸우면 싸울수록 더욱 강해졌다. 왜적의 위협을 받은 고을들은 가뭄에 단비처럼 이성계 군단을 찾았다.

"이성계는 장성할 때까지 원나라 사람으로 살았습니다. 가슴 한가운데 정녕 고려가 있을까요?"

조유는 이성계를 반신반의했다. 나라를 지키고 백성을 구하는 것은 고마운 일이지만, 그가 민심을 얻는 게 고려에 이로울지는 미지수였다. 이성계 집안은 대대로 원나라 벼슬을 물려받았다. 혈통은 고려인이라지만 이민족과 어울려 사는 동안 어떤 피가 섞였는지 알 수 없다. 근본이 모호한 변방의 무장을 조유는 꺼렸다. 그에게 힘을 쥐여줬다가 딴마음이라도 먹으면 나라의 우환이 될 것이다.

반면 김종연은 생각이 달랐다. 이성계가 장성할 때까지 원나라 사람으로 살아온 것은 사실이다. 또 북방에서는 고려인과 여진인과 몽골인 사이에 얼마든지 피가 섞일 수 있다. 하지만 그의 집안은 원나라로부터 철령 이북 땅을 되찾는 데 큰 공을 세웠다. 또 나라가 위급하고 백성이 도탄에 빠져 있는 이때 한가하게 혈통이나 따져서야 하겠는가. 오히려 권문세족 출신의 좁은 소견이 문제다.

"이성계는 유능한 장수입니다. 노도처럼 밀려오는 왜적을 막으려면 중용해야 합니다."

"전투에 능한 것은 인정합니다. 하지만 어떤 마음으로 싸우는지도 살펴야 할 것이오."

이성계를 두고 제자들이 옥신각신하자 스승이 말을 끊었다.

"그건 조정의 일일세. 우리 일은 따로 있지. 방어용 성에 관한 자네 건의서를 읽었네. 아직도 같은 생각인가?"

나홍유는 김종연에게 청실홍실로 묶은 하얀 두루마리를 건넸다. 펼쳐보니 놀랍게도 그가 임금에게 올린 보고서와 토씨 하나 빠짐없이 똑같았다. 심지어 방어용 성의 상상도까지 그대로 베꼈다. 이들의 정보력은 예상을 훨씬 뛰어넘었다.

"고려 왕궁부터 규슈 태재부까지 곳곳에 첩자들을 박아두었네. 백성의 눈과 귀가 되기 위해 정보망을 구축했지. 이 조직을 우리끼리는 '파사계(婆娑契)'라고 부른다네. 물밑으로 움직이는 비밀 결사일세."

정보망을 구축하고 비밀 결사를 운영하는 것은 결코 쉽지 않다. 고도의 수완과 상당한 자금이 필요하다.

나홍유는 공민왕 시절부터 여주 백애촌을 예의주시했다. 그는 조정에서 사재령과 사농소경 벼슬을 역임했다. 사재령은 하천의 교통과 수산물 조달을 관장하는 자리였다. 사농소경으로서 제사에 쓰는 술, 곡식, 과일, 고기 등을 다루기도 했다.

그는 이곳에서 수운 사업을 벌였다. 남한강 일대의 풍부한 물산을 끌어모아 큰 고을에 부리는 일이었다. 나홍유는 안목과 경험과 인맥을 두루 갖추고 충주에서 한양에 이르는 뱃길을 장악했다. 덕분에 백애촌은 내륙 수운의 중심지로 번창했다.

수운 사업은 비밀 결사의 자금줄이자 활동 무대이기도 했다. 파사계의 계주로서 나홍유는 정보망 구축에 만족하지 않았다. 독자적으로 왜구를 칠 정예병력을 양성한다는 게 그의 계획이었다. 남한강 군단이다. 지휘관으로는 김종연을 낙점했다.

충이란 무엇인가

"장정을 더 징발하면 백성은 힘에 부치는데 왜적은 금세 떠나버리지요. 또 백성을 돌려보내면 떠나자마자 왜적이 다시 침입해 노략질합니다. 그 때문에 백성은 휴식을 취할 겨를이 없고 군대는 유사시 활용할 병력이 없습니다."《고려사》열전 '설장수')

위구르족 출신 귀화인 설장수의 상소를 입수해 읽고 나홍유는 고개를 끄덕였다. 지방군은 양계(오늘날의 평안도와 함경도)를 제외하곤 모두 예비군이라 장수가 필요할 때 소집해서 쓴다. 때를 못 맞추면 백성도 힘들고 병력도 모자란다.

설장수는 중앙의 2군 6위와 별개로 지방 요충지에 상비군이 절실하다고 보았다. 재원을 확보하기 어렵다면 김종연의 안을 쓰면 된다. 성을 중심으로 백성이 생업을 영위하면서 스스로 왜적을 막는 것이 최선이다.

나홍유는 여주 파사성에서 상비군을 양성하기로 했다. 여주는 북으로 한양과 개경, 남으로 충주와 조령에 이르는 남한강 물길이 중부의 곡창지대를 감아도는 곳이다. 이미 남조 정서부가 첩자를 보내 염탐했다. 저들이 군침을 흘리고 있다는 뜻이다. 단단히 방비하지 않으면 알토란 같은 고려의 요충지를 빼앗길지도 모른다.

파사성은 파사산 능선을 따라 쌓은 옛 성이다. 신라 초기에 국토를 넓힌 파사왕이 남한강을 따라 여주에 이르러 이 성을 짓게 했다고 한다. 옛 임금의 말이 전해 내려온다.

"우리나라가 서쪽으로는 백제와 이웃하고 남쪽으로는 가야와 접했는데, 짐의 위엄은 아직 저들이 두려워하기에 부족하도다. 마땅히 성채와 보루를 세워 외적에 대비하라."《삼국사기》신라본기 '파사왕 8년')

파사왕에게 성이란 외적을 두렵게 만드는 나라의 위엄이었다. 나흥유도 파사성을 남한강 유역의 보루로 삼아 고려의 위엄을 드러내고자 했다.

나흥유는 발끝에 무게를 실어 성벽 위를 한 걸음 한 걸음 내디뎠다. 성곽길의 끝은 파사산 정상이었다. 서쪽에서 동쪽으로 굽이치며 흐르는 남한강. 남쪽에는 이포나루와 기름진 들판이 탐스럽게 자리하고 북쪽으로는 겹겹이 포개진 산등성이들이 장관을 이룬다. 이 성에서 바라보면 동서남북이 바둑판처럼 일목요연하게 펼쳐진다. 적의 움직임을 읽고 응수하는 데 최적화된 천혜의 군사 요충지였다.

하지만 옛 성은 황폐했다. 성문은 허물어진 지 오래였다. 능선을 타고 오르는 성곽도 군데군데 끊어졌다. 성안의 평지에는 연못을 판 흔적과 창고 터만 남았고 수풀이 무성했다. 신라 진흥왕 때 증축해 성채의 면모를 갖췄지만, 이후 오랜 세월 사용하지 않아 쇠락했다. 파사성은 사람의 손길을 기다리고 있었다.

나홍유는 왜구에게 여러 차례 약탈당하고 뿔뿔이 흩어진 남양 백성들을 떠올렸다. 오갈 데 없어 산골짜기에 움막 치고 한숨 짓는 사람들을 찾아 나섰다. 그들에게 경작할 땅을 약속하고 상비군이 되어달라 청했다. 왜적이라면 눈에 불을 켜고 이를 박박 가는 백성들이었다. 기꺼이 수락하고 파사성으로 모여들었다.

해를 넘기며 공사가 벌어졌다. 먼저 300여 채의 집이 성내에 들어섰다. 흙을 구워 벽을 쌓고 지붕에는 볏짚을 올린 조그마한 집들이다. 손바닥만 한 방에서 여러 식구가 몸을 말고 자야 했지만, 아침이 밝으면 활짝 핀 얼굴로 지게를 지고 나섰다. 그들의 마음속에 희망의 싹이 움텄기 때문이다.

성민(城民)들은 돌을 나르고 다듬어 무너진 성곽을 다시 올렸다. 남문과 동문을 설치하고 사방에 망루도 세웠다. 연못은 두 군데 팠다. 관아는 훈련장을 겸하도록 지었다. 창고는 곡식과 함께 무기도 쟁여 넣을 수 있게 했다. 성 밖에는 품(品) 자 모양 참호를 파고 사슴뿔처럼 생긴 목책을 세웠다.

김종연은 중랑장에서 장군(정4품)으로 승진했다. 독립적인 부대를 지휘하는 장수의 반열에 오른 것이다. 나홍유는 최영, 양백연, 변안열 등 군부 실력자들에게 손을 썼다. 파사계로부터 정보를 받아 왜적과의 싸움에 활용하는 고려의 맹장들이다. 그들은 김종연의 작전 능력과 실전 경험을 높이 평가하며 후원자를 자처했다.

신임 장군은 부인 송씨와 아들 백균, 맹균, 중균의 거처를 개경에서 백애촌으로 옮겼다. 남한강과 파사산의 유려한 풍광에 송씨는 감탄을 금치 못했다. 장인 송호산은 찬성사를 지낸 개경의 권문세족이었다. 부인으로선 경성 바깥에 살림을 차리는 게 여러모로 불편했지만, 남편을 위해 기꺼이 따라나섰다.

김종연은 아들 3형제를 데리고 구이학당을 찾았다. 맏이 백균은 어느덧 열 살이 되었다. 아버지는 글선생 조유를 스승으로 점찍었다. 직접 인사를 시키고 가르침을 청할 생각이었다.

조유는 후원 정자 앞에서 제자들의 관례를 치르는 중이었다. 학동 가운데 15세 소년 셋이 어엿한 성인으로 거듭나고 있었다. 의식은 댕기 머리를 올려 상투 틀고 망건 두르고 유건을 쓰는 순서로 진행되었다.

이어서 조유가 고안한 '개구례(開口禮)'에 들어갔다. 스승이 화두를 제시하면 관례를 치른 제자가 유생으로서 자기 견해를 밝히는 것이다. '입을 여는 의식'에 유생의 언로를 활짝 열라는 가르침을 담았다.

"충(忠)이란 무엇인가?"

붓 모양의 수염을 만지작거리며 글선생이 화두를 던졌다.

"충은 마음 심(心)에 중심 중(中)을 세우는 것입니다."

아직 소년티를 벗지 못한 유생들이 입을 모아 말했다.

"너희들은 무엇을 마음의 중심에 세워 충으로 삼겠느냐?"

스승이 재차 묻자 세 사람이 차례로 답했다.

"유생은 신하 된 자이므로 임금을 마음의 중심에 세워야 합니다."

맹사성이 먼저 나섰다. 그는 온양 태생으로 최영의 손주사위였다.

"신하의 도는 의(義)를 따르는 것이지 임금을 따르는 게 아닙니다."

권담이 즉각 반박했다. 개경 명문가 자제이며 성리학에 푹 빠졌다.

"뜬구름 잡는 소리! 충신은 국법을 받들어 소임을 다할 뿐입니다."

여주의 향리 집안 출신인 임순례는 매우 현실적인 면모를 보였다.

옥신각신 토론이 붙붙었다. 세 사람은 제각기 주장을 펼치며 한 치도 물러서지 않고 설전을 벌였다. 김종연은 흐뭇한 표정으로 지켜보았고, 백균은 흥미로운 듯 눈을 반짝였다. 조유는 끼어들지 않고 제자들의 토론을 경청했다. 이윽고 그가 입을 열었다.

"너희들의 말은 모두 옳다. 임금이든, 의든, 국법이든 마음의 중심에 세워 나라와 백성에게 충성하기를 바란다. 그리고 각자 마음의 소리에도 귀를 기울여라. 임금이고, 의고, 국법이고 다 좋은데 자신의 양심에 거리낌이 없어야 한다는 것이다. 알겠느냐?"

김종연은 조유의 가르침이 인상 깊었다. 맏이가 좋은 스승을 만난 것 같아 기뻤다. 그는 막사로 돌아와 수자기에 '충(忠)'을 써넣었다. 그가 창설할 남한강 군단도 '충무영(忠武營)'이라고 부르기로 했다.

충무영은 파사성과 백애촌, 그리고 남한강 일대에서 병력을 모집했다. 그들에게 둔전을 지급했다. 맹자 가라사대, 항산(恒産)에서 항심(恒心)이 나온다. 먹고살 수 있도록 해야 나라를 지킬 마음도 생기는 법이다.

나흥유가 짊어져야 할 경제적 부담 또한 확 늘었다. 그는 수완가답게 상재(商材)를 발휘해 군비를 거뜬히 마련했다.

먼저 물길을 따라 충주로 내려가 제수를 닥치는 대로 사들였다. 충주는 삼남에서 모여드는 제사용품의 집산지였다. 시세의 두세 배로 후하게 쳐주니 상인들이 팔지 않고는 못 배겼다. 제사에 쓸 과실, 유과, 술, 그릇, 초 등이 금방 동났다.

제수가 씨가 마르자 개경의 권문세족과 지방 토호들이 뒤집어졌다. 제사를 지내야 하는데 상에 올릴 것을 구할 수 없었다. 물건 값이 천정부지로 치솟았다. 얼마 지나지 않아 시세의 10배에 이르렀다.

나흥유는 이렇게 만 금을 풀어 십만 금을 긁어모았다. 권세가들의 금고에서 썩고 있는 부(富)를 끄집어내 나라를 지키고 백성을 구하는 데 쓴 것이다.

김종연도 본분에 충실했다. 우선 왜적의 전술에 대응해 병법을 강구하고 충무영을 조련했다.

남조 왜구는 수호신 기쿠치 다케미쓰의 전술을 구사했다. 그들은 명적(鳴鏑), 우는 소리가 나는 화살을 신호로 돌격전을 벌였다. 기마궁사들이 말달려 나오면서 활을 쏘고 뒤이어 보병들이 긴 칼을 휘두르며 백병전에 나섰다.

충무영이 내륙에서 왜적을 맞닥뜨린다면 남조 왜구일 가능성이 컸다. 김종연은 그 전술을 무력화하고 적들을 격파할 비책을 연구했다.

'장창진(長槍陣)'은 왜구의 돌격전과 백병전을 봉쇄하는 데 효과적이었다. 긴 창을 든 병사들이 밀집대형을 이뤄 받아치면 적의 기마대가 돌파하기 힘들다. 또 일본도를 휘두르는 무사들도 아군의 전열이 흐트러지지 않는 한 능히 제압할 수 있다. 훈련을 통해 일사불란하게 움직인다면 장창진은 요긴하게 쓰일 것이다.

비밀병기 '작렬탄(炸裂彈)'도 있었다. 판사 최무선이 개발한 화약 무기다. 납으로 만든 동그란 용기에 쇠구슬과 못, 그리고 화약을 다져 넣었다. 도화선에 불을 붙여 적들에게 던지면 폭발해 살상을 가한다. 작렬탄은 엄청난 폭발음과 자욱한 연기를 일으켜 상대를 위협하거나 연막을 치는 데도 큰 도움을 준다.

최무선은 원나라 염초 장인을 끈질기게 설득해 극비에 부친 화약 제조법을 알아냈다. 그는 하인들과 함께 연구와 실험을 거듭해 국산 화약을 제조하는 데 성공했다. 그것은 수군 전력을 획기적으로 강화하는 계기가 되었다. 덕분에 고려는 왜구 전쟁에서 유리한 고지를 차지했다.

화약과 수군은 무슨 관련이 있을까? 고려는 수군의 열세로 왜적에게 바다를 내줬다. 왜구는 배를 타고 어디든 갈 수 있으니 고려군이 대비하기 힘들었다. 육지에서 물리친다고 해도 저들은 바다를 건너 끝없이 몰려왔다.

고려에서도 수군을 육성했다. 함선을 건조하고 병력을 끌어모았다. 그러나 속도가 빠른 왜선을 따라잡을 수 없었다. 고려 수군이 나타나면 적은 금세 사라졌다가 불시에 역습했다. 뭔가 특별한 대책이 필요했다.

속도를 이기는 해법은 화약 무기였다. 화약을 사용해 원거리에서 포격하면 바다의 적을 제압할 수 있었다. 하지만 고려에서는 화약을 제조하지 못했다. 어쩔 수 없이 명나라에 화약을 보내달라고 청했다. 황제 주원장은 억지를 부렸다.

"먼저 고려에서 초(硝) 50만 근과 유황 10만 근을 바쳐라. 그럼 여기서 화약을 배합하여 고려에 줄 것이다."《고려사》세가 '공민왕 23년')

주원장은 화약을 제공할 의사가 없었다. 황제는 고려가 정말 왜구를 잡으려 하는지 의심했다. 오히려 고려와 일본이 손잡고 신생국 명나라를 공격하는 불상사를 우려했다. 그래서 원나라가 남기고 간 화약과 그 제조법을 내놓지 않았다.

최무선이 국산 화약 제조에 성공함으로써 고려는 드디어 바다를 되찾을 수 있게 되었다. 그는 화약 무기를 만들고자 조정에 화통도감 설치를 건의했다. 이윽고 신무기들이 쏟아졌다. 화통(火㷁), 화포(火砲), 화전(火箭), 주화(走火), 철탄자(鐵彈子) 등 20여 종에 달하는 화기를 선보였다.

파사계는 최무선의 행보를 주시하고 미리 교감했다. 지방 상비군을 육성하겠다는 나흥유의 계획에 그는 전적으로 공감했다. 최무선은 화약 성능을 시험하기 위해 만든 작렬탄을 충무영에 넘겼다. 화약만 있으면 파사성에서도 간편하게 제조할 수 있었다. 김종연은 이 비밀병기가 마음에 들었다.

1378년 3월 충무영이 진군을 시작했다. 군사들은 파사성과 백애촌에서 사열하고 전장으로 나아갔다. 첫 출전이었다.

팔문금쇄진

김종연은 병력을 이끌고 낙성대로 향했다. 강감찬 장군이 태어난 곳이다. 강감찬은 1019년 귀주에서 거란 10만 대군을 무찔렀다. 26년에 걸친 저들의 침략에 마침표를 찍었다. 낙성대(落星垈)는 하늘에서 큰 별이 떨어진 날 장군이 태어났다고 해서 붙은 이름이다. 김종연은 왜적과 싸우기 전에 강감찬 장군의 투혼을 일깨우고자 했다.

김종연의 군사들은 열심히 훈련하긴 했지만, 아직 실전 경험이 없었다. 의욕은 충만했다. 전열도 단단하고 진법도 제법 모양이 났다. 입에서 단내나게 훈련했으니까. 그러나 막상 전투가 벌어지면 오금이 저릴 것이다. 전장은 생사의 경계를 넘나들며 피 칠갑하고 싸우는 아수라장이다. 몸이 뜻대로 움직이지 않는다. 초짜들은 쉬이 무너질 수 있다.

이럴 때 쓸모있는 게 의식이다. 전투를 벌이기 전에 승리에 대한 믿음을 불어넣어야 한다. 낙성대에는 3층 석탑이 자리하고 있었다. 김종연은 묵묵히 탑을 돌면서 빌었다. 영웅이시여, 왜적을 무찌를 힘과 지혜를 주소서. 그 모습을 병사들이 지켜봤다. 기도를 마치자 그는 수자기 아래로 돌아와 진중하게 입을 열었다.

"그대들도 영웅의 목소리를 들었는가? 장군께서 우리의 운명을 미리 보여주겠다고 하셨다. 엽전을 던져 앞면이 나오면 왜적에게 승리할 것이고, 뒷면이 나오면 패할 것이라고 말씀하셨다."

김종연은 소매에서 엽전 하나를 꺼내 하늘로 던졌다. 고려 숙종 때 나온 해동통보(海東通寶)였다. 점을 칠 때 많이 쓰는 옛 동전이다. 그는 땅에 떨어진 엽전을 집어들어 병사들에게 보여줬다.

"앞면이다!"

함성이 지축을 흔들었다. 사기가 하늘을 찔렀다. 병사들은 깃발을 펄럭이며 행군을 재개했다. 부관 김식이 밝은 표정으로 장군에게 다가갔다. 강릉에서부터 동고동락한 부하다.

"하늘이 우리의 첫걸음을 돕는 것 같습니다."

김종연은 쓰게 웃었다. 그런데 눈은 전혀 웃고 있지 않았다. 그가 엽전을 부관에게 건넸다. 양쪽 다 글자가 보이는 앞면이었다.

"운명은 하늘이 아니라 자기 손안에 있다네."

같은 시각, 금강야차는 안성에 당도했다. 그는 김종연의 부름을 받아 파사계의 일원이 되었다. '나라도 없고 백성도 아닌 자'는 기쁘게 받아들였다. 피를 나누지는 않았지만 김종연을 형제라고 여겼다. 함께하는 데 무슨 이유가 더 필요한가. 그는 그런 사람이었다.

파사계주 나흥유는 금강야차를 훈련해 첩자로 삼았다. 안성에 온 것은 충무영을 도와 교란작전을 펴기 위해서였다. 이곳은 지난해 왜구에게 큰 피해를 보았다. 백성들이 도망가고 비어 있는 마을에 적들이 무시로 드나들었다. 금강야차는 위장술을 써서 왜적을 유인하라는 지시를 받았다.

남양과 수원을 약탈한 왜구가 안성에서 합류해 북진하고 있었다. 금강야차는 적들이 이천 방향으로 진군하는 것을 파악하고 충무영에 알렸다. 김종연은 독조봉 아래 살터고개로 유인하라고 회신했다. 살터고개는 안성에서 이천으로 넘어가는 길목이었다. 호군은 여기서 매복전을 펼치리라 마음먹었다.

금강야차는 농부로 위장해 근처 오이 밭에서 일하는 척했다. 적이 의심하지 않고 고개를 넘도록 바람 잡을 속셈이었다. 해 질 무렵 왜구 정찰대가 지나다 물었다.

"이 근방에서 고려군을 보았느냐?"

"세 시진 전에 고개를 넘었습죠. 어둡기 전에 남경에 들어가야 한다며 서둘렀습니다."

"틀림없느냐? 사실이 아니면 네 목을 칠 것이다."

정찰대 두목쯤 돼 보이는 무사가 눈을 가늘게 뜨고 위협했다. 하지만 겁먹을 농부, 아니 금강야차던가.

"이거 보십시오. 아까 고려 병사들이 오이를 따 가는 바람에 밭이 엉망이 되었습니다. 뭐가 좋다고 두둔하겠습니까?"

금강야차는 울상을 지으며 미리 훼손해둔 밭이랑을 보여줬다. 왜구 무사는 고개를 끄덕이더니 정찰을 마치고 본대로 돌아갔다. 보고받은 적장은 저녁에 고개를 넘어 이천을 약탈하기로 했다. 노략질할 욕심에 발걸음이 빨라졌다.

충무영 군사들은 고갯마루에 숨어 적을 기다렸다. 산중에는 얼어 죽거나 굶어 죽은 시신들이 여기저기 뒹굴고 있었다. 왜적을 피해 산에 들어왔다가 지난겨울에 고통스럽게 죽은 백성들이다. 그 가엾은 참상에 병사들은 울분을 느끼고 전의를 불태웠다. 얼른 적을 응징해 불쌍한 넋들을 위로하고 싶은 마음뿐이었다.

매복전은 김종연의 손바닥 위에서 진행되었다. 방심하고 고개를 넘던 왜구는 어둠 속에서 날아온 작렬탄에 혼비백산했다. 굉음에 놀라고 파편에 상한 적들은 전열이고 뭐고 뿔뿔이 흩어졌다. 앞뒤 분간 못하고 도망치는 왜적을 충무영은 구역을 나눠 뒤쫓았다. 응징은 희뿌옇게 어둠이 걷힐 때까지 이어졌다. 첫 승리였다.

이 싸움에서 김종연은 일급 기밀을 입수했다. 항복한 포로를 심문하다가 왜적이 또다시 착량에 집결해 개경을 치려 한다는 사실을 알아냈다.

저들은 4월에 해로와 육로를 이용해 강화와 통진으로 모여들 것이다. 두 고을 사이에 있는 좁은 여울, 착량에서 대대적으로 병력을 규합해 내해를 건널 계획이다. 개경의 최종 방어선은 해풍, 동강, 서강인데 개중 한 군데를 대규모 침공으로 뚫겠다는 작전이다. 집중 공략 지점이 어딘지는 아직 정하지 않았다고 한다.

파사계는 최영 장군에게 급히 전령을 보냈다. 최영은 우왕에게 보고하고 군사를 나누어 동강과 서강에 주둔하게 했다. 과연 4월에 왜선 300여 척이 착량에 나타나 크게 세를 떨쳤다. 강화와 통진에 왜구가 득실거렸다. 1만여 명에 이르는 남조 정서부 병력이었다.

개경에 계엄령이 내려졌다. 국왕의 친위대인 용호군과 응양군이 궁궐을 이중삼중으로 둘러쌌다. 도통사 최영은 정예군단을 거느리고 해풍의 승천부로 나아갔다. 맹장 양백연도 함께했다. 동강에는 집정대신 이인임의 측근 임견미가 나섰다. 권문세족의 사병을 최대한 긁어모았다. 서강은 이성계 군단이 맡았다. 고려인과 여진족의 혼성 기마대가 강둑을 따라 위용을 드러냈다.

적의 주장(主將)은 기쿠치 요시야스. 남조 수호신 기쿠치 다케미쓰의 서자였다. 그는 아버지처럼 대담한 전술을 구사했다. 최영 군단만 깨뜨리면 다른 고려군 진영은 전의를 잃을 것이라고 내다봤다. 개경으로 가는 길이 뻥 뚫리는 것이다.

남조 왜구는 한밤중에 해풍 승천부를 기습했다. 동강, 서강 등 고려군 주둔지를 그대로 지나쳤다. 곧장 해풍으로 쳐들어가 최영의 중군을 직격했다. 모든 전력을 한꺼번에 쏟아부었다. 고려 수도방위사령부는 벼랑 끝으로 몰렸다.

"물러서지 마라! 사직의 존망이 이 한 번의 싸움으로 결정된다!"《고려사절요》'신우 1')

백전노장 최영은 피할 수 없는 승부처임을 간파하고 부하들을 독려했다. 급습당했다고 기죽으면 안 된다. 오히려 맞부딪쳐야 살길이 열린다. 최영 군단은 적의 공세에 정면 대응했다. 성난 파도처럼 밀려오는 적들에 맞서 꾸역꾸역 앞으로 나아갔다.

그러나 기쿠치 요시야스는 강적이었다. 병사들이 뒤엉켜 어지러이 싸우는 와중에 특임대를 보내 최영 장군을 포위했다. 저들은 고려군의 상징 최영을 집요하게 노렸다. 도통사는 부관들의 분투와 희생 덕분에 가까스로 사지에서 벗어났다. 백전노장은 쫓기기 시작했다. 방어선도 깨지고 있었다. 적군은 사기가 올라가고 아군은 힘이 빠졌다.

급보, 급보였다! 전령이 다급하게 개경으로 달려갔다. 최영의 패색이 짙다는 소식에 궁궐이 발칵 뒤집혔다. 우왕은 한밤중에 피난 갈 채비를 했다. 백관들이 행장을 꾸리고 모여들었다. 주민들은 겁에 질려 어찌할 바를 몰랐다. 십수 년 전에는 홍건적에게 왕도를 짓밟히더니, 이번에는 왜적에게 몽땅 털리게 생겼다. 거리에 통곡과 한숨이 가득했다.

그 시각, 전선에서는 극적인 반전이 일어나고 있었다. 서강 원수 이성계가 정예 기병을 이끌고 해풍으로 달려온 것이다. 서쪽 언덕에서 우레와 같은 함성이 터지더니 말발굽 소리가 소나기처럼 쏟아져내렸다. 남조 군대의 옆구리가 순식간에 터져버렸다. 이성계 군단의 맹렬한 공격에 왜구는 당황해 혼란에 빠졌다. 흐름이 바뀌는 순간이었다.

적의 대오가 무너지는 것을 보고 최영의 중군도 공세로 전환했다. 백전노장은 금세 판세를 읽었다. 양백연에게 중앙을 맡기고 자신은 동강 쪽으로 돌아가 왜구의 반대편 옆구리를 쳤다.(《고려사절요》 '신우 1') 고려군은 삼면에서 적을 에워싸고 밤새도록 두들겼다. 왜적은 산산이 부서졌다. 기쿠치 요시야스는 남은 병력을 수습해 겨우 도망쳤다.

왜구 패잔병 1,000여 명은 통진으로 빠져나오다가 일단의 고려군과 맞닥뜨렸다. 처음 보는 깃발이었다. 수자기에 '충(忠)'이 커다랗게 박혀 있었다. 그들은 어슬렁거리면서 이렇다 할 움직임을 보이지 않았다. 너른 들판에 포진한 채 눈치만 보고 있는 것 같았다.

해풍에서 굴욕을 맛본 기쿠치 요시야스는 비리비리한 상대를 만나자 설욕의 기회라고 판단했다. 병력을 거의 다 잃고 빈손으로 돌아가던 길이다. 참패를 조금이나마 만회할 수 있다면 싸움을 마다할 이유가 없었다.

주정의 돌격 명령이 떨어지자 무사들은 긴 칼을 뽑아들고 무서운 기세로 달려들었다. 기병은 없지만, 백병전으로 제압하겠다는 계산이었다. 상대가 고려 지방군이라면 승산이 있다고 보았다.

고려군이 움직인 것은 왜적이 30보 앞에 이르렀을 때였다. 움직임은 기민할 뿐 아니라 군더더기가 없었다. 병사들은 바닥에 눕혀놓은 창과 방패를 집어들고 여러 덩이의 밀집대형을 만들었다.

고려군 진영에 들이닥친 왜구는 순식간에 밀집대형의 숲에 갇혀버렸다. 아무리 칼을 휘둘러도 밀집대형은 깨지지 않았다. 오히려 밀집대형에서 나오는 창에 사상자만 생겼다. 각개격파식의 칼질로는 장창진을 이길 수 없었다.

사상자가 급격히 불어나자 왜구는 탈출구를 찾아 헤맸다. 밀집대형 사이로 출구가 보여 달려가면 어느새 문은 닫혀 있고 장창진이 빽빽했다. 8개의 문이 조화를 부려 생문(生門)이 함정으로 바뀌기 일쑤였다. 김종연의 팔문금쇄진(八門金鎖陣)이 통진 들판에 펼쳐진 것이다. 도사가 귀신 잡을 때 쓴다는 도교 진법을 그가 전투용으로 재해석했다. 포진과 용병이 신출귀몰했다. 작전 능력이 어느덧 예술의 경지에 올랐다.

왜적을 이 진법에 몰아넣기 위해 호랑이와 매의 계교도 썼다. 사냥에 앞서 호랑이는 병든 듯 걷고, 매는 조는 듯 앉아 있다. 비리비리하게 보여 사냥감을 방심하게 만들어야 성공 확률이 높아지기 때문이다. 김종연의 계교는 제대로 먹혔다.

해가 뉘엿뉘엿 넘어갈 무렵 충무영은 싸움을 마무리했다. 생문을 찾지 못한 왜구는 모두 통진 들판에 쓰러졌다. 개경 공략을 총지휘한 기쿠치 요시야스도 두 눈 부릅뜨고 누워 있었다. 적장의 죽음을 확인한 김종연은 말에서 내려 땅거미 지는 들판에 홀로 섰다. 긴 칼 짚고 사방 둘러보니 마음이 망연하다.

소년 장수
아지발도

우왕은 그제야 한숨을 돌렸다. 고려 최고의 장수들이 목숨 걸고 분전한 덕분에 남조 왜구의 수도 침공을 저지할 수 있었다. 어린 임금은 최영을 안사공신(安社功臣)에 봉해 고려의 수호신으로 추커세웠다.

최영은 충직한 군인이었다. 어느덧 환갑이 넘었지만, 임금 위하는 마음이 지극했다. 때때로 쓴소리도 아끼지 않았다.

우왕은 총명하긴 했으나 측근에 대한 애착이 너무 강했다. 궁에서 외롭게 자란 탓이다. 유모 장씨에게는 죄를 지어도 벌을 주지 않는 특권을 내려 빈축을 샀다. 또 호위를 맡다가 장수로 나간 김진은 술독에 빠져 왜적에게 패했음에도 도리어 옷과 말을 하사하려고 했다. 이럴 때 바른말은 최영의 몫이었다.

"훗날에 공을 세우는 자가 있으면 무엇으로 대접하려 합니까? 상벌은 군주의 큰 권세이니, 거꾸로 시행해서는 안 됩니다." 《고려사절요》'신우 1')

신상필벌(信賞必罰). 공이 있으면 신임해 상을 주고, 죄가 있으면 반드시 벌을 주는 게 맞다. 그래야 사람들이 나라에 헌신하고 국법이 지엄한 줄 안다. 상벌이 공정해야 잘 다스려진다. 거꾸로 시행하면 기강이 흐트러진다.

최영은 수도 방어전에 공을 세운 이성계에게 군호를 내려달라고 임금에게 청했다. 군호(君號)는 신하로서 큰 영예다. 군주가 신임한다는 뜻이다. 그러나 우왕은 봉군(封君)하지 않았다. 변방 출신 무장을 믿지 못한 것이다. 그것은 왕실과 권문세족, 고려 지배층이 이성계에게 품은 불신이기도 했다. 그는 이방인이었다.

한편 규슈에서는 남조가 더욱 수세에 몰리고 있었다. 1379년 북조 연합군이 기쿠치 씨와 정서부에 대한 포위망을 좁혀 히고국의 거점 성들을 거세게 압박했다. 규슈절도사 이마가와 료슌은 남조 측의 보급로를 차단하고 식량을 고갈시키는 데 초점을 맞췄다.

문제는 남조 수군이었다. 그들이 규슈 내해에서 해상 보급을 해주는 한 육지에서의 고사 작전은 힘을 쓰기 어려웠다. 게다가 요시노의 천황과 규슈 각지 세력에 협조를 구하는 통로 역할도 했다. 이 수군이 건재한 이상 규슈에서 남조를 멸하기는 힘들었다.

규슈절도사도 알고 있었지만 뾰족한 수가 없었다. 마쓰라당에 남조 수군 토벌을 명하기도 했다. 그러나 해적들은 시늉만 할 뿐 명을 이행하지 않았다. 남조 수군의 주축 세력도 마쓰라당 소속이었기 때문이다. 당주는 북조를 섬기고 있었지만, 일부 세력은 남조에 충성했다. 같은 씨족이고 혈맹이다. 규약에 상호불가침 조항이 있어 범할 수 없다.

그렇다고 호락호락 물러설 이마가와 료슌이 아니었다. 1380년 6월 규슈질도사는 세토내해를 주름잡는 시코쿠의 해적 대장 미다라이 야쿠시를 불러들였다.

그는 명나라에서 왜구로 악명을 떨치는 자였다. 하치만대보살 깃발을 펄럭이며 수만 명에 달하는 병력을 이끌고 중국 산둥, 저장, 푸젠 등지를 노략질했다. '하치만대보살(八幡大菩薩)'은 가마쿠라 막부, 무로마치 막부 등 일본 무가에서 받들어온 전신(戰神)이었다. 미다라이 야쿠시는 막부의 신하를 자처하는 뼈대 있는 해적이었다.

이마가와 료슌은 시코쿠의 대해적을 다가기-아마쿠사 연안으로 보냈다. 남조 수군을 위협해 투항하게 하고 선박 수백 척을 몰수하는 임무가 맡겨졌다. 연안 지역에서 키우는 좋은 말들도 끌고 올 계획이었다. 하지만 미다라이 야쿠시가 규슈 내해에 도착했을 때는 아무것도 없었다. 남조 수군도, 선박도, 말도 사라졌다. 이게 어찌 된 일일까? 그들은 어디로 갔을까?

1380년 7월 금강 하구 진포(서천)에 왜선 500여 척이 나타났다. 새벽 안개에 어른거리던 선단이 붉은 해가 떠오르자 바다를 새까맣게 뒤덮으며 해일처럼 포구를 덮쳤다. 배가 닿기 무섭게 왜적이 쏟아졌다. 수확을 앞둔 황금 들녘에 왜구 1만5,000여 명이 집결했다. 말도 1,600여 필이나 되었다.

삼지창을 꼬나잡은 장수가 광택이 흐르는 검은 말을 타고 또각또각 앞으로 나왔다. 전신을 감싼 붉은 갑옷이 아침햇살을 받아 이글이글 타올랐다. 대열 앞에서 투구를 벗자 놀랍게도 아직 앳된 얼굴이 드러났다.

열여섯 살이나 되었을까?

환호성이 터졌다. 병사들이 그의 이름을 외쳐댔다. 기쿠치 요시토모!
남조 영웅 기쿠치 다케미쓰의 손자였다. 2년 전 고려에서 전사한 기쿠치
요시야스의 아들이기도 했다. 남조의 떠오르는 별이 출정한 것이다.

남조 정서부는 2보 전진을 위해 1보 후퇴를 택했다. 막부의 공세로부
터 핵심 전력을 보존하려고 남조 수군과 선박, 말을 고려로 빼돌렸다. 이
1보 후퇴에는 또 하나의 노림수가 감춰져 있었다. 본거지 상실에 대비해
고려에 기지를 개척하는 일이었다.

정서부가 자리한 히고국 기쿠치는 언제 함락될지 몰랐다. 규슈에 발붙
이지 못하는 상황이 오면 고려에서 재기를 도모한다는 게 상부의 방침이
었다. 물론 고려가 기지를 곱게 내줄 리 없다. 무력으로 위협해 적합한 곳
을 차지해야 한다. 정서대장군 가네요시 친왕은 그 임무를 소년 장수에
게 맡겼다.

기쿠치 요시토모는 이키노시마에서 합류했다. 그는 기쿠치 일족의 적
통이 아니었다. 당주 기쿠치 다케토모 측은 이 사촌을 경계했다. 나이는
어렸지만, 성품이 대범하고 무위가 뛰어났다. 일각에서는 기쿠치 다케미
쓰의 재림이라고 추켜세우기도 했다. 다케미쓰 또한 적통이 아니었지만,
무사들에게 실력을 인정받아 당주 자리에 앉았기 때문이다. 본가에서 요
시토모를 변방인 이키노시마에 보낸 것도 그래서다. 사실상의 격리였다.

가네요시 친왕은 기쿠치 씨가 아니었기에 요시토모에게 기대를 걸었
다. 정작 시큰둥했던 건 소년 장수 본인이었다. 기쿠치 요시토모는 고려
로 전력을 옮기는 책략에 회의적이었다. 규슈절도사와 대해적을 피해 꼬
리를 말고 도망치는 것 같았다. 소년 장수는 상부의 떳떳한 대응을 촉구

하며 원정에 동참하기를 거부했다.

그러나 막상 원정군이 이키노시마에 당도하고 가네요시 친왕 측에서 삼고초려하자 마음이 흔들렸다. 기쿠치 요시토모에게 고려 원정은 아버지 요시야스의 원한을 씻는 길이기도 했다. 그는 마침내 피처럼 붉은 할아버지의 갑옷을 걸치고 국화 문장이 그려진 가문의 깃발을 들었다. 소년 용사, 아지발도(阿只拔都)의 첫 출전이었다.

진포에 왜선 500여 척이 상륙했다는 급보에 개경은 시끌벅적했다. 중신들은 도당에 모여 서둘러 대책을 의논했다. 불과 2년 전 개경의 턱밑에 칼을 갖다 댄 왜적이었다. 이번에는 무슨 꿍꿍이인지 촉각을 곤두세웠다. 전군에 비상 대기령이 떨어졌다. 충무영도 도통사 최영의 명을 기다렸다. 결전을 앞두고 피가 끓어올랐다.

남조 왜구는 각지로 흩어져 노략질에 나섰다. 공주, 부여, 홍산, 유성, 청양, 완주 등지를 닥치는 대로 약탈하고 불살랐다. 만행도 서슴지 않았다. 부녀자와 아이들이 계룡산으로 피신하자 골짜기를 샅샅이 뒤져 사로잡거나 죽였다. 울음과 비명이 온 산을 뒤덮었다.(《고려사절요》‘신우 2’)

약탈한 곡식은 진포로 운반했는데 포구에 철철 넘쳤다. 흘린 쌀을 모으니 한 자가 넘을 정도였다. 고려 백성들도 새끼줄에 엮여 포구로 끌고 갔다. 남조 정서부는 규슈절도사의 포위망 구축으로 식량과 인력 부족이 극심했다. 우호 세력들도 북조로 돌아서거나 관망에 들어가면서 지원이 뚝 끊겼다. 고려에서의 공급이 어느 때보다 절실했다.

정서대장군 가네요시 친왕의 구상은 이랬다. 수군은 본국을 오가며 인력과 식량을 운송하고, 육군은 고려 땅에서 기지를 찾아 돌아다닌다. 틈을 보아 수륙 합동으로 개경을 공격해서 무력을 과시한다.

처음에는 모든 일이 순조로웠다. 왜구는 기고만장했다. 포구에 수군과 경비병 약간만 남기고 옥천으로 진군했다. 경상도로 넘어갈 참이었다.

고려군의 역습은 느닷없었다. 설마 바다에서 나타날 줄 왜구는 전혀 예상하지 못했다. 30년 동안 고려의 연안과 섬, 포구를 자기들이 지배했다. 고려 수군은 상대가 되지 못한다고 여겼다. 그래서 방심했는지도 모른다. 감히 500여 척의 대선단을 공격하랴 싶어 바다 쪽은 방비를 안 하고 있었다.

1380년 8월 100여 척의 고려 함대가 한밤중에 진포로 접근했다. 해도 원수 나세가 수군을 지휘하고 부원수 최무선은 화포를 담당했다.

적선 500여 척은 큰 밧줄로 서로 잡아매고 있었다. 배가 떠내려가는 것을 방지하기 위해서였다. 이렇게 연결해놓으면 화공(火攻)에 극도로 취약한 상태가 된다. 불이 붙으면 걷잡을 수 없이 번지기 때문이다.

최무선이 개발한 화포가 불을 뿜었다. 주화(走火), 화약통을 단 긴 화살이 밤하늘을 수놓았다. 150보 이상의 거리에서 날아오는 화약 무기에 왜적은 속수무책이었다. 백병전이라면 자신 있었지만, 공중전에는 젬병이었다.

여기저기서 화염과 연기가 공중으로 치솟았다. 500여 척의 배가 차례로 불타올랐다. 밤하늘이 훤히 밝아오는 것 같았다. 배를 지키고 있던 남조 수군은 불에 타 죽거나 바다에 빠져 죽었다.

포구의 경비병들은 악에 받쳤다. 붙잡은 고려 백성들을 마구 베었다. 끔찍한 살육이었다. 고려군이 상륙해서 보니 시체가 산처럼 쌓였고 지나는 곳마다 피바다였다. 포로 수천 명 가운데 330여 명만이 천행으로 목

숨을 건졌다.(《고려사절요》'신우 2')

경비병들은 옥천으로 달아나 저들의 주력부대에 합류했다. 배가 불타 버렸다는 사실이 알려지자 왜구는 망연자실했다. 이제 본국으로 돌아갈 수 없는가. 장수와 병사들은 무릎을 꿇고 기쿠치 요시토모만 바라보았다. 남조 영웅의 손자는 입술을 깨물었다. 이제 어찌할 것인가.

황산으로 가는 길

기쿠치 요시토모는 우선 진포의 선단이 어떻게 되었는지 파악했다. 화공을 당하기는 했지만 500여 척 모두 불타지는 않았을 것이다. 배는 남조 수군의 소중한 자원이다. 북조에 빼앗기지 않기 위해 고려에 왔는데 몽땅 잃는다면 타격이 너무 크다. 고려 땅에 들어온 왜구의 발이 묶이는 것은 물론이고 남조 정서부의 재기도 요원할 터였다.

정찰대의 보고에 따르면 다행히 200여 척 정도는 건사한 것으로 보였다. 고려군의 수중에 들어간 배를 되찾으려면 비상한 수단을 강구해야 했다. 진포에는 고려 수군뿐 아니라 양광도, 전라도, 경상도의 지방군이 집결하고 있었다. 삼남에 포진한 9명의 원수가 휘하 병력을 거느리고 금강 하구 일대로 모여들었다.

진포를 공격해 선단을 탈환하는 것은 불가능했다. 기쿠치 요시토모는 일단 협상하기로 마음먹었다. 해도원수 나세에게 사자(使者)를 보냈다.

배를 돌려준다면 노략질을 중단하고 본국으로 철수하겠다는 뜻을 전했다.

나세는 왜구의 협상안을 조정에 알렸다. 일부 문신이 받아들이자고 했지만 도통사 최영은 단호히 거부했다. 고려 백성을 살육하고 약탈과 방화를 일삼은 무리를 순순히 돌려보낼 수는 없다. 최영 등의 주도로 고립된 왜구를 섬멸한다는 결정이 내려졌다.

협상이 결렬되자 기쿠치 요시토모는 세게 나왔다. 남조 왜구는 옥천과 영동을 불태우고 지방관들을 죽였다. 고립감을 떨치려고 더욱 극악하게 굴었다. 재앙의 불길은 황간을 지나고 추풍령을 넘어 상주에 이르렀다. 그들은 이곳에 머물면서 연일 술판을 벌였다.

도통사의 지시를 받은 9명의 원수가 왜적의 행보를 예의주시했다. 전라도원수 지용기가 사자를 보내 적을 정탐하자고 했다. 지용기의 부관 배검이 자원해 적진으로 들어갔다. 왜구는 대뜸 사자의 목을 베려고 했지만 배검은 의연했다.

"세상천지에 사자를 죽이는 나라는 없다. 고려에는 정예병이 많아 싸우면 이길 테지만 너희를 섬멸한들 무슨 이득이 있겠는가? 너희도 이러지 말고 한 고을을 차지하여 눌러앉는 것이 어떠한가?"(《고려사절요》'신우 2')

고을 하나를 내준다니 파격적인 제안이었다. 배검이 임의로 이런 제안을 했을 리 없다. 꾀 많은 지용기가 미쳐 날뛰는 왜적을 달래려고 당근책을 내놓은 것이다.

진포에서 저들의 수군을 쳐부수기는 했지만, 왜구 주력부대는 건재했다. 병력도 1만 명 이상이고 말도 1,000마리가 넘어 보였다. 저대로 놔뒀다가는 피해가 눈덩이처럼 불어날 게 뻔했다. 지용기는 당근책으로 시간을 벌면서 적의 의중을 파악하고자 했다.

"이건 속임수다. 살길을 열어주겠다면서 빼앗은 배는 왜 돌려주지 않는가?"

기쿠치 요시토모는 사자의 제안에 퇴짜를 놓았다. 그는 배검에게 술을 대접하고 철기(鐵騎)를 호위로 붙여 돌려보냈다. 사자를 죽여봐야 별반 실익이 없다. 최소한의 예의를 지키되 중무장 기병의 위용을 과시하는 편이 효과적이라고 소년 장수는 판단했다.

전라도 원수 지용기는 적들이 만만치 않다는 사실을 깨달았다. 그들은 전투력을 자신하고 있었다. 유례없는 큰 싸움이 불가피했다. 9명의 원수는 만반의 준비를 하고 군사를 움직였다.

그 사이 남조 왜구의 진중에는 파사계 첩자가 잠입했다. 박원실은 고려에 귀화한 항왜(降倭)였다. 원래 쓰시마 주민이었는데 마쓰라당을 따라 고려에 들어왔다가 교역에 눈떴다. 그는 남한강 수운에 관심이 많았다. 그 풍요로운 물산과 아름다운 경치에 반해 여러 차례 물길을 오르내렸다. 나흥유의 눈에 띄는 건 시간문제였다. 파사계주는 교역을 돕는 조건으로 그를 귀화시키고 첩자로 기용했다.

박원실은 유창한 일본어와 노련한 처신으로 왜구의 진중에 자리 잡았다. 적들의 일거수일투족을 첩보 책임자인 조유에게 보고했다. 그 내용은 도통사 최영에게 전해졌다. 개중에는 끔찍한 만행도 포함되어 있었다.

왜구는 하늘에 제사 지낸다며 마을에서 두세 살 된 계집아이를 데려왔다. 제사를 주관한 자는 여아의 머리를 깎고 배를 갈랐다. 어린아이를 제물로 쓴 것이다. 좌우에 늘어선 자들은 풍악을 울리고 큰절했다.《고려

제사가 끝난 뒤 잔치가 벌어졌다. 아이를 불태우고 술을 나눠 먹는데 불현듯 창이 부러졌다. 불길한 징조에 점쟁이가 점을 쳤다. 상주에 계속 머물면 반드시 패할 것이라는 점괘가 나왔다.

기쿠치 요시토모는 즉각 이동을 명했다. 남조 왜구는 선산을 불태우고 경산을 노략질했다. 경상도 내륙 지방을 종횡무진 휘저으며 거침없이 진군했다. 강력한 왜적의 출현에 바닷가 고을들은 모두 텅 비었다.

9인의 원수는 함양 사근내역에서 적들을 따라잡았다. 원수 배극렴, 지용기, 정지, 김용휘, 오언, 박수경, 배언, 도흥, 하을지가 군사 1만여 명을 거느리고 역 앞에 이르렀다. 고려군이 미처 포진하기도 전에 전투가 벌어졌다. 왜구가 전광석화처럼 치고 나왔다. 소년 장수가 이끄는 기마대였다.

기쿠치 요시토모는 할아버지 다케미쓰가 즐겨 쓴 기마 돌격전을 재현했다. 병사와 말이 한몸이 되어 1,600여 기가 맹렬히 돌격했다. 비 오듯 쏟아지는 화살 세례에 이어 무자비한 말발굽이 고려군을 덮쳤다.

아군의 대오가 와르르 무너졌다. 원수 박수경과 배언이 목숨을 잃고, 군관과 병사 1,000여 명이 전사했다. 충격적인 패배였다. 기선을 제압당했다. 고려군은 전열을 정비하기 위해 사근내역에서 물러났다.

소문은 일파만파 퍼져나갔다. 고려 사람들은 기쿠치 요시토모를 '아지발도(阿只拔都)'라고 부르기 시작했다. 아지는 다시 말해 '아기', 즉 나이가 어리다는 뜻이다. 발도는 몽골어 '바투', 무적의 용사를 한자로 표기한 것이다. 나이 어린 무적의 용사는 고려 땅에서 이름을 날리며 승승장구했다.

왜적은 함양을 도륙하고 기세를 몰아 지리산을 넘었다. 여원치 고갯마루에 올라서니 남원 땅이 한눈에 들어왔다. 서쪽 읍내는 평야 지대이고 동쪽 운봉은 산악 고원이다. 기쿠치 요시토모는 이 고을에 남조 정서부의 기지를 세우기로 했다.

남원은 자원과 물산이 풍부한 내륙 요충지인 동시에 섬진강을 따라 바다와 통하는 곳이다. 교룡산, 고남산, 황산 등에 의지해 방어하기도 쉽다. 남조의 전력을 안정적으로 구축하고 본국과도 편리하게 교류할 수 있는 최적의 기지였다.

1380년 9월 남조 왜구가 남원을 넘보고 있을 때 개경에서는 토벌군이 남진을 시작했다. 고려 조정은 이성계를 총사령관으로 발탁했다. 아지발도가 이끄는 기마 왜적을 토벌하라고 그를 양광도, 전라도, 경상도의 삼도도순찰사에 임명했다.

이성계는 그동안 눈부신 전공에도 불구하고 변방의 무장이라 해서 개경 권문세족으로부터 홀대받았다. 그의 집안은 원나라 지배령에서 100여 년 가까이 천호(千戶) 벼슬을 세습했다. 원래 전주 호족 출신이라지만 권문세족이 볼 때는 정체성이 모호하고 근본이 의심스러운 존재였다. 충성심이 검증되지 않아 중용을 꺼렸다. 권문세족에게 충성심을 판단하는 기준은 집안 대대로 고려의 녹을 먹고 임금을 받들었는가였다.

이성계의 출세를 가로막고 있던 기득권의 벽을 역설적으로 강력한 왜적이 무너뜨렸다. 그만큼 상황이 심각했다. 변안열도 도체찰사로 출전했다. 도체찰사는 정1품으로 종2품 도순찰사보다 높았지만, 지휘권은 이성계에게 있었다. 변안열은 감독을 맡았다. 김종연과 충무영은 도통사 최영이 개경 방어에 투입하는 바람에 아쉽게 출전하지 못했다.

대신 파사계원들이 토벌군으로 잠입해 구전 활동을 벌였다. 장단(파주)에 이르사 흰 무지개가 해를 꿰뚫었다. 싸움에서 이길 상서로운 징조라는 말이 돌았다. 누군가 구전을 퍼뜨린 것이다. 바로 김종연의 종 파두였다.

파두도 파사계의 일원이었다. 그는 신돈의 숙수 경력을 살려 취사장으로 참전했다. 밥은 물론 입담까지 푸짐하게 밥상에 올렸다. 이성계와 변안열의 무용담에 병사들은 승리에 대한 믿음을 부적처럼 가슴에 품었다.

고려 토벌군이 내려온다는 보고를 받고 아지발도는 서둘러 남원산성 공격을 명했다. 이 성은 남원 북서쪽 교룡산에서 고을과 평야를 굽어보는 위치에 있었다. 이성계가 도착하기 전에 유리한 고지를 확보하겠다는 의도였다.

남원산성은 그러나 사근내역에서 패전한 원수들이 단단히 방비하고 있었다. 남조 왜구가 아무리 때려도 흔들리지 않았다. 공성전에서는 기마대도 힘을 쓰지 못했다. 아지발도는 어쩔 수 없이 퇴각령을 내렸다. 고려 토벌군이 다가오는 터라 시간을 끌수록 불리했다. 얼른 다른 곳에 진지를 구축하는 편이 나았다.

남조 왜구는 남원 동쪽 산악지대로 이동해 황산을 방패 삼아 인월역에 진을 쳤다. 그 와중에 교란 전술도 구사했다. 광주에서 말을 든든하게 먹이고 북쪽으로 진격할 것이라고 큰소리쳤다. 개경을 위협해 혼란을 일으키고 추가 파병을 막은 것이다. 소문은 금방 퍼져 온 나라가 떨었다.(《고려사절요》'신우 2')

구국의 영웅 이성계

　드디어 이성계와 변안열이 남원에 당도했다. 배극렴, 지용기, 정지 등 원수들은 근심을 덜고 오랜만에 기뻐했다. 이제 고려군의 병력은 왜구를 압도했다. 중앙군과 지방군을 합해 2만여 명의 군세였다.

　지휘관들은 작전회의에 들어갔다. 원수들은 적이 험한 곳에 웅크리고 있으니 성급하게 공격하는 것은 금물이라고 했다. 일단 적을 포위해 압박하자는 것이다. 한두 달 옥죄면 굶고 지쳐서 밖으로 나올 수밖에 없다. 그때 전력을 집중해 섬멸하자고 했다.

　하지만 지휘권을 가진 이성계의 생각은 달랐다. 도착 당일에만 군사와 말을 쉬게 하고 이튿날 곧장 황산으로 진군해 적을 치려 했다. 산전수전 다 겪은 배극렴이 만류했다. 도순찰사가 공을 세울 욕심에 서두르는 것이라 여겼다.

　배극렴은 1325년생으로 이성계보다 열 살 위였다. 선대의 음덕으로 벼슬할 만큼 집안이 좋았다. 변방 출신이며 나이도 적은 자를 도순찰사라고 무조건 따를 수는 없었다. 다른 원수들도 비슷한 생각이었다. 회의 석상에서 기 싸움이 팽팽했다.

그러나 이성계의 의지는 굳건했다.

"적과 마주쳤는데 공격하지 않으면 저들이 우습게 보지 않겠소? 내가 군사를 일으켜 여기 온 것은 적을 치기 위함이오."

그는 군령을 내려 장수들에게 임무를 부여했다. 누구도 도순찰사의 뜻을 거역할 수 없었다.

분주한 밤이 지나고 결전의 날이 밝자 고려군의 진용이 드러났다. 군기가 삼엄하고 위세가 드높고 전의가 번뜩이는 군대였다.

아지발도는 여원치 고갯마루에서 고려군을 직접 살펴보았다. 소년 장수는 본진으로 돌아가며 부하들에게 각별히 당부했다.

"진용과 군세가 지금껏 상대한 적과는 확연히 다르구나. 오늘 전투는 신중해야 할 것이다."

고려군은 운봉을 지나 황산 서북쪽으로 나아갔다. 정산봉에 이르자 이성계는 의형제 이지란과 호위장 처명을 데리고 올라가 황산 일대의 지형을 살폈다. 두 사람은 이성계와 함께 전장을 누비며 불패의 공적을 쌓아 올린 전우이자 심복이었다.

이지란은 함경도 북청 출신으로 여진족 추장의 아들이었다. 본명은 퉁두란. 말 타고 활 쏘는 솜씨가 신의 경지에 올랐다. 공민왕 때 고려에 귀화해 이성계와 의형제를 맺었다. 처명은 1370년 1차 요동 정벌 당시 고려군과 맞서 싸운 적장이었다. 이성계의 화살에 맞아 붙잡혔는데 처형하지 않고 은혜를 베풀자 감복해 시종을 자처했다.

이성계는 눈을 가늘게 뜨고 고원과 바위산을 바라보았다. 마치 눈앞에 전투가 펼쳐지듯이 머릿속에 전황이 생생하게 그려졌다. 어느 순간 그의 눈에 섬광이 번쩍였다. 황산 오른편의 험한 오솔길을 가리키며 도순찰사가 말했다.

"왜적이 저 길로 나와 우리 배후를 습격할 것이다. 내가 거꾸로 치고 들어가 적의 예봉을 꺾으리라."

그는 여러 원수에게 평탄한 길로 진군하게 하고 자신은 직속 군단 1,000여 명을 이끌고 오솔길로 들어갔다. 이지란과 처명이 이성계를 따랐다.

원수들은 황산의 왜적이 기세등등한 것을 보고 싸움을 걸지도 못한 채 퇴각했다. 이때 이성계 군단이 험로를 깊숙이 파고드니 과연 적의 기습 부대가 튀어나왔다. 해는 벌써 기울어 서산 끄트머리에 걸렸는데 오솔길에서 일대 격전이 벌어졌다.

길은 전날 내린 비로 온통 진흙탕이었다. 양군은 흙탕물을 뒤집어쓰고 엎치락뒤치락 필사적으로 싸웠다. 혼전 속에서 이성계는 연거푸 화살을 쏘아댔다. 70여 발이 모두 왜구의 얼굴에 적중했다. 활시위 소리가 났다 하면 적병이 거꾸러졌다.

아지발도는 이 길로 계속해서 날랜 군사들을 보냈다. 이 싸움은 한 번 밀리면 끝장이라는 것을 소년 장수는 직감했다. 오솔길에서 기선을 제압하고 고려군 본대의 후위를 쳐야 살길이 열린다.

그러나 이성계는 달려드는 적들을 제거하고 끝내 오솔길을 뚫고 말았다. 도순찰사는 순식간에 황산 아래 협곡에 이르렀다. 산 위의 왜구에게는 무시무시한 등장이었다. 마치 숲에서 뛰쳐나온 호랑이 같았다.

저들은 남북조 내전으로 전쟁에 이골이 났다. 전투 경험이 적은 고려군을 우습게 봤다. 하지만 이성계 군단은 달랐다. 물러서는 법을 모르는 자들이었다. 싸움은 새로운 국면으로 접어들었다. 아지발도는 버티기에 들어갔다. 황산은 험준한 바위산이라 외부에서 공략하기 힘들다. 일단 굳게 지키면서 돌파할 기회를 엿보는 게 상책이다.

이성계는 바위산 앞에서도 멈추지 않았다. 그는 한밤중에 군사를 나누어 협곡 여기저기에 배치했다. 아침이 밝아오자 부관 이대중에게 선발대를 꾸리게 해 황산을 공략했다. 적들은 결사적으로 막았고 선발대는 뿔뿔이 쫓겨 내려왔다.

이번에는 도순찰사가 직접 나섰다. 심복 이지란, 처명을 비롯해 장사들이 뒤를 따랐다. 부우웅, 나각 소리와 함께 돌격대가 밀고 올라갔다. 사방팔방에서 화살이 날아왔다. 이성계는 왼쪽 다리에 화살을 맞았다. 그는 태연하게 뽑아버리고 앞으로 나아갔다. 수하들도 마찬가지였다. 빗발치는 화살 세례에도 꾸역꾸역 올라갔다.

돌격대는 드디어 적진에 뛰어들었다. 왜적은 아지발도의 지시를 받아 이성계를 에워쌌다. 그는 선 자리에서 적병 8명을 죽이고 포위를 빠져나왔다. 한 무사가 창을 들고 뒤를 노리자 이지란이 쏘아 죽였다. 전우에게 목숨을 맡겨야 하는 싸움이다. 서로가 서로를 지켜야 하는 전장이다. 이성계가 피를 뒤집어쓴 채 힘껏 외쳤다.

"나는 싸우다가 죽을 것이다. 같이 죽을 자는 나를 따르라."

주군의 결기에 부하들은 미쳐갔다. 눈을 희번덕이며 죽을힘을 다해 싸웠다. 이지란은 쉴 틈 없이 활시위를 당겼고, 처명은 춤추듯이 쌍검을 휘둘렀다. 돌격대는 창칼을 핏빛으로 물들이며 황산의 적진을 마구 휘저었다. 협곡에 배치한 군사들도 앞다퉈 산으로 올라와 왜구를 벼랑 끝으로 몰아붙였다.

전황을 지켜보던 기쿠치 요시토모가 백마를 타고 달려나왔다. 패색이 짙어지고 있었다. 전세를 뒤집으려면 수장이 뭔가 보여줘야 했다. 16세 소년 장수는 창을 휘두르며 거침없이 내달렸다. 신기에 가까운 아지발도의 기마 창술에 고려 군사들이 추풍낙엽처럼 쓰러졌다. 남조 왜구는 열광했다. 기쿠치 다케미쓰가 재림한 것 같았다.

이성계도 적장의 무위에 감탄했다. 적이지만 무인으로서 경의를 표했다. 아지발도를 잡기 위해 그는 의형제 이지란과 의논했다. 갑옷으로 전신을 감싼 데다 투구가 얼굴을 덮고 있어서 화살을 박을 틈이 없었다. 하지만 두 사람은 전장에서 잔뼈가 굵은 무인들이었다. 이성계와 이지란은 의미심장한 눈빛을 나누고 작전에 들어갔다.

도순찰사는 즉각 말을 타고 나가 아지발도에게 활을 쏘았다. 화살은 투구 꼭지를 정확하게 맞혔다. 충격으로 투구 끈이 끊어지자 소년 장수는 급히 투구를 바로 썼다. 그때 이성계의 두 번째 화살이 또다시 투구 꼭지를 맞혔다. 투구가 떨어지고 아지발도의 얼굴이 드러났다. 그 찰나의 순간을 기다렸다는 듯이 이지란이 회심의 한 발을 쏘았다.

화살은 여지없이 적장의 얼굴을 꿰뚫었다. 단정하고 귀티 나는 소년의 얼굴이 피로 물들었다. 기쿠치 요시토모의 죽음에 전장은 일순 정적에 휩싸였다. 두 눈 뜨고 봤으면서도 믿기 힘든 장면이었다. 실감하기까지 시간이 걸렸다. 이윽고 침묵의 안개가 걷히자 고려군의 함성이 터져나왔다. 반면 남조 왜구는 절망과 두려움에 사로잡혔다.

결판은 빠르게 났다. 얼어붙은 왜적을 고려군이 일제히 덮쳤다. 남조 정예병력이 몰살당했다. 살아남은 자들도 말이고 병장기고 다 버리고 울면서 달아났다. 골짜기에 메아리치는 통곡이 마치 수만 마리의 소가 우는 것 같았다.(《고려사절요》'신우 2')

왜구는 인월역에서 수습하고 지리산을 넘으려고 했다. 도망치더라도 질서가 있어야 피해를 최소화할 수 있다. 그러나 고려군은 틈을 주지 않았다. 원수들이 본대를 이끌고 와 퇴로를 막아버렸다. 북소리와 함성이 지축을 흔들었다. 고려군은 남조 왜구를 크게 깨뜨렸다. 지리산을 넘어 달아난 적병은 고작 70여 명에 불과했다.

도순찰사는 황산대첩을 자축하는 잔치를 베풀었다. 군사들은 만세를 불렀다. 모두 이성계를 우러러보았다. 변안열과 원수들도 존경심을 표했다.

장수들은 싸우지 않은 죄를 물을까 두려웠다. 사실상 이성계 군단이 일군 승리였다. 본대는 퇴각했다가 뒤처리만 했을 뿐이다. 그들은 자책하며 무릎을 꿇었다. 이성계는 원수들을 용서하고 일으켜 세웠다. 너그럽고 인자한 모습에 장수들은 감읍했다.

황산은 남조 왜구의 거대한 무덤이 되었다. 피가 얼마나 많이 흘렀는지 냇물이 온통 붉어져 사람들이 마시지 못했다. 물을 그릇에 담아 피를 가라앉힌 뒤에야 먹을 수 있었다. 노획한 말은 1,600여 필이나 되었다.

이성계 군단이 개선하니 최영이 백관을 거느리고 나아가 칭송했다.

"공이 아니면 이 나라가 장차 누구에게 의지하겠소?"

이성계의 위명은 하늘을 찔렀다. 그는 남북을 오르내리며 왜구, 홍건적, 여진족, 나하추 세력을 모두 물리친 무적의 용사였다. 왜구는 고려 사람을 붙잡으면 반드시 '이만호(李萬戶)'가 지금 어디 있는지 물었다. 노략질도 그의 눈치를 보면서 했다.

이성계는 더 이상 변방의 무장이 아니었다. 하루아침에 귀하신 몸이 되었다. 세상인심은 명성을 좇기 마련이다. 구국의 영웅에게로 사람들이 모여들기 시작했다.

남해대첩

김종연의 평판도 날이 갈수록 높아졌다. 나이 삼십 줄의 젊은 장수가 왜구 토벌전에서 쏠쏠한 전공을 세웠다. 특히 팔문금쇄진은 군부의 화제였다. 이성계의 황산대첩 무용담이 민간에 이야기꽃을 피웠다면, 통진 들판에 펼친 그의 진법은 군영마다 연구 대상이었다.

판삼사사 최영, 찬성사 변안열 등 군부의 실력자들이 그를 주목했다. 최영과 변안열은 정방제조를 겸직하고 있었다. 정방은 관직에 적합한 인재를 임금에게 추천하는 기구이다. 두 사람은 군부를 대변해 무인들을 발탁했다. 이성계는 중신들이 모여 나랏일을 의논하는 도당에 들어갔고, 김종연은 군부의 회의 기관인 중방에서 책략을 짜게 되었다.

김종연은 첩보 조직 파사계를 끼고 활동했다. 계주 나흥유와 책사 조유를 중심으로 교란은 금강야차, 구전은 파두, 침투는 박원실이 맡았고 지역별로 책임자를 두었다. 김종연은 계원들의 첩보를 바탕으로 책략을 마련하고 조정과 군부의 의사 결정에 반영했다.

파사계는 반년에 한 번씩 은밀히 회합했다. 1383년 봄에는 계주가 거처하는 산속의 암자 선정사에서 모였다. 나홍유가 일본에서 도움을 주고 있는 양유를 불러들였다. 규슈 정세를 묻기 위해서였다. 고려에 쳐들어와 노략질을 일삼는 왜구는 규슈의 남북조 내전에 영향을 크게 받는다. 정세에 따라 왜구의 실체와 목적, 규모가 달라진다.

남조 정서부는 3년 전 진포와 황산에서 치명상을 입었다. 규슈절도사의 소나기 공세를 피해 고려라는 처마 밑으로 보낸 배와 말과 병력을 몽땅 잃었다. 전력을 보존하기는커녕 재기의 불씨마저 꺼져갔다. 이후 정서부는 급속도로 쇠퇴하고 있었다. 고려에 대한 노략질도 줄어들었다. 본거지 수성에 안간힘을 쓰느라 남조 왜구는 바다를 건널 수 없었다.

그러나 왜구 전체로는 기세가 꺾이지 않았다. 마쓰라당은 남조의 부침 속에서도 노략질을 이어갔다. 그들은 이 유서 깊은 사업에 시코쿠의 해적들까지 끌어들였다. 전쟁의 신 하치만대보살 깃발을 펄럭이며 명나라 산둥, 저장, 푸젠으로 쳐들어가기도 했다. 고려도 여전히 밥으로 여겼다. 남조 왜구가 세를 잃자 오히려 경쟁자가 줄었다며 좋아하는 판국이었다.

"왜구들이 몇 년 잠잠하더니 근래에 다시 소란을 일으키고 있소. 사방에서 쳐들어오는데 어찌 막아야 할지 모르겠구려."

조유가 근심 어린 얼굴로 말했다.

마쓰라당은 남조 군대처럼 전면전을 감행하지 않고 여기저기 분산해서 공격했다. 고려군이 일일이 대응하기 곤란했다. 달려가더라도 이미 적이 내뺀 뒤였다.

"요즘 들어 저들의 첩자와 자객들이 개경을 드나들고 있습니다. 무슨 흉계를 꾸미는 게 틀림없습니다."

피두가 한마디 거들었다. 웅성웅성 계원들이 술렁거렸다.

나홍유가 하얀 수염을 젖히며 일어섰다. 그는 잠시 뜸을 들여 말을 골랐다. 중요한 안건이 있는 것 같았다. 다들 긴장한 얼굴로 귀를 기울였다.

"이제 끝장을 볼 때가 되었소. 마쓰라당과 해적들의 소굴을 쳐서 왜구의 뿌리를 뽑아야 하오."

숨 막히는 정적이 밀려왔다. 말의 무게가 가슴을 턱 눌러 누구도 감히 입을 열지 못했다. 왜구의 소굴을 치자는 것이다. 본거지를 정벌하자는 것이다. 파사계주는 해상 원정을 도모할 생각이었다.

"본래 고려는 해상 원정으로 세워진 나라요. 태조께서는 바닷길을 통해 서남해를 정벌하고 나주를 공략해 창업의 바탕을 닦았소. 지금 왜구의 소굴을 쳐서 저들을 소탕한다면 고려의 역사를 다시 쓰는 쾌거가 될 것이오."

903년 궁예왕의 장수였던 왕건은 대담한 해상 원정에 나섰다. 수군을 거느리고 서남해를 급습해 금성 등 10여 개 군현을 빼앗았다. 그때부터 이 지역을 '나주(羅州)'라고 불렀다. 27세의 젊은 장수가 후백제의 배후에 기지를 구축해 견훤왕의 발목을 잡은 것이다. 전쟁의 구도를 바꾼 해상 원정이었다. 이로써 왕건은 삼한에 명성을 떨쳤다. 궁예와 견훤에 필적하는 실력자로 떠올랐다. 창업과 통일의 발판을 해상 원정으로 구축한 셈이다.

나홍유는 역사에 밝은데다 나주 사람이었다. 태조 왕건의 해상 원정이 갖는 의미를 누구보다 잘 알고 있었다. 역사는 반복된다. 만약 바닷길로 나아가 왜구 소탕에 성공한다면, 기울어가는 고려에 회복할 힘을 불어넣을 수 있을 것이다. 무엇보다 백성을 구하는 길이다. 왜구의 본진인 마쓰라당을 제거해 고려 백성을 고통의 수렁에서 건져내야 한다.

"해상 원정이라니 취지는 좋지만 막연합니다. 뭘 어떻게 하자는 것입니까?"

조유가 고개를 갸웃하며 물었다.

"삼도(三島)를 치자는 것이오. 왜구의 전진기지 쓰시마와 집결지 이키노시마를 거쳐 단숨에 마쓰라 연안으로 치고 들어가는 것이오. 이 원정의 목표는 왜구 본진 마쓰라당을 응징하고 침략자들을 무력화하는 데 있소. 저들이 다시는 고려를 노략질하지 못하게 만들자는 얘기요."

나흥유는 차분하지만, 확신에 차 있었다. 김종연은 피가 끓어오르는 기분이었다. 스승의 말마따나 이제 왜구와 끝장을 봐야 할 때다. 창해의 바람과 파도를 타고 쓰시마, 이키노시마, 마쓰라로 진군하는 모습이 눈앞에 펼쳐지는 것 같다.

파사계원들은 말없이 눈빛을 나누고 고개를 끄덕였다. 임무를 받아들인다는 뜻이다. 그 자리에서 엄숙한 맹세가 행해졌다. 각자 할 일을 숙지한 계원들은 잰걸음으로 암자를 빠져나갔다.

김종연은 며칠 후 쓰시마 정벌에 관한 안을 중방에 올렸다. 이키노시마와 마쓰라는 뺐다. 해상 원정의 전모는 숨긴 것이다. 섣불리 패를 모두 보여줬다가는 역풍을 맞아 무산될 수도 있다. 이런 일은 신중하게 접근해야 한다. 일단 쓰시마 정벌을 꺼내 장수들의 의중을 떠보는 게 좋을 듯싶었다.

군부 최고의 실력자 최영은 무척 마음에 들어했다. 이참에 함선도 새로 건조하자고 했다. 확실히 통이 컸다. 무려 2,000척이었다. 해도원수 정지도 밀징구를 쳤다. 바다의 사령탑으로서 해상 원정을 반겼다. 물리쳐도 물리쳐도 끊임없이 나타나는 왜구다. 뿌리를 뽑지 않으면 언제까지고 악순환이 이어질 것이다.

그러나 반론도 만만찮았다. 2군 6위의 상장군과 대장군들은 이 계획이 무모하다고 보았다. 그들은 고려 수군의 해상 활동 경험이 부족하다고 지적했다. 바다에는 변수가 많다. 언제 어떤 일이 일어날지 모른다. 경험이 얕은 상태로 해상 원정을 감행하다간 자칫 낭패를 볼 수도 있다.

해도원수 정지는 자존심이 상했다. 그는 나주 사람으로 공민왕을 호위하다가 전격적으로 발탁된 인물이다. 수군 육성에 관한 안을 갖고 있다가 임금에게 올려 인정받았다. 이후 전라도 일대에서 왜구와 싸워 공을 세우고 36세의 나이로 수군을 통솔하는 해도원수에 올랐다. 젊고 능력이 뛰어난데다 수군에 대한 자부심이 높았다.

정지는 중앙군 장수들이 수군을 경시한다고 생각했다. 고려 수군은 3년 전 진포에서 왜선을 불태우고 화약 무기의 위력을 입증했다. 하지만 군부 일각에서는 정박 중인 적에게 거둔 승리라고 평가를 박하게 했다. 그는 수군의 진가를 보여주리라 마음먹었다. 신무기를 장착하고 맹훈련에 돌입했다. 서남해에서 소규모 승리를 쌓아나갔다.

입증 기회는 곧 찾아왔다. 1383년 5월 왜선 120여 척이 경상도 바다에 나타났다. 마쓰라당이 시코쿠 해적들과 손잡고 대선단을 꾸린 것이다. 두령은 세토내해의 해적 대장 미다라이 야쿠시였다. 그는 명나라로 장거리 원정 갈 때 쓰는 선박을 끌고 왔다. 한 척당 30명씩 태우는 작은 배가 아니었다. 100명가량 승선할 수 있는 큰 배였다.

합포원수 유만수가 바다를 가득 메운 적들을 발견하고 각지로 급보를 띄웠다. 1380년 이후 최대 규모의 습격이었다. 경상도 일대 고을들에 공포와 불안이 엄습했다. 사람들은 겁에 질려 허둥지둥 피난 갈 궁리를 했다.

해도원수 정지에게도 급보가 들어왔다. 그가 거느린 함선들은 목포에 정박하고 있었다. 겨우 47척에 불과했지만, 정지는 기죽지 않았다. 왜구도 중방의 장수들처럼 고려 수군을 얕보고 있다. 아군이 방어하는 데 급급하리라 오판할 것이다. 오히려 공세적으로 나가면 허를 찔려 당황할 게 틀림없다.

게다가 저들은 최무선이 개발한 신무기를 경험한 적이 없다. 남조 수군이 화공에 당했다는 정보는 입수했지만, 그게 어떤 무기이고 위력이 얼마나 큰지는 잘 모른다. 개경에 첩자들을 보낸다 한들 조사에 한계가 있다. 바다에서 화포를 쏘고 주화를 퍼붓는 순간 승기를 잡을 수 있다고 정지는 확신했다.

바다의 사령탑은 서둘러 함선들을 집결시키고 동쪽으로 진군했다. 속도가 관건이었다. 속전속결로 깨뜨려야 한다. 군사들이 밤낮으로 노를 저었다. 해도원수도 손수 노를 잡았다. 윗사람이 노젓기를 함께하니 아랫사람들은 으샤으샤 더욱 힘을 낸다.

정지에 대한 부하들의 신망은 두터웠다. 지난봄 돌림병으로 많은 병사가 목숨을 잃었다. 수군이 배 위에서 역병으로 죽으면 바다에 시신을 띄워 보내는 게 관례였다. 뱃사람으로선 피하고픈 최후다. 오죽하면 썻김굿을 해서 바다에 빠진 넋을 건져 올리려고 할까. 하지만 정지는 시신을 육지로 운구해서 정중히 장례를 치렀다. 군사들은 감격해 그를 믿고 따

랐다.(《고려사》열전 '정지')

왜구 선단은 어느새 남해 관음포에 이르렀다. 해도원수의 한대는 섬진(蟾津), 두꺼비나루에 닻을 내리고 왜적과 대치했다. 엎어지면 코 닿을 거리였다. 좁은 바다를 사이에 두고 터질 듯한 긴장감이 감돌았다.

정지는 합포의 군사들을 불러들이는 한편 밤을 틈타 적진으로 정찰을 내보냈다. 정찰대가 돌아오는 길에 아군을 염탐하던 왜구 첩자를 붙잡아 왔다. 심문해보니 히라도섬의 마쓰라당 무사였다. 저들은 섬진강을 따라 내륙으로 치고 들어갈 계획이었다. 남원과 전주를 노략질하고 전라도 곡창지대를 장악하려는 것이었다.

이튿날 아침 해적 대장은 총공세에 나섰다. 미다라이 야쿠시의 명이 떨어지자 왜선들이 사방에서 에워싸고 다가왔다. 하치만대보살 깃발이 하늘을 가리고 위세를 부렸다.

정지는 신무기 화포와 주화를 쏘려 했으나 아뿔싸 비가 내렸다. 화약이 젖으면 불을 붙일 수가 없다. 그는 지리산 신령에게 기도를 올렸다.

"나라의 존망이 이 싸움에 달렸소. 부디 치욕을 당하지 않게 해주오."

기도가 통했는지 곧 비가 그쳤다.

그러나 불운은 계속되었다. 이번에는 바람이 말썽이었다. 남동풍이 불었다. 화공을 썼다가는 고려 함대가 불바다를 이룰 판이었다. 게다가 적들이 너무 가까이 다가왔다. 화포와 주화는 먼 거리에서 위력을 발휘하는 무기다. 근접전에서는 별로 도움이 안 된다.

급박한 상황에서 승부를 가르는 건 장수의 본능이다. 해도원수 정지는 순간적으로 정면 돌파를 떠올렸다. 적들은 학익진(鶴翼陣)을 쓰고 있었다. 학이 날개를 펼친 것처럼 넓게 포진한 채 조여왔다. 약한 곳을 찾아

힘껏 들이받으면 뚫을 수 있을 것 같았다.

정지의 돌격령에 고려 함대는 신속하게 포구를 나서 어린진(魚鱗陳)을 만들었다. 물고기 비늘 형상으로 뾰족하게 들이받아서 학 날개를 찢겠다는 발상이었다. 해상 진법은 장수와 병졸들이 1년 넘게 훈련하며 호흡을 맞췄다. 한 치의 빈틈도 없이 이루어졌다.

문제는 맞바람이었다. 남동풍을 맞고 나아가자니 돛을 펼 수 없어 속도가 나지 않았다. 힘껏 노를 저었지만, 이 속도로는 들이받아봤자 뚫고 나가기 힘들었다.

정지는 지리산 신령에게 다시 한 번 기도했다. 섬진강 하구는 장마철에 폭우가 내리고나면 지리산에서 바다 쪽으로 국지풍이 불곤 했다. 그 산바람을 보내달라고 빌었다. 거짓말처럼 바람이 일었다. 산을 넘어온 거센 바람이 고려 함대의 등을 밀었다.

47척의 함선이 일제히 돛을 폈다. 산바람을 받아 팽팽하게 부푼 돛이 어린진의 위력을 극대화했다. 고려 함대의 뾰족한 쾌속 항진에 적들의 학익진이 찢어졌다. 포위망을 뚫은 함대는 나는 듯 바다를 달려 어느새 박두양(朴頭洋)에 이르렀다. 박두양은 남해와 여수 사이의 해협이다. 정지는 함대를 돌리고 포진에 나섰다. 한낮의 태양 아래 일자진(一字陣)이 펼쳐졌다. 좁은 바다를 가로막고 넓은 바다를 바라보며 일렬로 섰다. 바람은 다시 남동풍으로 바뀌었다. 비로소 화공을 쓰기에 적합한 조건이 갖춰졌다.

고려 함대를 뒤쫓아 온 왜구는 세토내해의 해적단을 앞세웠다. 미다라이 야쿠시와 함께 명나라 원정을 다니는 자들이다. 그들은 대형 선박 20척에 각각 140명씩 태워 강력한 선봉대를 편성했다. 해적 선봉대는 뱀처럼 한 줄로 늘어서서 좌우로 요동치며 달려들었다.

적들이 사정거리 안에 들어오자 고려 수군의 신무기 화포와 주화가 불을 뿜었다. 선상에 뻥뻥 꽂히는 포탄에 해적들은 기겁했다. 소리도 크고 파괴력도 엄청났다. 이어서 화약통 달린 불화살이 하늘을 가득 메우고 날아왔다. 왜선들이 불타기 시작했다.

기선을 제압한 정지는 얼른 포진을 바꾸었다. 고려 함대는 학익진으로 전환해 날개를 좁히면서 화포와 주화를 쏘아댔다. 해적 선봉대의 후미까지 치명적인 화공을 가했다. 대형 선박 17척이 불타올랐다. 해도원수는 돌격 깃발을 올리고 진군의 북을 울렸다. 고려 함대는 앞으로 나아가며 격렬하게 화살을 퍼부었다. 피할 수 없는 죽음이 온 바다를 뒤덮었다.

전투는 날이 저물어서야 막을 내렸다. 직속 선봉대를 거의 다 잃은 미다라이 야쿠시는 남은 배들을 수습해 먼바다로 도망쳤다. 마쓰라당과 세토내해 해적단의 야심 찬 항해가 고려 수군에게 가로막혔다.

사람들은 이 전투를 '남해대첩' 혹은 '관음포해전'이라 불렀다. 이후 왜구가 서남해를 돌아 조운선을 약탈하거나 강화도까지 들이닥치는 불상사가 눈에 띄게 줄어들었다. 고려는 잃어버린 바다를 되찾았다.

3부

잊힌 무인들

이 군대로
무슨 일인들 못하겠습니까

이성계, 변안열, 정지, 김종연 등은 외적과 싸움에서 두각을 나타낸 무인이었다. 군부의 실력자 최영은 이들을 후원해 고려의 버팀목으로 키워내고자 했다.

조정의 권신들은 무인들의 약진이 못마땅했다. 우왕의 양부 이인임은 원로대신 경복흥이 죽자 그의 무리를 숙청하고 임견미, 염흥방 등을 중용했다. 이인임의 측근이었던 무장 임견미는 수문하시중과 정방제조를 겸임하며 나라의 실권을 장악했다. 문신 염흥방은 한때 정몽주와 함께 이인임에게 반기를 들었으나 유배 다녀온 뒤 변심했다.

사람이 권력에 중독되면 나타나는 증상이 있다. 나랏일과 사사로운 욕심을 분간 못하는 것이다. 임견미와 염흥방이 그랬다. 그들은 이인임을 등에 업고 국정을 농단하다가 그 힘에 취해 탐욕을 채우는 데 혈안이 되었다. 인사권을 쥐고 매관매직을 일삼았으며, 송사(訟事)에 압력을 넣어

판결을 거래했다. 뇌물과 청탁에 나라의 기강은 엉망이 되었다.

권신들이 무엇보다 욕심낸 것은 땅이었다. 하인을 동원해 남의 토지와 경작민을 마구 빼앗았다. 심지어 궁과 관아에 속한 전민(田民)까지 무단으로 점유했다. 저들이 몽둥이를 휘두르고 들어오니 원래 주인이나 관리들도 어쩔 수 없었다. 나라에 고해봤자 해코지만 당할 뿐이었다. 임견미와 염흥방 등의 서슬 퍼런 권세에 자칫 패가망신할 수도 있었다.

문제는 최영이었다. 이 강직한 무장은 권신들의 국정 농단과 부정 축재를 묵과하지 않았다. 권문세족 가운데도 피해자가 속출하고 있었다. 그들은 문벌귀족 출신인 최영에게 하소연했다. 그는 권문세족의 대변자로서 임견미와 염흥방의 전횡을 우왕에게 고했다. 이대로 가다가는 나라의 기강이 무너져 망국으로 치달을 것이라고 염려했다.

권신들은 최영을 눈엣가시로 여겼다. 제거하고 싶은데 명분이 마땅치 않았다. 황금 보기를 돌같이 하는 자라 꼬투리를 찾기 어려웠다. 아무리 털어도 먼지 하나 나오지 않았다. 그렇다고 무력으로 제압할 수도 없었다. 명실공히 군부의 실력자가 아닌가. 그의 뒤에는 범강장달이 같은 무인들이 포진하고 있었다. 섣불리 치려다가 역공에 당할지도 몰랐다.

임견미와 염흥방은 자신들의 주군 이인임을 졸랐다. 임금과 조정과 군부를 움직여 최영을 제거할 수 있는 인물은 그이밖에 없었다. 그러나 이인임은 꿈쩍도 하지 않았다. 그는 냉철한 권력자였다. 이 나라 사직을 지키려면 최영 같은 버팀목이 꼭 필요하다고 판단했다. 권신들은 천하의 이인임도 이제 늙었다고 비웃었지만 어쩔 도리가 없었다.

한편 유학을 신봉하는 사대부들은 그들대로 돌아가는 상황을 예의주시하고 있었다. 권신들의 횡포에 민심이 심상치 않았다. 더 이상 못 살겠다고, 이게 무슨 나라냐고, 왕조를 규탄하는 목소리가 불거졌다.

유학자들은 이 난국을 타개할 길을 모색했다. 나라를 크게 개혁해 재상 중심의 어진 정치를 펼쳐야 한다는 주장이 나왔다. 새로운 이념으로 무장한 신진사대부의 등장이었다. 정몽주, 정도전 등 성리학에 밝은 유학자들이 주축을 이루었다.

우왕 즉위 직후에 신진사대부는 고난의 길을 걸었다. 이인임이 중원에서 쫓겨난 원나라의 후예 북원(北元)과 국교를 맺으려 하자 강력히 반발하다가 관직을 잃거나 유배를 떠났다. 그들은 명나라를 종주국으로 받들며 이인임을 배척했다.

임견미, 염흥방 등 이인임 측근들의 폭주는 신진사대부를 정치적으로 각성시켰다. 급진적인 생각을 가진 사대부들이 나타났다. 급진파는 이제 고려 왕조에 희망이 없다고 보았다. 성리학의 가르침으로 다스릴 새로운 나라를 꿈꾸기 시작했다.

삼봉 정도전은 경상도 봉화 출신의 유자(儒者)였다. 그는 성현의 도를 절대적인 기준으로 삼아 세상을 바라보았다. 고려 왕실과 백성이 신앙하는 불교를 용납하지 않았고, 오랑캐 원나라가 아니라 종주국 명나라에 사대해야 한다고 믿었다.

정도전은 1375년 성균관 박사 시절 이인임의 친원 정책에 반대하다가 나주의 거평부곡으로 유배를 떠났다. 그곳에서 백성의 비참한 삶과 끝없는 고통을 체감하고 고려라는 나라를 깊게 회의하게 되었다. 1377년 유배가 풀렸지만 이인임에게 찍힌 삼봉은 개경으로 돌아가지 못했다. 그는 먹고살기 위해 유랑해야 했다. 삼각산, 부평, 김포 등지를 떠돌며 학당을 열어 호구지책으로 삼았다. 고달프고 자존심 상하는 현실이었다.

이 불우한 시기에 정도전은 《맹자》를 파고들었다. 맹자는 군주라도 인(仁)과 의(義)를 해치면 한낱 필부에 지나지 않는다고 보았다. 포악한 필부를 끌어내리고 새로운 왕을 세우는 것은 불충(不忠)이 아니라고 가르쳤다. 고난 속에서 정도전은 역성혁명에 눈떴다. 유배와 유랑이라는 시련도 《맹자》를 읊으며 대업을 짊어진 자의 숙명으로 받아들였다.

"하늘이 장차 어떤 사람에게 대업을 맡기고자 할 때는 반드시 먼저 뼈를 깎는 고통을 준다. 마음을 괴롭게 하고, 배를 곯게 하고, 가난에 찌들게 하고, 하는 일마다 뜻대로 되지 않게 만든다. 이는 그의 마음을 분발하게 하고 참을성을 갖게 하려는 것이다. 지금까지 그가 할 수 없었던 일을 능히 해낼 수 있도록 만드는 것이다."(《맹자》 '고자 하')

터질 듯한 울분을 원동력 삼아 정도전은 새 시대의 청사진을 그려나갔다. 하지만 아무리 그림이 좋아도 실행에 옮길 힘이 없으면 말짱 도루묵이다. 삼봉은 대업을 돕는 책사가 되고자 했다. 중국 은나라의 이윤과 주나라의 태공망을 본보기로 받들었다. 그럼 은 탕왕이나 주 문왕이 돼줄 이는 누구일까? 새로운 세상을 열 대업의 간판을 찾아야 했다.

정도전은 이인임의 당에 맞설 힘 있는 인물을 물색했다. 역성혁명까지 나아가려면 강력한 무력을 갖춰야 한다. 황산대첩의 영웅 이성계가 눈에 밟혔다.

이성계는 전공과 명성을 쌓은 무인이었다. 불패의 군단을 거느렸고 백성에게 인기가 높았다. 권신들을 능히 제압할 만한 잠재력이 있었다. 변방의 무장 출신이라 기득권에서도 자유로웠다. 그에게 원대한 야망이 있을까? 자신과 같은 책사를 갈망하고 있을까? 사람 속은 모른다. 정도전은 이성계의 그릇과 속내를 직접 확인하기로 했다.

1383년 8월 여진족 추장 호발도(胡拔都)가 무리 3,000여 명을 모아 동북면 단주에 침입했다. 이를 막아야 할 부만호 김동불화는 오히려 난리통에 재물을 취하고는 적에게 내응해 거짓으로 붙잡혔다. 기세가 오른 호발도 무리는 동북면 일대에서 노략질에 열을 올렸다. 상만호 육여와 황희석이 여러 번 싸웠으나 번번이 패했다.

이렇게 되자 우왕은 이성계를 동북면도지휘사로 삼아 호발도를 토벌하도록 했다. 이성계로서도 자신의 본거지 함흥과 영흥을 휘젓는 여진족을 가만둘 수 없었다. 그는 병력 5,000여 명을 이끌고 속히 출정했다. 철령과 마천령을 넘어 길주로 향하는 험로였다. 그곳에 귀신 같은 무위를 뽐내는 적장 호발도가 도사리고 있었다.

동북면도지휘사 이성계의 출전을 신진사대부가 칭송했다. 그들은 권신들에게 반감을 지니고 있었기에 대항마로 떠오르는 이성계를 눈여겨보고 있었다. 신진사대부의 스승 노릇을 해온 이색이 시를 지어 도지휘사를 격려했다.

"장군의 담력과 기운은 장수들 가운데 으뜸이니(松軒膽氣蓋戎臣) / 만리장성을 장군의 일신에 짊어지고 있구려(萬里長城屬一身)."(이색,《목은집》)

그뿐만이 아니었다. 정몽주는 조전원수가 되어 이성계와 함께 장도에 올랐다. 그는 문신이지만 강단이 센 인물이었다. 1772년에는 명나라 사행길을 다녀오다가 풍랑을 만나 배가 침몰했는데 나무판자를 잡고 바위섬에 다다라 13일 만에 구조된 적이 있었다. 그와 작전을 의논한 이성계는 정몽주 특유의 뚝심과 기백에 반하고 말았다.

토벌군은 빠르게 북진해 북청에 이르렀다. 이성계는 의제 이지란을 불러들였다. 그는 어머니 상을 당해 본거지인 이곳에 머물고 있었다. 도지휘사는 하늘이 무너진 듯한 아우의 슬픔을 헤아리면서도 참전을 요청했다.

"나랏일이 급하니 상복을 벗고 나를 따르라."

이지란은 두말없이 상복을 벗었다. 하늘에 절하고 활과 화살을 챙겨 집을 나섰다.

이성계와 호발도가 만난 곳은 길주 들판이었다. 양군은 진을 구축하고 대치에 들어갔다. 일촉즉발의 긴장감이 들판을 휘감았다.

불온한 정적을 깬 것은 이지란이었다. 휘하 기마대를 이끌고 적진 한가운데로 돌격했다. 두두두두. 지축을 울리는 말발굽 소리가 소나기처럼 맹렬히 쏟아졌다. 그러나 기마술 하면 여진족이었다. 북소리와 함께 좌우에서 적의 기병이 치고 나왔다. 순식간에 포위된 이지란 부대는 악전고투 끝에 패했다.

전세가 불리하게 돌아가자 이성계는 직접 가병을 이끌고 출전했다. 20여 년간 전장에서 생사고락을 같이한 최정예병력이었다. 역전의 용사들은 노련하게 전투 흐름을 바꾸었다. 화살 세례를 퍼부어 적의 기병을 와해시키고 여진족 본진으로 치고 들어갔다. 이성계 군단을 가로막은 것은 적장 호발도였다.

호발도는 검정말을 타고 본진 앞에 나타났다. 두꺼운 갑옷에 붉은 털옷까지 껴입고 큰 칼을 치켜드니 위압감이 무시무시했다. 그는 이성계를 발견하자 단기필마로 달려나왔다. 마치 최고의 용사를 가려보자는 듯 패기가 넘쳐흘렀다.

이성계도 피할 생각이 전혀 없었다. 두 용사는 길주 들판 한복판에서

자웅을 겨뤘다. 말을 탄 채 서로 칼을 부딪치자 시퍼런 불꽃이 튀었다. 호발도의 무위는 소문대로 위협적이었다. 큰 칼을 자유자재로 휘두르는데 엄청난 용력이 고스란히 전해졌다. 49세의 이성계가 힘으로 상대하기에는 버거웠다.

도지휘사는 노회한 장수였다. 그는 짐짓 밀리는 모습을 연출했다. 호발도는 승기를 잡은 줄 알고 득의양양하게 몰아붙였다. 무모하게 칼을 휘두르는 바람에 빈틈이 엿보였다. 이성계가 교묘히 칼을 빗겨 맞추자 호발도가 기우뚱하며 중심을 잃었다. 찰나의 순간을 놓치지 않고 도지휘사가 날쌔게 말을 돌려 적장의 등에 활을 쏘았다.

화살은 정확하게 꽂혔으나 두꺼운 갑옷을 뚫지는 못했다. 이성계는 다시 활시위를 당겼다. 이번에는 호발도의 말을 겨냥했다. 화살에 관통당한 말은 속절없이 거꾸러졌고 적장 또한 땅바닥에 나뒹굴었다. 우두머리가 위기에 처하자 호발도의 수하들이 구하려고 뛰쳐나왔다. 도지휘사는 수자기 아래로 돌아와 진격을 명했다.

승부는 결판난 것이나 다름없었다. 이성계 군단은 단숨에 적진을 덮쳤고 여진족은 전열이 무너지며 뿔뿔이 흩어졌다. 가까스로 사지에서 벗어난 호발도는 압록강 너머 본거지로 달아났다. 도지휘사는 추격의 고삐를 늦추지 않았다. 사방으로 군사를 보내 적을 집요하게 쫓았다. 호발도의 무리는 동북면에서 자취를 감췄다. 대승이었다.

9월에 이성계가 개경으로 돌아와 승전을 보고하자 신진사대부의 기대는 더욱 높아졌다. 조전원수로 종군한 정몽주는 호발도 토벌전의 이모저모를 상세히 전파했다. 그 빼어난 글재주로 얼마나 생생하게 전했겠는가? 이성계와 정몽주는 서로 깊이 신뢰했다. 전장에서 교감했으니 일종의 전우에였다.

이성계의 무용담은 세상을 뜨겁게 달구었다. 변방 출신의 무장이 일약 고려 최고의 명망가로 떠올랐다. 이성계가 신진사대부와 백성의 눈길을 사로잡자 주군으로 점찍은 정도전이 움직이기 시작했다.

삼봉은 포은 정몽주를 찾아갔다. 두 사람은 성리학을 같이 공부하고 막역하게 지내는 사이였다. 그는 포은에게 이성계의 막료가 되고 싶으니 다리를 놓아달라고 청했다. 막료는 유력자의 곁에서 조언하고 실무를 보는 참모다. 정식 관리는 아니지만, 주군의 신임을 얻으면 출세할 수 있는 자리다.

정몽주는 기꺼이 들어줬다. 뛰어난 재능과 식견을 갖고 있음에도 관직을 얻지 못하고 떠돌아다니는 동문을 돕고 싶었다. 이성계 또한 정도전을 막료로 받아들였다. 포은이 추천하는 사람이라면 누구든 상관없었다. 길거리에 돌아다니는 누런 개라도 자신의 군막에 들였을 것이다.

이성계가 동북면을 안정시키기 위해 함흥으로 떠나자 정도전도 따라나섰다. 장도에 오른 유학자에게 정몽주는 축복하는 시를 선물했다.

"장군의 군막에 들어간 손님 중 누가 제일일까(入幕賓中誰第一). / 달이 밝으면 사람들이 유공루에 기대리라(月明人倚庾公樓)."(정도전,《삼봉집》)

삼봉은 포은의 시 〈계해추(癸亥秋)〉를 소중히 간직했다. 이성계의 막료 중 최고가 되라는 격려가 담겨 있었다. 유공루(庾公樓)는 중국 우창에 있는 누각이다. 일찍이 동진(東晉)의 정서장군 유량은 달 밝은 밤이면 총애하는 참모를 불러 누각에 기댄 채 이야기를 나눴다. 그 고사를 빗댄 마음이 고마웠다.

하지만 정도전은 단지 최고의 참모가 되려고 먼 길을 가진 않았다. 나라를 뒤덮는 포부가 도중에 지은 시에 드러난다.

"수자기를 멀리 따라 동주를 지나가니(遠隨戎旆過東州) / 나팔 소리 높이 울리며 가을이 저물기 시작하네(畫角聲高欲暮秋). / 지난 일 호화롭지만 물을 곳이 없고(往事奢華無處問) / 찬 연기 시든 풀만 황량한 언덕에 얽혀있네(冷煙衰草鎖荒丘)."(정도전,《삼봉집》)

동주, 곧 철원 땅을 지나가며 읊은 〈과고동주(過古東州)〉다. 그 옛날 궁예가 도읍한 곳에서 그는 지난 일을 떠올렸다. 지금은 황량하지만, 한때 호화로운 역사가 펼쳐진 곳이다. 왕건이 궁예를 몰아내고 새 나라를 세운 곳 또한 철원이다. 역성혁명의 포부가 꿈틀거리지 않을 리 없었다. 하지만 그는 아직 신참 막료일 뿐이다. 이성계의 곁이 아니라 수자기를 멀리서 따르는 신세. 우선 주군의 신임을 얻는 게 시급했다.

함흥에 도착한 이성계는 가병을 모두 집결시켜 위세를 드러냈다. 군기가 삼엄했고, 예기가 번뜩였고, 사기가 드높았다. 정도전은 경이로웠다. 소문을 듣긴 했지만, 막상 눈으로 확인하니 기대 이상이었다. 심장에 감춰둔 포부가 일렁이며 맥박이 세차게 뛰었다.

그는 문득 이성계의 의중이 궁금해졌다. 역성혁명이 성공하려면 '딴마음'이 있어야 한다. 고지식하게 고려에 충성하면 곤란하다. 정도전은 슬며시 주군에게 다가가 말을 걸었다.

"훌륭합니다. 이 군대로 무슨 일인들 못하겠습니까?"(《태조실록》 총서)

찬사였지만 심상치 않은 여운이 남는다. 이 군대로 무슨 일을 하겠는가, 묻는 것 같았다. 찌르르한 전율에 이성계가 마른침을 삼켰다.

"그게 무슨 말이오?"

주군이 되묻는다. 삼봉은 얼버무렸다.

"이 군대로 왜구까지 멸하여 나라를 편안하게 해주시지요."

정도전은 물러나며 회심의 미소를 지었다. 꿀꺽, 이성계가 침을 삼키는 순간 그는 알아차렸다. 주군에게는 틀림없이 딴마음이 있다. 떠오르는 영웅에게 왕좌가 어른거리는 것이다. 혹시나 하는 그 마음에 지금은 고개를 젓겠지만 때를 만나면 권력의지를 자각하고 대업에 나서리라.

삼봉은 결심을 굳히고 책사로서의 첫걸음을 내디뎠다. 이성계가 직면한 난관부터 처리해야 했다. 주군의 위상이 높아지자 권문세족의 견제 또한 심해졌다. 특히 도당에서 동북면의 군정(軍政)을 철폐하는 바람에 만만치 않은 곤경에 처했다.

군정은 1356년 쌍성총관부를 무너뜨리는 데 협조한 공으로 이성계의 아버지 이자춘이 선왕에게 받은 특권이었다. 이후 동북면의 백성들은 세 집으로 호(戶)를 삼고, 백 호로 통(統)을 만들어 통주가 이성계 집안의 명에 따르게 했다. 일이 없을 때는 세 집에서 차례로 장정 한 사람씩 번을 세웠고, 일이 있을 때는 세 집 모두 한 사람씩, 일이 급할 때는 세 집 모든 장정들을 징발했다. 덕분에 이성계는 고려 최강의 가병 군단을 양성할 수 있었다.

군정 철폐는 이성계의 기세를 꺾고자 권신들이 부린 정치적 농간이었다. 이성계로서는 당장 군대 유지부터 차질이 생겼다. 그의 영향력이 약해지자 동북면에 권력의 마수가 뻗쳤다. 권세가의 편지를 들고 온 무뢰배와 승려들이 불사(佛事)를 핑계로 쌀과 베를 마구 거둬들였다. 권력에 빌붙은 수령들은 이를 수수방관했고 수탈에 시달린 백성들은 뿔뿔이 흩어졌다. 동북면은 나라를 지키는 변경지대였지만 이대로는 외적의 침입을 막기 어려웠다.

이성계는 하늘이 내린 장수였다. 전투마다 지략과 용기, 통솔력을 발휘해 승승장구했다. 반면 정치는 초보였다. 판세를 정확히 읽고 유불리를 냉정하게 따져 승부수를 던져야 하는데 그게 안 되었다. 이때 정도전의 정치력이 빛을 발했다. 그는 동북면의 실정을 정확히 파악하고 주군의 입지를 강화하는 책략을 마련했다. 삼봉의 계책에 이성계는 기뻐했고 곧바로 임금에게 상소를 올렸다. 변경을 안정시키기 위한 계책, '안변책(安邊策)'이었다.

"북쪽 국경 지역은 여진과 몽골, 요동과 심양에 접해 있으니 반드시 양식을 저축하고 군사를 길러 의외의 사태에 대비해야 합니다. 그러나 선왕의 병신년 하교(군정)가 폐지되어 도적을 막을 길이 요원합니다. 권세가의 편지를 들고 온 중과 무뢰배들이 빚 독촉하듯이 들볶는 바람에 백성들은 살을 깎고 뼈를 망치질하는 고통에 시달립니다. 흩어지고 도망치는 주민들이 열에 여덟, 아홉입니다. 일부는 교역과 혼인으로 외적에게 넘어가 앞잡이 노릇을 합니다. 저들의 침입과 약탈이 잦아진 이유입니다. 외적을 막아야 할 군대 또한 양식이 없으니 돌아가지 않습니다. 백만 군사도 하루치 식량밖에 없으면 하루짜리 군사요, 한 달 치 식량뿐이면 한 달짜리 군사에 지나지 않습니다. 선왕의 하교를 다시 시행하여 군사와 백성들을 결속하지 않으면 동북면을 보존하기 어렵습니다."《고려사절요》'신우3')

이성계의 이름을 빌렸지만, 정도전이 작성해서 올린 상소였다. 안변책은 조정을 뒤집어놓았다. 동북면의 지정학적 중요성을 강조하면서 권신들이 뻗친 마수를 무력화시키는 것이었다. 핵심을 찌르는 치밀한 논리에 신진사대부가 적극적으로 동조하며 공론이 움직였다. 동북면의 군정은 회복되었고 주군의 입지는 다시 굳건해졌다.

이성계는 새로운 막료에게 흠뻑 빠졌다. 정몽주가 극구 추천하기는 했지만, 처음에는 시큰둥했다. 정도전은 지난 10년 동안 유배와 유랑으로 점철된 인생을 살았다. 이력만 보면 낭인이나 마찬가지였다. 그런데 알고보니 실력자였다. 책략 하나로 판세를 뒤집었다. 장차 동북면의 호랑이에게 날개를 달아줄 책사가 아닌가.

물론 그가 역성혁명의 발톱을 감추고 있을 줄은 이성계도 몰랐다. 기실 안변책에 그 신호탄이 담겨 있다는 건 더더욱 알지 못했다.

"도내의 고을들이 산과 바다에 끼어 있어서 땅이 좁고 척박합니다. 그런데도 세금을 거둘 때 경작지가 많고 적은 것은 묻지 않고, 오직 호구가 크고 작은 것만을 봐서 책정합니다. 또 화령은 도내에서 땅이 넓고 풍요로운 고을인데 모두 아전들의 녹전(祿田)입니다. 그곳의 세금은 관아에서 거두지 못합니다. 백성에게 받는 것도 고르지 못하고, 군사를 먹이는 것도 족하지 못합니다. 도내 여러 고을이든, 화령이든 앞으로는 경작하는 토지의 많고 적음을 기준으로 과세하여 관아와 백성이 다 편하게 하소서."(《고려사절요》'신우 3')

정도전은 토지개혁이야말로 대업을 이룰 발판이라고 보았다. 그것은 이성계에게로 민심을 모으고 권문세족의 기반을 무너뜨릴 결정적 승부수였다. 삼봉은 주군의 신임을 얻고 토지개혁을 구체화하며 역성혁명을 향해 한 걸음씩 나아갔다.

정권 교체

그렇게 4년이 흘렀다. 선정사에서 뜬눈으로 밤을 지새운 나홍유는 아침 댓바람에 벼랑길을 내려가 바위마당에 섰다. 마애불. 자애로운 미륵의 곁에는 백성의 형상이 있다. 눈과 귀를 마저 새기지 못한 미완의 얼굴이다. 비밀 결사 파사계를 조직해 활동한 지도 어언 10여 년. 과연 우리는 백성의 눈과 귀 노릇을 제대로 하고 있는가.

왜구와의 전쟁은 양상을 바꿔 계속되고 있다. 권문세족은 나 몰라라 부정 축재에 열중한다. 백성은 이리저리 치여 먹고살기조차 힘들다. 파사계가 최영, 변안열, 정지 등 고려를 수호하는 장수들에게 도움을 주고 있는 건 사실이지만 저변이 취약하다. 파사성에 주둔한 김종연의 충무영도 재원이 달려 현상 유지에 급급한 형편이다.

나홍유는 근심 어린 눈길로 마애불을 바라보았다. 간밤에 들어온 보고서는 노인의 얼굴에 그늘을 드리웠다. 정몽주, 정도전 등 신진사대부가 이성계에게 모여들어 새로운 세력을 이룬 것은 알고 있었다. 요주의 인물은 이성계의 강력한 추천으로 성균관 대사성에 오른 정도전이었다. 삼봉은 안변책 이후 줄기차게 토지개혁을 거론하고 있다. 토지개혁은 권문세족의 폐부를 찌르는 사안인 만큼 사생결단의 권력투쟁이 불가피하다.

폭풍전야였다. 지금 상태에서 정변이라도 일어난다면 고려의 운명은 바람 앞의 등잔불처럼 위태로울 것이다. 게다가 임금에게는 은밀한 출생의 비밀이 있지 않은가. 만약 국왕의 정통성 문제가 수면으로 떠오른다면 왕조의 명줄이 끊기는 급변사태가 일어날지도 모른다. 토지개혁을 밀어붙여 권문세족을 무력화하고, 출생의 비밀을 공론화해 왕통을 흔들면 국력이 쇠약해진 고려는 얼마 버티지 못하고 무너질 것이다.

나홍유는 미간을 찌푸렸다. 역성혁명의 바람이 불고 있다. 망국의 조짐이 나타나고 있다. 더 늦기 전에 반전의 계기를 마련해야 한다. 어찌할 것인가?

결론은 나와 있었다. 해상 원정을 서두르는 수밖에 없다. 쓰시마, 이키노시마, 마쓰라를 정벌해 숙적 왜구를 뿌리 뽑으면 고려는 다시 일어설 수 있다.

나홍유는 김종연을 만나러 개경으로 갔다. 충무영의 수장은 1387년 40세의 나이로 군부판서가 되었다. 최영의 신임을 얻어 군사 업무를 총괄하는 자리에 오른 것이다. 두 사람은 머리를 맞대고 해상 원정 방안을 구체화했다.

조정에 건의하는 일은 문하평리 정지에게 부탁했다. 남해대첩의 주역이었기에 누구보다 설득력이 있었다. 1387년 8월 정지가 우왕에게 글을 올렸다.

"왜국에서 반란을 일으킨 자들이 쓰시마와 이키노시마를 점거하고 고려에 무시로 들어와 노략질한 지 오래입니다. 그 죄를 성토하고 크게 군사를 일으켜 저들의 소굴을 전복시킨다면 변방의 근심이 영구히 없어질 것입니다."(《고려사절요》'신우 3')

동쪽 바다를 정벌하자는 주청에 도당이 옥신각신했다. 임견미, 염흥방 등 집권 세력은 반대하고 나섰다. 100여 년 전 여원연합군의 일본 원정을 거론하며 실패를 되풀이할 것이라는 부정적인 전망을 내놓았다.

정지는 조목조목 반박했다.

"당시 원정군의 주축을 이룬 건 몽골과 북중국 병사들이었소. 그들은 바다에 익숙하지 않았을 뿐더러 물을 두려워하기까지 했지요. 하지만 지금의 고려 수군은 다르오. 우리가 관음포에서 어떻게 이겼는지 다들 알고 있지 않소이까? 순풍에 돛을 펴고 나아가면 두 섬의 왜구를 한꺼번에 섬멸할 수 있습니다."

최영과 그를 따르는 장수들은 이구동성으로 정지의 주장에 동조했다. 40년 가까이 나라를 갉아먹고 백성을 괴롭히는 왜구들이다. 산전수전 다 겪은 장수들은 이제 결판을 내야 할 때라고 입을 모았다. 그러나 이성계는 묵묵히 듣고만 있었다. 책사 정도전이 찬성도 반대도 하지 말고 중립을 고수하라고 당부했기 때문이다.

문하찬성사 정몽주는 신진사대부를 대표해 신중론을 폈다. 그는 지난 몇 년간 사신으로 중국을 넘나들며 큰 공을 세워 영원군에 봉해졌다. 전쟁 직전까지 간 양국 관계를 회복하고 명나라에 바쳐야 했던 과도한 공물을 면제받은 것이다.

정몽주는 외교의 달인이었다. 중국뿐 아니라 일본 사정에도 정통했다.

1377년에는 왜구 단속을 요청하기 위해 통신사가 되어 직접 일본에 갔다. 당시 그는 규슈절도사 이마가와 료슌과 협상을 벌이며 무로마치 막부의 성향과 의중을 파악한 바 있다.

"왜구를 토벌한다는 명목으로 일본을 침범한다면 막부에서도 가만 있지 않을 것입니다. 자칫 더 큰 병화(兵禍)를 초래할까 우려됩니다."

결국 쓰시마와 이키노시마 정벌을 주장한 정지의 안은 도당에서 부결되었다. 집권 세력이 제동을 걸고 신진사대부도 신중론을 펴니 어쩔 수 없는 노릇이었다.

한편 그해 8월 우왕의 양부 이인임이 늙고 병들어 관직에서 물러났다. 일세를 풍미한 권력자의 은퇴는 정계에 불어올 폭풍을 예고했다. 이인임은 권문세족을 이끌고 고려 왕조를 떠받쳐온 인물이다. 그의 입김이 사라지자 나라의 질서가 왕창 무너졌다.

우왕은 방종으로 치달았다. 각 도의 광대들을 불러모아 동강에서 놀이를 즐겼다. 발가벗고 물속으로 들어가 기생들과 애정 행각을 벌이기도 했다. 임금의 온갖 유희에 국고가 탈탈 털렸다.

더욱 기막힌 일은 아버지 공민왕의 비(妃)에게 집착한 것이다. 우왕은 정비 안씨의 처소를 자주 드나들었다. 하루에 두세 번 들르고, 밤에도 찾아가고, 어떤 날은 갔다가 들어가지 못하기도 했다. 마치 짝사랑하는 여인에게 안달하는 청년처럼 굴었다.

정비 안씨는 기품 있고 아름다운 왕비였다. 지난날 공민왕이 홍륜 등 자제위를 데리고 와 관계를 맺으라고 강요하자 머리를 풀고 자결을 시도해 물러나게 한 바 있다. 어린 시절 부왕과 생모 반야를 잃고 천애 고아 신세였던 우왕은 의붓어머니인 정비에게 모성애를 갈구했다. 그 애틋한 감정은 장성하면서 이성을 향한 동경으로 바뀌었다.

우왕은 여러 명의 비와 후궁을 두었지만 늘 정비 같은 여인이 없다며 연심을 드러냈다. 이제 양부마저 은퇴했기에 거리낄 게 없었다. 스물세 살 청년 군주는 열세 살 많은 선왕의 비에게 노골적으로 다가갔다. 세간에 망측한 소문이 나돌았다. 친혈육은 아니지만 그래도 모자지간이다. 나라 사람들은 수군대며 임금과 왕실을 비웃었다.

정비는 우왕의 처소 출입이 부담스러웠다. 몸이 안 좋다거나 빗질을 못했다는 핑계로 왕을 들이지 않았다. 발길이 집요하게 이어지자 동생 안숙로의 딸을 보여주기도 했다. 조카를 방패 삼아 곤혹스러움을 면하려고 한 것이다.

잊혀가던 출생의 비밀도 다시 입에 올랐다. 저자에는 우왕의 아버지가 공민왕이 아니라 요승 신돈이라는 풍문이 파다했다. 왕실의 체통이 말이 아니었다. 임금의 권위가 서지 않았다. 왕조 국가에서 있어서는 안 될 일이었다.

이인임이 은퇴하고 임금마저 방종하니 나라의 기강은 엉망이 되었다. 권신들이 고삐 풀린 망아지처럼 날뛰었다. 전민, 토지와 노비를 함부로 빼앗았다. 평민, 사대부, 관아에 속한 전민을 차례로 침탈하더니 급기야 다른 권문세족의 소유까지 넘봤다. 탐욕에 눈이 멀어 이인임이 그어놓았던 선을 넘은 것이다. 나라 사람들은 그들을 '권간(權奸)', 권세 부리는 간신이라 불렀다.

보다 못해 최영이 임금에게 실상을 고했다. 우왕은 도가 지나친 자들의 이름을 적어 아뢰라고 명했다. 그러나 권간들이 농간을 부리는데 왕명이 제대로 집행될 리 없다. 꼬리 자르기식으로 몇 사람 잡아들여 곤장을 치고 유배를 보내는 데 그쳤다.

권간의 쌍두마차는 임견미와 염흥방이었다. 두 사람이 집어삼킨 농장은 산과 강을 경계로 삼아야 할 만큼 끝없이 펼쳐졌고, 경작하는 농민들은 뼈빠지게 일하면서도 소출 대부분을 바쳐야 했다. 백성의 원성이 하늘을 찔렀지만 권간들은 눈 하나 깜짝하지 않았다.

상전의 권세를 믿고 하인들도 안하무인이었다. 고위 관리조차 그들에게 꼼짝 못했다. 밀직부사를 지낸 조반은 사신으로 명나라를 여러 차례 드나들며 나라에 공을 세웠다. 아버지 조세경은 삼중대광보국 조하의 아들이고, 어머니 또한 찬성사 양백연의 딸이니 친가와 외가 모두 지체 높은 집안이었다. 하지만 그런 인물도 권신의 하인에게 쩔쩔매다 땅을 빼앗기는 게 현실이었다.

배천에 둔 그의 토지를 강탈한 것은 염흥방의 종 이광이었다. 조반이 염흥방에게 애걸해 돌려받았으나 이광이 또 밭을 빼앗고 능욕했다. 조반은 종에게 선처를 구했지만 돌아온 것은 포악한 행패였다. 격분한 그는 사병을 동원해 이광을 벴다. 1387년 12월의 일이었다.

염흥방은 이 소식을 듣고 노발대발했다.

"내 사람을 벤 것은 곧 나에게 도전한 것이다!"

권간은 조반을 본보기 삼아 위세를 과시하고자 했다. 순군옥 상만호라는 직위를 이용하면 반항하는 자를 간단히 죽음으로 몰아넣을 수 있었다. 순군옥은 죄인을 잡아넣고 혹독하게 심문하는 권간들의 폭압 기구였다.

염흥방은 반란을 꾀했다는 죄목으로 조반에 대한 추포령을 내렸다. 그는 순군을 시켜 죄인의 어머니와 아내부터 잡아들이고 기병 400여 기를 배천에 보냈다. 그러나 조반은 수하들을 거느리고 이미 개경에 들어와 있었다. 이 사건은 해를 넘기면서 고려의 운명을 바꾸는 거대한 폭풍을 몰고 왔다.

1388년 1월 염흥방은 현상금까지 건 끝에 조반을 체포했다. 순군옥에서 국문이 열렸다. 임견미의 사위 왕복해, 이인임의 인척 도길부 등도 배석했다. 권간들은 집요하게 반란 혐의를 추궁했지만, 조반은 죄를 부인하고 오히려 그들을 꾸짖었다.

"예닐곱 명의 탐욕스러운 재상들이 사방에 종을 풀어 남의 토지와 노비를 빼앗고, 백성들을 모질게 해치니 이 자들이야말로 큰 도적이다. 내가 이광을 벤 것은 오직 인민의 적을 제거하고자 함이었다. 어째서 반란을 꾀했다고 하는가."《고려사절요》'신우 4'

염흥방은 허위자백을 받으려고 참혹하게 고문했다. 하지만 조반은 이를 악물고 목소리를 높였다.

"너는 나와 송사하는 자가 아니냐? 이 자리에서 국문할 자격이 있느냐? 너희 국적(國賊)들을 기다리는 것은 죽음뿐이다."

화가 머리끝까지 난 염흥방은 조반의 입을 몽둥이로 치게 했다. 관원들이 만류했고 국문은 중단되었다.

조반의 기막힌 옥사는 장안을 떠들썩하게 했다. 내막을 접한 우왕은 최영의 집으로 찾아갔다. 두 사람은 좌우를 물리치고 긴히 이야기를 나누었다. 임금과 군부의 실력자는 은밀히 권간들을 제거하기로 합의하고 즉각 실행에 옮겼다.

궁에 돌아온 왕은 조반과 그의 가족을 석방하라고 명했다. 다친 곳을 치료하라고 약까지 하사했다. 이어서 파격적인 왕명이 내려졌다.

"재상들이 이미 부자가 되었으니 녹봉 지급을 정지하고 이를 식량이 없는 군대에 나눠주어라."

권간들의 부정 축재를 기정사실로 만든 것이다.

다음 순서는 체포와 심문이었다. 염흥방은 과욕을 부리다가 순군옥에 갇히는 신세가 되었다.

문제는 임견미였다. 그는 만만치 않은 사병 집단을 거느리고 있었다. 이제 최영이 나설 차례였다. 이성계가 함께하기로 했다. 두 장수는 만일의 사태에 대비해 군사를 풀어 궁궐을 지키게 하고 임견미에게 사자를 파견했다.

물론 권간의 우두머리가 순순히 응할 리 없었다.

"옛날부터 임금의 잘못을 바로잡은 신하가 있었다."

군사를 일으키겠다는 뜻이었다. 임견미는 각지로 사람을 보내 자신에게 충성하는 사병과 종들을 동원하려고 했다.

그러나 모든 길은 이미 갑옷을 입은 병사들에게 막혀 있었다. 이윽고 뒷산을 쳐다보니 기마병들이 대열을 이루고 조여왔다. 임견미는 그들이 누구의 군사인지 알아보았다. 최영이 지휘하는 이상 저항해봤자 소용없었다. 체포되어 끌려가면서 그는 회한에 사무쳐 탄식했다.

"광평군이 나를 망쳤다."《고려사》열전 '임견미')

광평군은 은퇴한 권력자 이인임을 가리킨다. 임견미와 염흥방은 진즉 최영을 제거하려고 했다. 최영은 군부의 실력자인데다 강직한 인물이었다. 언젠가 그의 칼이 자신들을 겨누리란 걸 직감했다. 하지만 이인임은 만류했다. 최영은 외침으로부터 고려를 지키는 최후의 보루였다. 집정대신으로서 차마 그에게 손댈 수 없었다. 나라가 없으면 권력도 없기 때문이다.

최영과 이성계는 권간들을 모조리 잡아들였다. 우시중 이성림(염홍방의 의붓동생), 찬성사 도길부, 대사헌 염정수, 지밀직 김영진, 밀직부사 임치(임견미의 아들) 등이 순군옥에서 국문을 받았다.

권간 측도 반격을 시도했다. 찬성사 왕복해는 임견미의 사위였지만 우왕의 신임이 두터워 최영과 함께 궁궐 지키는 임무를 맡았다. 그는 한밤중에 기병 수십 기를 이끌고 최영의 군영으로 쳐들어갔다. 기습작전은 그러나 실패로 끝났다. 최영과 부하 장수들이 두 눈 시퍼렇게 뜨고 기다리고 있었다. 왕복해도 결국 죄인 신세가 되고 말았다.

최영은 권간의 당을 뿌리 뽑기로 했다. 당사자는 물론 친인척까지 잡아다 목을 벴다. 이로써 권력자 이인임 밑에서 요직을 차지하고 부정 축재를 일삼던 무리가 일소되었다. 방자하게 권세를 부리며 벼슬과 송사를 거래하고, 남의 토지와 노비를 빼앗고, 국가의 재산을 침탈한 자들이다. 나라 사람들은 기쁜 나머지 길에서 노래하고 춤췄다.

드디어 정권이 교체되었다. 우왕은 최영을 문하시중, 이성계를 수문하시중, 이색을 판삼사사에 임명해 정치를 일신하게 했다. 군부의 실력자를 중심으로 무인 세력과 신진사대부가 연합한 정권이었다.

새 정권은 전민변정도감을 설치해 권간들이 빼앗은 토지와 노비를 조사하고 원래 주인에게 돌려줬다. 세금을 기피하고 도망친 백성들도 권간의 농장에 숨어 있었는데 그들 또한 돌려보냈다. 또 안무사를 여러 도에 나눠 보내 임견미 등의 가신과 포악한 종들을 잡아죽였다. 그 숫자가 족히 1,000여 명을 헤아렸다.

세 인물도 천거를 받아 등용했다. 옛 집권 세력의 빈자리가 컸기 때문이다. 인사를 다루는 정방에서는 최영과 이성계 사이에 의견 대립이 있었다. 최영은 권간에게 빌붙었던 사대부들을 모두 내쫓으려 했고, 이성계는 자기들 할 일을 한 것뿐이니 포용하자고 했다. 적폐 청산이냐 통합의 정치냐, 그 간극을 메꾸고 묘수를 찾는 것이 정권 교체의 숙제였다.

은퇴한 권력자 이인임은 어떻게 처리해야 할까? 신진사대부는 극형에 처해야 한다고 목소리를 높였다. 명나라에 사대하는 유자들은 지난날 이인임의 친원 정책에 반대하다가 모진 시련을 겪었다. 정도전만 해도 유배와 유랑으로 10년 가까이 떠돌아야 했다. 이인임에 대한 신진사대부의 적의는 자못 살기등등했다.

이성계도 유자들의 공론에 힘을 실었다. 이인임은 권력을 유지하기 위해 측근들의 전횡과 탐욕을 눈감아줬다. 누적된 폐단의 최종 책임이 그에게 있었다. 임견미, 염흥방 등을 처형한 마당에 이인임을 살려줄 이유가 없었다. 하지만 최영의 생각은 달랐다.

"이인임이 계책을 결정하고 국가를 안정시켰으니 공이 허물을 덮을 만합니다." 《《고려사절요》 '신우 4')

광평군의 허물을 그이라고 왜 모르겠는가? 최영은 청렴하고 충성스러운 사람이었다. 이인임의 그늘에서 벌어진 국정농단과 부정 축재에 누구보다 분노했다. 그러나 공민왕 사후 안팎의 곤경에 노련하게 대처한 공도 무시할 수 없었다.

이인임은 두 얼굴을 갖고 있었다, 한 얼굴은 어진 사람을 모함하고 죄 없는 이를 살육한 비정한 권력자였다. 다른 얼굴은 문객을 후하게 대접해 미래의 동량을 키운 후원자였다. '이묘(李猫)'라는 별명이 붙은 것도 그래서다. 사람을 사정없이 할퀴다가도 언제 그랬냐는 듯 친근하게 구는 고양이를 닮았다.

이인임이 임견미와 염흥방의 집요한 요청에도 불구하고 최영을 제거하지 않은 것처럼, 최영 또한 신진사대부의 빗발치는 항의를 물리치고 이인임을 처형해선 안 된다고 못박았다.

결국 우왕은 최영의 주청을 받아들여 이인임을 경상도 경산에 안치하고 자식들의 목숨도 거두지 않았다. 나라 사람들은 탄식했다.

"정직한 최공(최영)이 사사로운 정으로 늙은 도적을 살렸구나."《고려사》 열전 '이인임')

최영과 이인임은 서로 배척하면서도 인정해야 하는 모순적인 관계에 있었다. 어쩌면 원로 대신들의 동병상련이었는지 모른다. 무너져가는 고려를 안타깝게 지켜보며 버팀목 하나쯤은 남겨놓자는 심정으로 애증의 상대를 구명한 것이다.

요동 정벌

최영이 이끄는 새 정권은 출범하자마자 커다란 도전에 직면했다. 1388년 2월 명나라 요동도사가 압록강 건너로 관원을 보내 방을 붙였다.

"황제의 명으로 철령 이북 땅을 요동에 귀속시킨다. 군민(軍民)은 고려인, 여진인, 몽골인, 한인(漢人)을 막론하고 모두 요동에서 관할한다."《고려사절요》'신우 4')

사신으로 중국에 다녀온 설장수도 명 황제 주원장의 뜻을 확인해줬다. 고려가 점거한 철령 이북은 원나라가 쌍성총관부를 설치했던 곳이니 행정적으로 중국에 속하며 명나라 땅이라는 것이었다.

주원장은 왜 이런 억지를 부렸을까? 명나라는 1368년 대도(大都, 베이징)를 함락하고 원나라를 중원에서 몰아냈다. 원나라는 그러나 북방에서 호시탐탐 중원 회복을 노렸다. 주원장은 여러 차례 정벌군을 보냈고 칭기즈칸의 후예들은 내몽골의 상도(上都), 응창(應昌)에 이어 대초원의 카

라코룸으로 도주해야 했다.

북방의 원나라, 북원(北元)은 끈질기게 살아남았다. 여기에는 조력자가 있었다. 원나라 출신 군벌 나하추가 요동에서 세력을 떨쳤다. 명나라는 북원의 숨통을 끊는 게 숙원사업이었지만 항상 나하추 군대가 옆구리를 찌를까 움츠러들었다. 1372년 기황후의 아들인 북원 소종이 명나라 정벌군을 물리친 것도 요동의 측면 지원 덕분이었다.

명나라는 요동부터 차근차근 공략하기로 했다. 1387년까지 요동 11개 지역에 지방 통치기구인 위(衛)를 설치했다. 각 위마다 오륙천 명의 병력을 두었으니 군사력도 착실하게 키워나간 셈이다. 요동도사가 상주하는 통치 거점은 요양의 정요위(定遼衛)였다.

요동에 어느 정도 기반을 닦자 주원장은 결단을 내렸다. 1387년 6월 풍승을 정로대장군에 임명하고 20만 대군을 휘몰아 나하추 세력을 공격하게 했다. 명나라가 자랑하는 정예 군단을 보낸 것이다. 요동 군벌 나하추는 얼마 버티지 못하고 명나라에 투항했다. 북원 정벌의 걸림돌이 마침내 제거되었다.

요동을 평정한 주원장은 자신감이 넘쳤다. 고려에 철령 이북 땅을 내놓으라고 억지를 부린 게 그 무렵의 일이다. 나하추 세력이라는 방파제가 사라지며 고려는 명나라의 막강한 군세에 직접적으로 노출되었다. 명 황제로서는 천자의 위세를 과시하기 좋은 시점이었다.

하지만 주원장의 진정한 노림수는 따로 있었다. 그는 이제 북원을 정벌해 숙원을 이루고자 했다. 요동의 정예 군단을 북방 초원에 투입할 계획이었다. 다만 명 황제는 고려가 배후에서 움직일까 우려했다. 새 정권의 수장 최영은 호전적인 무장이라고 들었다. 혹시라도 요동을 넘본다면 명나라로서는 죽 쒀서 개 주는 꼴이 된다.

요동은 한시적으로 힘의 공백이 예고돼 있었다. 나하추 세력이 무너진 마당에 명나라 대군마저 북원 정벌에 나서기 때문이다. 명나라가 지방 통치기구들을 설치했지만 아직은 뿌리 내리지 못했다. 주원장은 정벌군이 요동에서 출발하기 전에 고려의 멱살을 잡고 흔들기로 했다. 철령 이북 땅을 내놓으라고 겁을 줘서 꼼짝 못하게 묶어두려 한 것이다.

최영은 긴급히 백관들을 모아 의논했다. 명나라가 철령 이북을 내놓으라는데 어떻게 하겠느냐? 신하들은 모두 있을 수 없는 일이라고 입을 모았다.

도당에서 대책을 의논했다. 최영은 명나라의 요동 통치를 총괄하는 정요위를 쳐서 본때를 보여줘야 한다고 주장했다. 재상들은 기겁했다. 명나라가 20만 대군을 일으켜 나하추를 무릎 꿇린 게 지난해의 일이었다. 무력으로 맞서는 건 섶을 지고 불길에 뛰어드는 짓 같았다. 원만하게 화친을 청하자는 의견이 대종을 이루었다.

우왕은 분개했다. 명나라가 고려를 우습게 보고 영토를 내놓으라는데 화친이라니! 젊은 임금은 울분을 토하며 재상들이 겁쟁이라고 성토했다.

최영은 고심했다. 국왕의 뜻도 그렇고 장수로서 명나라에 꺾이는 건 자존심이 허락하지 않는다. 하지만 명나라의 위세와 무력을 고려하면 재상들의 말대로 화친을 청하는 게 맞다. 그는 파사계의 도움을 받아 요동 상황을 자세히 알아보기로 했다. 나흥유는 금강야차에게 명해 상인으로 변장하고 요양을 정탐하도록 했다.

임무를 수행하고 온 금강야차는 최영에게 은밀히 보고했다.

"요동 군사가 대부분 오랑캐를 치러 가고 성에는 소수의 병력만 남아 있습니다."

최영은 옳거니, 하고 무릎을 쳤다. 그는 백전노장답게 주원장이 요동의 주력군을 북방 원정에 투입하려고 일부러 고려에 세게 나왔다는 사실을 알아챘다. 대규모 정벌을 앞두고 배후의 잠재적인 적을 공갈 협박이나 무력 시위로 붙들어매는 병법이었다. 철령 이북 땅을 내놓으라고 고려를 윽박지른 것도 같은 맥락이다.

거꾸로 생각하면 요동이 곧 무주공산이 된다는 뜻이었다. 고려에 요동을 칠 기회가 생긴다는 뜻이기도 했다. 명나라 정예 군단이 북방으로 원정을 떠난다면 승산이 있다. 어쩌면 싸우지 않고도 항복을 받아낼 수 있겠다.

최영은 전율했다. 그는 천생 무장이었다. 요동을 쳐서 고려를 우습게 보는 주원장을 응징하고 싶었다. 작금의 국력으로 그 넓은 땅을 차지하고 지켜내긴 어렵겠지만, 국위를 드러내는 것만으로도 충분히 의미가 있다. 명나라가 다시는 고려를 업신여기지 못하도록 매운맛을 보여주리라.

나흥유는 집정대신의 결심이 임박했다는 금강야차의 연통을 받고 최영을 만나러 개경에 들어갔다. 백전노장은 이미 전의를 불태우고 있었다.

"지금 주원장을 응징하지 않으면 고려는 저들의 속국으로 전락할 것이오."

파사계주는 최영의 말투와 태도에서 장수로서의 호승심을 읽어냈다. 그는 1354~1355년 원나라의 요청으로 중국에 들어가 한족 반란군과 전투를 치렀다. 고우성, 육합성, 회안로 등지에서 격렬하게 싸웠다. 당시 상대는 세력이 가장 큰 장사성의 반란군이었지만, 주원장도 홍건적에 가담해 인근 지역에서 활동하고 있었다.

세월이 흘러 주원장은 원나라를 중원에서 몰아내고 명나라의 초대 황제가 되었다. 하지만 고려 최고의 무장이 보기에는 도적 무리의 괴수였던 자에 지나지 않았다. 지난날 최영은 고려군을 이끌고 한족 반란군을 여러 차례 격파하고 섬멸했다. 그 후신 격인 명나라 군대도 얼마든지 요리할 자신이 있었다.

무인이라면 그럴 수 있다. 하지만 그는 이제 일국의 집정대신이다. 누구보다 냉철해야 할 자리다. 나흥유는 최영을 만류했다.

"주원장은 오만한 인물입니다. 도전을 용납하지 않을 것입니다. 백만 대군이 고려로 쳐들어올 수도 있습니다. 화친을 추진하시지요."

집정대신은 단호히 고개를 저었다. 파사계주의 말이라면 팥으로 메주를 쑨다고 해도 곧이듣던 그이다. 그런데 이번에는 달랐다.

"그건 자네가 명 황제를 잘 몰라서 하는 소릴세. 화친으로 가면 더 많은 걸 요구할 것이야. 주원장같이 오만한 자는 상대가 실력을 보여줘야 잠잠해지네."

나흥유도 물러서지 않았다. 계주는 가장 염려하는 바를 꺼냈다.

"요동을 치는 틈을 타 왜구가 대대적으로 습격할 가능성이 큽니다. 북벌에 대군을 동원해야 할 텐데 자칫 왜적에게 무방비 상태가 될까 걱정입니다."

최영은 잠시 곤혹스러운 표정을 짓더니 눈을 가늘게 뜨고 신중하게 말했다. 왜구에 대해서는 복안이 있다며 자신을 믿고 요동 정벌을 도와달라고 간곡히 요청했다. 백전노장은 '요동 정벌'을 힘주어 말했다. 나흥유는 그를 지긋이 바라보다가 고개를 끄덕였다.

파사계주는 김종연의 개경 집으로 계원들을 불러들였다. 해상 원정 준비를 일단 접고 요동 정벌 지원에 나서기로 했다.

금강야차가 평양에 들어가 새로 영입한 진사 권격을 만났다. 서북면의 군사 요충지에다 전시 첩보망을 구축하는 임무가 떨어졌다.

권격은 김종연의 오랜 벗이었다. 개구쟁이 어린 시절 앵계(鶯溪)에서 함께 멱감고 놀았다. 앵계는 개경 서쪽 오봉산에서 발원해 동쪽으로 흐르는 시내였다. 물이 풍부하고 경치가 좋아서 모여 사는 집들이 꽤 많았다. 둘은 같은 마을에서 자란 죽마고우였다.

사내들의 우정은 동문수학하면서 무르익었다. 송악산 골짜기 자하동에서 명문 학당 문헌공도도 같이 다니고, 해풍 귀법사의 승방을 빌려 여름철 과외수업도 같이 받았다. 냇가에서 술잔을 나누며 주거니 받거니 시를 읊었고 젊은 포부를 서로 응원했다.

김종연이 아버지의 역모 사건으로 도망 다녔을 때 진사에 뽑힌 권격은 가족과 함께 평양으로 이주했다. 젊은 날 헤어진 두 사람은 나이 사십 줄에 접어들어서야 해후했다. 김종연이 군부판서가 되어 개경에 머물자 권격이 찾아온 것이다. 켜켜이 쌓인 믿음을 확인하는 데 오랜 시간이 걸리지 않았다.

김종연은 의기투합한 벗을 나홍유에게 소개하고 파사계의 일원으로 맞이했다. 권격은 평양 교외의 객사를 인수해 첩보 활동의 거점으로 삼았다. 국경을 넘나드는 상인들을 묵게 해 정보를 수집했다. 요동 각지로 첩자들을 보내 현지 동향을 정탐했다. 민심을 교란할 목적으로 소문을 퍼뜨리기도 했다.

최영은 우왕을 집으로 청해 비밀리에 요동 정벌을 합의했다. 밀약에는 보증이 필요한 법이다. 1388년 3월 우왕은 최영의 딸을 비로 맞아들였다.

이 혼사에는 우여곡절이 있었다. 집정대신이 임금을 사위로 맞이하는 것은 신하로서 최고의 권력을 쥐게 된다는 뜻이다. 최영은 권력을 탐하는 것으로 비칠까 경계했다. 임금이 딸을 달라고 했지만, 그가 거절했다.

"신의 딸은 못생긴데다 정실 소생도 아닙니다. 지존의 배필이 되기에는 부족한 아이입니다. 전하께서 자꾸 제 딸을 고집하시면 노신은 머리를 깎고 산에 들어가겠습니다."《고려사절요》'신우 4')

막료들이 볼 때는 답답한 노릇이다. 정승가, 안소 등이 최영을 보필하고 있었다. 그들은 주군이 충직한 군인의 틀에 갇혀 있어서는 안 된다고 생각했다. 이제 정치가로 처신하기를 바랐다. 그것도 정권을 잡은 집정대신이다. 조정 관리들이 반대할 게 뻔한 상황에서 요동 정벌을 추진하려면 국왕의 강력한 뒷받침이 필수였다.

정승가와 안소는 우왕의 뜻대로 딸을 시집보내라고 주군을 설득했다. 임금과의 결혼동맹이 없으면 요동 정벌도 없다고 했다. 막료이기 이전에 전쟁터에서 오랜 세월 생사고락을 같이한 전우들이었다. 최영은 결국 이 혼사를 받아들였다. 우왕은 그의 딸을 영비(寧妃)에 봉했다. 9명의 왕비, 3명의 후궁 가운데 하나였다.

이로써 젊은 임금과 집정대신이 한배를 탔다. 살아도 같이 살고 죽어도 같이 죽는 운명공동체였다. 두 권력자는 요동 정벌을 밀어붙였다.

북벌을 위한 사전 정지 작업이 시작되었다. 우선 전국의 군적(軍籍)을 점검해 장정들을 언제든지 징발할 수 있도록 했다. 또 이름나고 뛰어난 장수들을 모두 서북면에 전진 배치했다. 각지의 요새와 성들도 개보수에 들어갔다.

반대하는 자들은 임견미의 당이라 해서 엄벌했다. 공산부원군 이자송이 최영에게 요동 정벌이 불가하다고 말했다가 장을 100대 넘게 맞고 죽었다. 수문하시중을 지낸 대신을 본보기로 삼은 것이다. 신하들은 입을 다물었다.

그 와중에 명나라는 도발을 이어갔다. 요동도사가 장수 둘과 군사 1,000여 명을 보내 강계에 철령위를 세우려 했다. 요양에서 철령까지 역참도 70군데 두었다.

우왕은 진노해 온 나라에 징집령을 내렸다. 팔도에서 뽑힌 군사들이 개경 동쪽 교외로 모여들었다. 요동 정벌에 나설 군대였다. 집정대신 최영이 직접 사열했다. 사실상의 선전포고도 나왔다. 방을 붙이러 고려에 들어온 명나라 병사들을 잡아죽인 것이다. 양국 관계는 돌이킬 수 없는 국면을 맞았다.

젊은 임금은 곧 군사를 움직였다. 북벌군을 이끌고 서해도(황해도)로 나아갔다. 최영과 영비, 여러 장수가 왕을 따랐다. 뒷일도 안배했다. 개경의 일상적인 나랏일은 좌시중 우현보에게 맡겼고, 세자와 왕비들은 만일의 사태에 대비해 한양산성에 보냈다.

신진사대부는 설마설마하다가 깜짝 놀랐다. 우왕과 최영이 징집령을 내리고 군대를 사열해도 그저 명나라에 엄포를 놓으려는 무력 시위라고 여겼다. 정말로 군사를 일으켜 요동 정벌에 나설 줄은 몰랐다.

그들은 명나라에 사대하는 유자들이었다. 몇 해 전 고려 조정이 명나라의 허락을 얻어 중국 관복을 입기로 했을 때 얼마나 기뻐했던가. 입에 침이 마르도록 황제의 은혜를 칭송했다. 그런 대국을 섬기기는커녕 정벌이라니! 하늘이 무너지고 눈앞이 캄캄해지는 듯했다. 신진사대부는 이성계에게 달려가 임금과 집정대신을 막아달라고 간청했다.

1388년 4월 1일 봉산에서 우왕은 요양을 치겠다는 뜻을 밝혔다. 요동정벌을 공식적으로 선포한 것이다. 수문하시중 이성계가 임금을 만류하며 아뢰었다.

"지금 군사를 내서는 아니 됩니다. 불가한 이유는 네 가지입니다. 첫째, 작은 나라로서 큰 나라를 거스르는 것은 불가합니다. 둘째, (농번기인) 여름에 군사를 출동시키면 농사를 그르칩니다. 셋째, 북벌을 틈타 왜적이 침입하면 피해가 막심할 것입니다. 넷째, 무덥고 습한 날씨에 아교가 녹아서 활이 풀리고 군영에 전염병이 돌 위험이 큽니다."

이성계의 간언에 우왕은 마음이 흔들렸다. 최영이 다잡았다. 이미 군사를 일으켰으니 중지할 수 없다는 것이었다. 이성계는 그럼 가을로 늦추자고 설득했다. 비가 잦은 장마철에 군사를 출동시키면 제대로 전진할 수 없다. 군기가 흐트러지고 양식마저 떨어져 자칫 낭패를 볼지도 모른다. 구구절절 이유를 댔지만, 최영은 차갑게 외면했다.

이윽고 전시 조정이 평양에 들어섰다. 북벌군은 교외에 주둔하며 출정을 기다렸다. 승려들까지 징발해 군사로 만들었다. 장수와 병사들의 사기를 높이기 위해 임견미, 염흥방 등의 재산을 평양으로 운반했다. 포상으로 지급할 계획이었다. 산처럼 쌓인 금은보화에 병사들은 군침을 삼켰다. 압록강에서는 부교(浮橋)를 놓는 작업이 벌어졌다.

출정을 앞두고 최종적으로 부대를 편성하고 지휘관을 임명했다. 최영이 팔도도통사에 올라 북벌군의 총지휘를 맡았다. 북벌군은 좌·우군으로 나눴는데 좌군도통사에는 조민수를, 우군도통사에는 이성계를 임명했다. 그 아래로 30여 명의 원수급 장수들이 포진했다. 변안열, 정지, 박위 등 왜구 토벌전에서 혁혁한 전공을 쌓은 맹장들이 모두 나섰다. 병력은 도합 5만여 명에 이르렀다. 쇠퇴한 국력을 감안하면 대군이었다.

1388년 4월 18일 북벌군이 드디어 출정했다. 조민수와 이성계가 각각 좌군과 우군을 거느리고 요동 정벌의 장도에 올랐다. 군사는 부풀려서 10만이라 일컬었다. 병사와 병참의 행렬이 험로를 따라 구불구불 이어졌다. 장정들의 발걸음 사이로 보이지 않는 불안과 두려움도 스멀스멀 피어올랐다.

김종연은 최영의 지시로 도흥, 김주, 조준, 곽선과 함께 개경의 입구인 동강과 서강을 지키고 있었다. 5명의 원수가 병력 2,000명씩 이끌고 혹시 모를 왜적의 침입을 막고자 했다. 개경에는 소수의 정예병만 두고 최영의 부하 정승가에게 지휘를 맡겼다. 고려 최강으로 꼽히는 최영 군단은 북벌군의 주축인 중군이 되어 원정을 떠났다.

기다렸다는 듯이 왜구가 쳐들어왔다. 5월이 되자마자 왜선 80여 척이 금강 하구 진포에 나타났다. 상륙한 적들은 병력을 나눠 여러 고을로 나아갔다. 북벌군이 출정하는 것을 정탐하고 계획적으로 노략질에 나선 것이다.

우왕은 상호군 진여의를 전라도와 양광도로 보내 북벌에 나서지 않은 장정들을 모집했다. 하지만 병을 핑계 대거나 다른 사람을 써서 빠진 자들이 모집에 응할 리 만무했다. 왜구는 남쪽 땅을 마구 짓밟았다.

한편 북벌군은 5월 8일 출정 20일 만에 압록강에 떠 있는 섬 위화도에 이르러 전열을 정비했다. 취사장으로 중군에 잠입한 파두의 보고에 따르면 병사들의 사기가 말이 아니었다. 장마철이라 비가 주룩주룩 내리고 사방에 강물이 흐르니 절로 축 처졌다. 우울감은 공포심으로 이어졌다. 대국 명나라를 상대로 전쟁을 한다는 게 달걀로 바위 치기 같았다. 요동에 갔다가 전부 몰살당할 것이라는 소문이 돌자 탈영병이 속출했다.

북벌군의 근황은 최영에게도 전해졌다. 백전노장은 본인이 직접 지휘하지 못하는 게 몹시 아쉬웠다. 우왕은 집정대신을 곁에 두고 싶어했다. 공민왕은 최영이 제주 목호의 난을 진압하러 간 사이에 살해당했다. 그의 아들은 그게 두려웠다. 자기 신변의 안전을 위해 총사령관을 곁에 잡아두었다. 임금의 오판은 기어코 화를 불렀다.

5월 13일 위화도에서 전갈이 왔다. 좌·우군도통사의 상소였다.

"신 등이 뗏목을 타고 압록강을 건넜으나 비가 내리고 물이 넘쳐 떠내려간 자가 수백입니다. 여기서 요동성에 이르는 길에도 큰 강이 많아서 무사히 건널 것 같지 않습니다. (중략) 작은 나라가 큰 나라를 섬기는 것은 나라를 보전하는 도리입니다. 지금 밀직제학 박의중이 표문을 받들어 명나라에 들어갔는데 황명을 기다리지 않고 큰 나라를 범하는 것은 있을 수 없는 일입니다. 전하, 부디 회군을 명하소서."《고려사》세가 '우왕 14년')

최영은 뒤늦게 뭔가 잘못됐음을 알아챘다. 저들은 압록강 너머 요동에 발 디딜 생각이 없구나. 이때 파사계주 나흥유로부터 긴급 통문이 들어왔다.

"시중 어른, 어서 위화도로 가서 중군을 접수하소서. 이성계, 이성계를 조심하여야 합니다."

위화도 회군

파사계주는 가슴을 치며 자책했다. 이성계와 그의 막료들이 최영을 외통수로 몰았다는 것을 깨달았기 때문이다. 5월 13일 좌·우군도통사 명의로 올린 상소는 회군을 촉구한다는 점에서 명백히 왕명에 반하는 것이었다. 나흥유는 그 날짜에 주목했다. 왜적이 양광도에 쳐들어와 분탕질하고 있다는 안렴사 전리의 급보와 겹쳤다.

"지금 왜구가 도내 40여 개 군을 노략질하고 있는데, 남아 있는 병사들이 적고 약하여 무인지경을 드나들듯이 합니다."(《고려사》 세가 '우왕 14년')

최영은 동강과 서강에 주둔하고 있던 5명의 원수(도홍, 김주, 조준, 곽선, 김종연)에게 왜적을 막으라는 지시를 내렸다. 원수들은 즉각 실행에 옮겼다. 1만여 명에 가까운 개경 외곽 방어 병력이 양광도로 빠졌다. 이성계와 조민수의 상소는 그때를 노려 전해졌다. 치밀한 계획에 따라 임금에게 반기를 든 것이다. 그렇다면 저들의 계획은 무엇일까?

군사 반란이다! 파사계주는 결론을 내렸다. 저들은 요동 정벌에 나서면서 왜구의 동향에 촉각을 곤두세웠다. 자신을 돌보지 않는 최영의 성격상 왜적이 침입해 노략질을 벌이면 개경 방어군을 투입할 게 뻔했다. 그 틈을 노려 군사를 돌리고 임금과 집정대신을 제거하려는 것이다. 개경에 남은 소수의 병력으로는 북벌군 수만 명을 상대할 수 없기 때문이다. 좌·우군도통사의 상소는 명분을 쌓으려는 것일 뿐 군사 반란은 이미 시작되었다.

최영은 허탈했다. 나홍유의 통문을 받았지만, 도무지 믿기지 않았다. 물론 그도 느꼈다. 일은 이미 걷잡을 수 없는 지경으로 치닫고 있었다. 그러나 마지막 순간까지 장수들에 대한 신의를 거두고 싶지 않았다. 집정대신은 우왕에게 권해 내관 김완을 위화도로 보냈다. 원수들에게 진군을 간청하게 했다. 하지만 북벌군을 장악한 이성계 일파는 왕의 사자를 억류했다. 그리고 다시 한 번 회군을 요청하는 상소를 올렸다. 사실상 최후통첩이었다.

이쯤 되면 부질없는 미련을 접고 자기 살길을 찾는 게 이롭다. 노련한 정치가라면 출구를 찾아 후일을 도모해야 한다. 그런 의미에서 나홍유는 새로운 통문을 보냈다.

"이제 위화도로 가더라도 돌이키기에는 늦은 듯합니다. 전하와 함께 신속히 개경으로 돌아가십시오. 국왕의 이름으로 근왕병을 모집하면 저들을 막을 수 있습니다. 내전이 불가피하겠지만 이것이 고려의 종사를 지키는 유일한 길입니다."

그러나 최영은 자기 소임을 끝까지 밀고나갔다. 총사령관으로서 할 일이 남아 있다고 믿었다. 그는 개경으로 돌아가는 대신 위화도를 향해 북상했다. 끝끝내 장수들을 지휘하겠다는 뜻을 굽히지 않았다. 이성계와 조민수가 자기 면전에서 항명하지는 못할 것으로 생각했다. 북벌군의 중군을 이룬 자신의 군단도 철석같이 신뢰했다. 우왕도 개경으로 돌아가라는 최영의 권고를 듣지 않고 따라나섰다.

위화도에서는 회군 여부를 놓고 이성계 일파의 설득이 이어지고 있었다. 일부 원수들은 왕명을 따르고자 했다. 이성원수 홍인계와 강계원수 이억은 요동 정벌에 진심이었다. 두 장수는 압록강 건너 요동 땅으로 들어가 국경 수비대를 격파하고 전리품을 챙겨 돌아왔다. 우왕은 기뻐하며 홍인계와 이억에게 값진 구슬과 비단을 하사했다.

최영은 북벌군 수뇌부의 마음을 돌릴 비책을 강구했다. 지푸라기라도 잡고 싶은 심정으로 대초원의 회답을 기다렸다. 요동 정벌을 추진하면서 그는 은밀히 북원에 사신을 파견했다. 고려와 북원이 남북에서 협공해 요동을 취하자는 밀서를 보낸 것이다. 몽골 대칸이 응한다면 요동 정벌의 성공 가능성은 커진다. 명나라와 감히 싸울 엄두도 못 내는 장수들을 회유할 수 있다.

하지만 카라코룸에는 이미 몽골 대칸이 자취를 감추고 없었다. 북원은 명나라군을 피해 고비사막 북쪽의 부이르호로 도망쳤다. 그들에게 요동을 협공할 여력 따위는 없었다. 제 코가 석 자였다. 북원은 결국 명나라 대장군 남옥이 이끄는 15만 원정군에 의해 궤멸당했다. 결과적으로 최영이 국제 정세에 어두워 헛꿈을 꾼 것이다.

이성계와 조민수, 좌·우군도통사는 최영에게 사람을 보내 회군을 허락해달라고 거듭 요청했다. 최영은 답변하지 않고 위화도를 향해 발걸음을 재촉했다. 문제는 우왕이었다. 임금의 수레는 도중에 온천으로 새거나 놀이를 즐기면서 유람하듯이 길을 갔다. 시국은 터질 듯한 긴장감 속에 숨가쁘게 굴러갔지만, 왕은 천하태평이었다.

최영과 우왕의 북상 소식을 보고받은 이성계는 회군의 고삐를 당겼다. 허락받지 말고 강행하자는 뜻을 밝힌 것이다. 장수들은 깜짝 놀랐다. 그건 군사 반란이 아닌가?

회군에 동조해온 조민수가 주춤했다. 아무리 남은 병력이 적다고 해도 최영은 최영이다. 그와 맞서는 것은 무장으로서 몹시 두려운 일이다. 정치적인 고려도 다시금 해야 한다. 싸움에서 승리한다고 해도 수습은 어찌할 것인가. 조민수는 이인임 밑에서 문하시중을 지낸 인물이다. 권력의 무서운 속성을 잘 알고 있었다. 새 정권 창출에 주도권을 잡지 못하면 오히려 제거당하기 십상이다. 정치적 도박 앞에서 그는 생각할 시간이 필요했다.

군부의 또 다른 실력자 변안열은 의외로 무단 회군을 반대하지 않았다. 그는 지난날 공민왕의 총애에 힘입어 명문거족 원의의 딸과 결혼하고 원주를 본관으로 삼았다. 이를 발판으로 2만 명에 이르는 사병을 육성해 우왕 대에 왜구를 토벌하는 데 혁혁한 공을 세웠다. 변안열은 이인임과 최영의 신임을 받으며 왕권을 뒷받침해온 무장이었다. 공민왕과 우왕 2대에 걸쳐 군주에게 불굴의 충성을 바쳤다. 그런데 왜 태도를 바꿨을까?

우왕의 경솔한 처신이 문제였다. 1383년 왕은 전공판서 왕흥의 딸이 시집가는 것을 막았다. 자기가 흑심을 품었기 때문이다. 우왕은 한밤중에 왕흥의 집으로 쳐들어갔다. 왕흥은 딸과 함께 몸을 피했으나 임금이 격노하자 어쩔 수 없이 따랐다. 우왕은 예비 신부와 정을 통하고 후일 비로 삼았다. 당시 예비 신랑이 바로 변안열의 장남 변현이었다. 날짜까지 잡아놓은 혼인이 깨지고 신부를 약탈당한 것이다.

국왕에게 며느리를 빼앗긴 변안열은 치욕과 배신감에 몸을 떨었다. 오랜 세월 전장에서 분투하며 임금에게 충성한 대가가 이와 같은 모욕이란 말인가. 그는 신하를 능멸하고 색탐에 열중하는 우왕에게 실망했다. 고려를 대표하는 장수로서 요동 정벌에 차출되기는 했지만 달가웠을 리 없다. 왕명을 거역하고 회군하자는 의견이 나왔을 때 반대하지 않은 이유다. 꾹꾹 담아두었던 원망이 분출된 셈이다.

정지는 혼란스러웠다. 그는 남해대첩 이후 무용담의 주인공으로 떠올랐다. 최영의 전폭적인 지원을 받으며 장수로서 전성기를 달리고 있었다. 요동 정벌에서도 맹활약을 펼칠 것으로 기대를 모았다. 회군이라는 상황에 직면할 줄은 상상도 하지 못했다. 군사를 돌리면 최영에게 칼을 겨눠야 한다. 정지에게는 후원자나 마찬가지인 인물이다. 가장 존경하고 의지하는 사람에게 반기를 들라는 것이다. 난감했다.

그렇다고 다른 장수들의 의견을 무시하기도 어려웠다. 군사들의 사기가 떨어져 도망병이 속출했다. 요동에 들어가기도 전에 북벌군이 해체될 지경이다. 어찌 됐든 위화도에 계속 머물 수는 없었다. 장마철에 물이 불어나 섬이 잠기고 있다. 회군이든 진군이든 한시바삐 움직여야 한다. 정지는 곤혹스러웠지만 일단 직속상관인 우군도통사 이성계의 명을 따르기로 했다.

이성계 일파는 회군을 서두르기 위해 책략을 썼다. 그의 막료들이 이 부대 저 부대에 소문을 냈다. 이성계가 휘하 병력을 이끌고 본거지인 동북면으로 돌아가려 한다는 것이다. 우군도통사의 이탈은 곧 북벌군의 붕괴를 의미했다. 좌군도통사 조민수가 깜짝 놀라 이성계의 군막으로 달려갔다.

"공이 떠나면 우리는 어디로 가라는 말입니까?"

조민수가 눈물을 흘리며 만류하자 이성계는 그의 손을 지긋이 잡았다.

"소장이 가기는 어디로 간단 말입니까? 저는 단지 공의 생각이 궁금할 따름입니다."

굳게 잡은 손아귀에서 찌릿찌릿한 기운이 전해졌다. 조민수는 이성계를 바라보며 말없이 고개를 끄덕였다. 좌·우군도통사는 곧바로 전령을 보내 장수들을 소집했다. 30여 명의 원수가 군막으로 모여들었다. 이성계가 회군을 선포하고 그 정당성을 역설했다.

"상국(上國) 명나라의 영토를 침범하여 천자께 죄를 지으면 고려의 종묘사직과 백성들에게 화가 미칠 것이다. 내가 여러 차례 회군을 청했으나 왕이 살피지 않고 최영은 듣지 않는다. 이제 그대들과 함께 돌아가서 왕을 뵙고 직접 화를 피하는 길을 고할 것이다. 왕의 곁에서 늙고 어두운 자를 제거하여 나라를 편안하게 할 것이다. 나를 따르겠느냐?"(《고려사절요》'신우 4')

이성계는 군사 반란을 '구국의 결단'으로 포장했다. 장수들은 저마다 부대를 거느리고 위화도에서 뭍으로 나왔다. 1388년 5월 22일 '위화도 회군'이었다. 섬에 머문 지 14일 만이었다. 먼저 강을 건넌 이성계가 백마를 타고 붉은 활을 멘 채 도강하는 군사들을 독려했다. 요동 정벌의 거대한 풍운이 위화도에서 방향을 바꿔 남하하기 시작했다.

5월 24일 우왕과 최영에게 북벌군이 회군했다는 보고가 들어왔다. 맹목적으로 요동 정벌을 밀어붙인 우왕에게는 청천벽력과 같은 소식이었다. 사태를 어느 정도 예감하고 있던 최영은 근왕병을 모집하는 파발을 각지로 급파했다. 임금과 집정대신은 비통한 심정으로 말머리를 돌렸다. 이제 개경으로 돌아가 근왕병이 올 때까지 버티는 수밖에 없었다. 하지만 도성에 남아 있는 병력이 워낙 적은 터라 수성(守城)을 장담하기는 힘들었다.

5월 25일 북벌군은 이미 안주에 이르렀다. 청천강 이남까지 빛의 속도로 달려온 것이다. 출정할 때는 평양에서 위화도까지 20일 걸렸는데 돌아오는 길은 그 절반의 거리를 3일 만에 주파했다. 이성계는 기마병을 앞세워 전력을 다해 임금의 수레를 쫓았다. 우왕만 수중에 넣으면 보위한다는 명목으로 회군을 손쉽게 정당화할 수 있다. 민심을 의식해 선전에도 만전을 기했다. 반란이지만 반란으로 비치지 않도록 말을 골랐다.

"너희들이 만일 임금의 수레를 범하면 내가 용서하지 않겠다. 오이 한 개라도 백성의 것을 빼앗으면 역시 엄벌할 것이다."《고려사절요》'신우 4'

우왕과 최영은 북벌군에게 바짝 쫓기며 순천, 평양, 평산을 거쳐 5월 29일 개경에 입성했다. 임금을 따르던 신하들은 북벌군 편으로 돌아섰다. 술과 음식을 장만해 앞다퉈 장수들에게 달려갔다. 백성과 군사들은 노래를 불렀다. 북벌군이 지나는 길마다 〈목자득국(木子得國)〉이라는 참요가 나돌았다. '목자(木子)', 곧 이(李) 씨가 나라를 얻는다는 노래였다. 이성계의 막료들이 은밀히 퍼뜨리고 다녔다.

개경에는 수천 명의 방어군이 급조돼 있었다. 정승가가 백관과 주민들을 동원했다. 개경에 당도한 최영은 지체없이 방어군을 나성에 배치했다.

나성은 주위의 산들을 활용해 고려의 도읍을 빙 둘러싼 성곽이었다. 성벽이 높고 두터운데다 바깥에 해자를 파놓아 소수의 병력으로도 다수의 침입을 막을 수 있었다. 문제는 전투에 능한 정예병력이 얼마 되지 않는다는 것이었다. 급조된 병력으로는 나성을 방어하는 데 한계가 있었다.

북벌군은 6월 1일 개경 교외에 도착해 진영을 세웠다. 조민수의 좌군이 서문인 선의문을, 이성계의 우군은 동문인 숭인문을 공략하기로 했다. 성벽 위에서 방어군도 모습을 드러냈다. 비록 급조된 병력이지만 최영은 완벽한 포진을 선보였다. 명불허전이었다. 임금을 쫓아온 기마대만으로는 넘어서기 어려웠다.

회군의 두 주역은 뒤따라오는 본대를 기다렸다. 그동안 임금에게 사람을 보내 수습책을 건의했다. 이런 사태를 초래한 것은 전적으로 최영의 책임이므로 그만 제거하면 군사를 물리겠다고 왕을 구슬렸다. 우왕의 생각은 달랐다. 회군은 왕명을 어긴 반역 행위이며 최영은 임금을 지키고 왕실에 헌신했을 뿐이라고 반박했다. 아울러 장수들이 잘못을 고친다면 부귀를 보전해주겠다는 뜻도 밝혔다. 타협은 없었다.

이튿날 함흥에 있던 이성계의 가병 1,000여 명이 당도했다. 위화도에서 전속력으로 달려온 북벌군과 거의 동시에 개경에 이르렀다. 회군 결정과 무관하게 사전에 밀약했다는 뜻이다. 위화도 회군이 이성계 일파의 치밀한 계획에 따라 각본대로 이루어졌다는 방증이다.

이성계 군단은 뛰어난 전투 집단이었다. 그들은 일사불란하게 개경 공략을 준비했다. 단 하루 만에 전열을 갖추고 성문 앞에 집결했다.

6월 3일 고려의 운명을 결정할 역사적인 공방전이 펼쳐졌다. 북벌군은 본대의 합류와 동시에 일제히 공격을 개시했다. 좌군은 조민수가 직접 이끌었고, 우군은 이성계 대신 유만수가 지휘했다. 방어군은 선의문에서 좌군을, 숭인문에서 우군을 성공적으로 막아냈다. 최영이 동에 번쩍 서에 번쩍 노련하게 지휘한 덕분이었다.

북벌군이 잇달아 패하자 이성계가 군막을 떨치고 나섰다. 그는 장수와 병사들이 심리적으로 위축돼 있다는 것을 간파했다. 국왕이 반란군으로 낙인찍는 바람에 불안감에 휩싸였다. 일이 잘못되면 자신은 물론 가족까지 역도로 몰리게 생겼다. 군사들의 마음이 편안하지 못한 건 당연했다.

이성계는 부하들의 사기를 끌어올리는 데 능했다. 그가 100보 가량 떨어진 소나무를 가리켰다.

"내가 활을 쏘아 저 가지를 맞히면 우리는 오늘 싸움에서 이길 것이다."

이성계가 쏜 화살은 여지없이 소나무 가지를 부러뜨렸다.

"보아라! 승리의 조짐이다."

장수와 병사들은 경탄하며 환호성을 질렀다. 식었던 전의가 다시 불타올랐다.

우군은 그 기세로 숭인문을 돌파해 개경 시내로 밀고 들어갔다. 급조된 방어군은 맹렬한 공격을 받고 흩어졌다.

동북면에서 온 이성계 군단에게 임무가 주어졌다. 선죽교를 지나 남산을 점거하라는 특명이었다. 남산은 궁궐과 시내를 손바닥 보듯 할 수 있는 곳이다. 이곳을 장악하면 적을 마음대로 요리할 수 있다. 이성계를 상징하는 황룡대기가 남산에 들이닥치자 최영이 배치한 안소 부대는 황급히 달아났다.

최영은 선의문으로 쏟아져들어온 좌군과 영의서 다리 부근에서 시가전을 벌이고 있었다. 소수 병력으로 조민수의 대군을 거의 물리친 상태였다. 패퇴하는 적을 쫓으려는 순간 어디선가 낮고 묵직한 나팔 소리가 울려 퍼졌다.

남산의 암방사 고개에서 누군가 나각(螺角), 소라 나팔을 불고 있었다. 고려에서 이 소리를 군호로 삼는 부대는 오직 하나 이성계 군단뿐이었다. 이성계가 남산을 접수하고 궁으로 진격하고 있다는 뜻이었다.

싸움은 끝난 것이나 마찬가지였다. 최영 장군은 지난 50년간 나라를 위해 움켜쥐었던 칼을 비로소 내려놓았다. 그는 사위 우왕과 딸 영비가 머무는 화원 팔각전으로 지친 발걸음을 옮겼다. 이제 작별 인사를 나눌 시간이었다. 최영이 두 번 절을 올리자 왕과 비는 울면서 부둥켜안았다. 고려 왕실의 기둥을 잃는 순간이었다.

그는 잡으러 온 군사들에게 담담히 몸을 맡겼다. 전각 입구에서 이성계가 기다리고 있었다.

"이 사변은 내 본심이 아닙니다. 장군께서 대의를 거스르니 국가가 편안하지 못하고 백성들이 힘들게 되어 부득이하게 이리 한 것입니다. 잘 가십시오. 잘 가십시오."《고려사》세가 '우왕 14년')

두 사람은 이 기막힌 운명에 서로 마주 보고 뜨거운 눈물을 흘렸다.

최영은 고양으로 유배를 떠났다. 뚜벅뚜벅 걸어가는 발자국에 고려를 지탱해온 삶의 무게가 새겨졌다. 왜구, 홍건적, 원나라, 제주 목호로부터 고려를 수호해온 세월이 빛바랜 뒷모습에 어른거렸다. 일흔이 넘은 노장군의 쓸쓸한 퇴장이었다.

좌·우군도통사와 36명의 원수는 임금에게 경과를 보고하고 군사들을 궁 밖으로 내보냈다. 우왕은 조민수를 좌시중, 이성계를 우시중으로 임명해 새 정권의 두 축으로 삼았다. 조정에서는 권문세족이 대거 물러나고 유학을 숭상하는 신진사대부가 요직을 차지했다. 정승가, 안소, 송광미, 인원보 등 최영의 측근들은 죽음을 면치 못했다.

임금도 처분을 기다려야 했다. 우왕은 자신의 폐위와 유배를 예견했다. 그는 얌전히 앉아서 운명을 받아들이지 않았다. 환관 80여 명을 무장시켜 6월 6일 밤에 회군 주역들의 집을 급습했다. 조민수, 이성계, 변안열이 표적이었다. 그러나 세 사람은 집에 없었고 군사들의 경비 또한 삼엄했다. 무모한 습격은 실패로 끝났고 우왕은 대가를 치러야 했다.

1388년 6월 8일 우왕은 쫓겨나다시피 왕위를 내려놓고 강화로 유배 갔다. 최영의 딸 영비와 후궁 연쌍비가 그를 따라나섰다. 길을 떠나면서 폐주가 말안장에 기대어 말했다.

"날이 이미 저물었구나."

고려 왕조도 그예 저물고 있었다.

백관은 국새를 받들어 공민왕의 비이자 왕실 어른인 정비 안씨에게 바쳤다. 다음 임금을 지명하는 절차에 들어간 것이다. 결국 이성계의 뜻이 관철될 터였다. 회군의 실질적인 주역이었으며 신진사대부의 지지를 받고 있었다. 그들은 왕실 종친 가운데서 적임자를 고르길 바랐다. 조민수와도 군사를 돌리면서 약조했다. 그는 이성계에게 협조하겠다고 했다.

하지만 정치는 살아 움직이는 생물이다. 정해진 대로 되는 법이 없다. 고려의 운명은 밤의 흑막 속에서 바뀌었다. 다음날 이성계 일파는 경악했다. 정비 안씨는 우왕의 아들 창(昌)으로 왕위를 잇게 한다는 전교를 내렸다.

좌시중 조민수와 한산군 이색의 작품이었다. 폐주의 아들이 보위에 오른다면 우를 몰아낸 의미가 퇴색하고 만다. 이성계는 조민수에게 따졌다. 그는 명망 높은 유학자이자 신진사대부의 스승 격인 이색을 방패로 삼았다.

"예법에 밝은 한산군이 마땅히 전왕의 아들을 세워야 한다는데 난들 어떡합니까?"

말은 그렇게 했지만, 조민수의 의중은 뻔했다. 창의 외할아버지 이림은 이인임의 고종사촌이다. 조민수 또한 이인임의 천거로 출세한 인물이다. 그는 외척을 앞세우고 구세력을 끌어들여 자신의 권력 기반으로 삼을 작정이었다. 새 임금에게 청해 이인임도 불러올리려고 했다. 그러나 이인임은 간발의 차이로 유배지 경주에서 세상을 떠났다. 조민수가 헛물을 켜는 바람에 흑심이 드러났다. 권력투쟁이 다시 불붙었다.

사사로운 로지를 혁파하라

"고려 최고의 장수가 권력을 너무 몰랐구나."

금강야차에게 개경 공방전의 전말을 보고받고 나흥유는 최영의 운명을 안타까워했다. 그가 요동 정벌을 추진한 심정은 헤아렸다. 고려에 기회가 있었던 것도 사실이다. 하지만 최영은 너무 순진했다. 일국의 집정 대신이 힘의 역학관계를 무시하고 장수들을 안일하게 믿었다.

"영감님, 나는 도통 이해가 되질 않소. 이성계 장군은 그 난리를 치고 왜 스스로 임금이 되지 않았을까요? 다들 '목자득국'이라고 노래 부르고 다니던데……."

금강야차의 뜬금없는 질문에 파사계주는 권력의 속성을 일러주었다.

"권력은 위험한 것이라네. 그걸 잡으려면 몸을 낮추고 명분을 쌓아야 하지. 힘으로 눌러서 왕위에 올랐다가는 공적이 될 뿐. 위세가 하늘을 찔러도 명분이 없으면 오래 못 간다네."

무슨 말인지 모르겠다는 듯 금강야차는 고개를 절레절레 흔들었다. 계주는 부드럽게 미소 지을 뿐이었다.

쿨룩쿨룩, 나홍유의 밭은기침 소리에 금강야차는 슬쩍 안색을 살폈다. 정초에 권간의 당을 제거하는 정변이 일어나고 곧이어 요동 정벌과 위화도 회군이 숨가쁘게 닥쳤다. 파사계주는 침식을 거른 채 일에 몰두했다. 평양과 개경, 요동과 규슈에서 들어오는 정보를 밤새도록 들여다보고 고려의 활로를 모색했다.

영감의 나이도 어느덧 일흔이 넘었다. 안 그래도 쇠잔한 몸이 격무에 무너질까 금강야차는 조마조마했다. 남한강 수운으로 벌어들인 재물을 몽땅 털어 비밀 결사와 군대를 움직이더니 이제 자기 몸까지 갈아넣을 작정인가. 이런다고 밥이 나오나 술이 나오나. 나라도 없고 백성도 아닌 자는 혀를 찼다.

이성계 일파는 본격적인 명분 쌓기에 들어갔다. 1388년 7월 승부수를 던졌다. 대사헌 조준의 토지개혁 상소였다. 조준은 우왕 대에 천재적인 관리로 명성이 높았는데 위화도 회군 이후 이성계의 책사로 자리매김했다. 그는 고려의 토지 문제를 신랄하게 비판하고 구체적인 개혁안까지 제시했다. 그 상소를 입수해서 읽고 파사계주는 전율했다.

"최근에는 토지를 사사로이 차지하고 겹쳐서 가지는 일이 더욱 심해졌습니다. 간악한 무리들이 대농장을 늘려 고을을 뒤덮고 산천을 경계로 삼는 지경입니다. 그들이 토지를 서로 훔치고 빼앗아 어떤 땅은 주인이 대여섯 명씩 됩니다. 소작민은 1년에 여덟아홉 번이나 조(租)를 바쳐야 합니다. 조를 거두는 자들이 소작민의 집에 들어가 밥과 술을 축내고 운송비 명목으로 삼과 면까지 뜯어내니 그 재산이 거덜납니다. 토지는 본래 백성을 기르는 것인데 도리어 백성을 해치고 있으니 어찌 슬프지 않습니까."(《고려사절요》'신우 4')

조준은 백성이 먹고사는 문제를 직시했다. 여기저기 다 뜯기다보니 땅주인에게 조를 못 내 빚지는 자들이 수두룩했다. 빚은 눈덩이처럼 불어나 처자식을 팔아도 갚기가 힘들었다. 수십 년 기른 뽕나무와 비비고 사는 집까지 빼앗겨 백성들이 사방으로 뿔뿔이 흩어졌다. 유랑하다가 개천과 구덩이에 빠져 죽는 이들이 허다했다.

조준은 문제의 근원이 사전(私田), 사적인 토지 소유에 있다고 보았다. 힘 있는 자들이 땅을 사사로이 차지하고 겹쳐서 가지니 백성은 먹고살 수가 없다는 것이다. 나아가 그들은 공전(公田), 나라와 관아의 땅까지 무단으로 침탈했다. 관리가 일할 수 있게 녹봉을 지급하려고 해도, 군사를 기르고 왜적을 방비하고자 해도 재원이 없었다. 이 모든 폐단을 극복하고 나라와 백성을 지키는 길은 뭘까? 그는 사전 혁파가 답이라고 목소리를 높였다.

"신 등은 토지를 사사로이 차지하고 겹쳐서 가지는 폐단을 혁파하기를 바랍니다. 부디 태조(왕건)께서 공정하게 땅을 나누고 백성에게 조금만 거두게 한 법을 회복하소서. 관리도 아니고 군사도 아니고 나랏일과 무관한 자에게 땅을 주지 말아야 합니다. 토지를 사사로이 주고받지 못하도록 엄히 금지하고 제한하여 백성과 함께 새롭게 시작하소서. 그것이 나라를 부강하게 만들고 민생을 풍족하게 보살피는 길입니다."(《고려사절요》'신우 4')

파격이다. 지금 저들은 세상을 바꾸려 하고 있다. 사전을 혁파하는 것은 물론 공전까지 없애고 새로운 기준으로 땅을 나누자는 것이었다. 고려의 모든 토지를 국가의 수조지(收租地), 조를 받는 땅으로 재편해 오로지 나라와 백성이 필요로 하는 데 쓰자는 것이었다. 혁명적인 발상이다.

구체적인 개혁안을 보면 더욱 놀랍다. 우선 전국의 토지를 측량해 20결, 15결, 10결씩 묶고 정(丁)으로 편제한다. 정의 명칭은 천자문으로 표시하고 사람의 성명은 쓰지 않는다. 나중에 조상으로부터 물려받았다고 소유권을 주장하는 폐단을 방지하겠다는 것이다. 사사로운 소유지가 아니라 국가의 수조지이기 때문이다.

측량과 편제를 마친 수조지는 법에 따라 나눈다. 녹과전시(祿科田柴)는 관직에 있는 자에게 품계에 따라 지급한다. 관아에 소속되어 직무를 담당할 때만 수급할 수 있다. 군전(軍田)은 병역 의무가 있는 장정에게 준다. 나이가 들어 퇴역하면 반납한다. 죽은 군인의 아내에게는 구분전(口分田)이 나간다. 단, 재혼하면 거둬들인다. 이 밖에 지방 향리와 귀화한 외국인에게도 수조지를 지급하고 관아, 역, 학교 등에는 경비로 쓸 땅을 배당한다.

수조지를 부치는 백성의 부담은 이전과 비교할 수 없을 정도로 가벼워진다. 조는 1결당 쌀 20두(말)만 내면 된다. 여기서 그치지 않고 조준은 백성에게 큰 선물을 주려고 했다. 바로 백정대전(白丁代田)이다. 백성으로서 국가에서 필요로 하는 역(役)을 담당하는 자는 호구마다 토지 1결을 지급하겠다는 것이다. 누구에게도 조를 바치지 않는 땅이다. 천인(賤人)도 혜택을 입는다. 비록 노비라도 역을 담당하면 백정대전을 수급할 수 있게 한다.

파사계주는 이 토지개혁안이 마음에 들었다. 관리든 군인이든 백성이

든 국가가 부여한 역을 이행하면 누구나 응분의 보상을 받을 수 있도록 했다. 공무를 수행하고 병사로 복무하고 세금 꼬박꼬박 내는 사람들이 대접받아야 나라가 잘 돌아가는 법이다. 무엇보다 백성의 편에 서서 조를 바치는 부담을 덜어주고 먹고살 길을 열어주는 것은 획기적이었다. 마치 백성에게 "고생 끝, 행복 시작"이라고 말하는 것 같다.

하지만 실행할 수 있을까? 조준을 필두로 급진적인 신진사대부가 만든 개혁안이다. 저들은 중국에서 수입한 성리학을 맹신한다. 욕망을 부정하고 절의(節義)를 좇는 강성 유학자들이다. 이 개혁안은 그래서 인간의 욕망을 배제하고 있다. 경전에 나오는 성현의 어질고 의로운 말씀으로 세상을 다스리려 한다. 그러나 욕망은 부정한다고 억제되지 않는다. 오히려 저들의 욕망이 이 개혁안을 변질시킬 것이다.

저들의 욕망은 무엇일까? 집권욕이다. 조준의 토지개혁안은 집권의 강력한 무기다. 사전 혁파는 대농장을 가진 권문세족을 겨누고 있다. 그들의 부와 지위를 베는 칼이다. 조 부담 경감과 백정대전 등은 백성의 마음을 낚는 미끼다. 민심의 무게를 싣고 그 칼을 대차게 휘두르려는 것이다. 권문세족은 고려를 떠받쳐온 지배층이다. 사전을 몽땅 잃고 지배층이 몰락하면 고려 왕조도 얼마 버티지 못할 것이다.

파사계주는 이 칼춤의 궁극적인 목적을 간파했다. 토지개혁을 무기 삼아 고려를 무너뜨리려는 것이다. 저들은 새로운 나라를 꿈꾸고 있다. 사대부가 다스리는 유교적 이상 국가다. 유자들만의 허울 좋은 몽상이 아니다. 구국의 영웅 이성계가 밀어준다. 고려 최강 무력이 뒷받침한다. 토지개혁과 함께 시대의 격랑이 덮치고 있다. 이제 이인임, 최영 같은 방파제도 사라지고 없다. 어찌할 것인가?

조준의 토지개혁안을 놓고 신진사대부와 권문세족의 대결 구도가 만들어졌다. 사전을 혁파하고 국가 수조지로 개편하자는 파격적인 안이다. 이색은 "옛 법을 경솔하게 고칠 수 없다"며 개혁안에 반대했다. 사전을 많이 보유한 권문세족이 뜻을 같이했다. 반면 정도전 등 급진파 사대부는 적극적으로 찬성했다. 정몽주는 온건파 사대부를 대변해 중립을 표명했다.

도당에서 결론이 나지 않았지만, 급진파 사대부는 토지개혁을 추진했다. 아직 젊은 축이라 중신은 많지 않아도 핵심 보직에는 꽤 많이 진출했다. 특히 언론과 감찰을 맡은 대간, 법을 만들고 집행하는 전법사, 국가 재정을 담당하는 판도사에서는 급진파 사대부가 실세였다. 그들은 이성계를 등에 업고 거침없이 밀어붙였다. 조준은 공격적인 실행안을 내놨다.

"국가에 3년간 쓸 물자의 비축이 없으면 국가라고 할 수 없습니다. 지금 도성 안팎의 창고가 모두 비어서 나랏일에 쓸 재원이 하나도 없습니다. 갑작스레 변고가 생기면 집마다 거두기도 어렵습니다. 우선 3년 동안 임시로 사전과 공전의 조를 국가에서 거둬 나랏일에 필요한 비용을 충당하게 하소서. 그래야 관리에게 녹봉을 주고 군사의 군량을 확보할 수 있습니다. 또 지금 마침 양전(量田, 토지측량)할 때가 되었으니 속히 시행하여 사전을 혁파하고 수조지를 새로 나눠줄 수 있도록 하소서."《고려사절요》'신우 4')

3년간 조를 국가에서 거둬 나랏일에 쓴다면 실질적으로 사전을 폐지하는 효능을 갖는다. 이 기간에 양전 사업을 시행해 기존의 사전과 공전을 모두 국가 수조지로 재편하고 새로 땅을 나눠주면 된다.

창왕은 결국 토지개혁안을 윤허했다. 급진파 사대부가 실권을 장악하고 있는데다 이성계가 힘을 실어주고 있었다. 아홉 살짜리 어린 임금에 겐 선택의 여지가 없었다. 권문세족은 도당의 의결을 거치지 않았다며 거세게 반발했다. 그러나 이성계와 급진파 사대부를 막기에는 역부족이 었다.

이 와중에 문하시중 조민수가 실각하는 사태가 발생했다. 그는 뜬금없 이 이인임을 추앙하는 사업을 벌이려 했다. 권문세족을 결집하려는 의도 였는데 오히려 민심을 자극해 역풍을 불렀다. 정치적 오판은 탄핵으로 이어졌다.

대사헌 조준이 앞장섰다. 정초에 임견미, 염흥방 등이 몰락할 때 조민 수는 같은 무리로 낙인찍힐까봐 백성에게 빼앗은 민전(民田)을 모두 돌 려줬다. 위화도 회군으로 힘이 생기자 그는 돌려준 땅을 도로 빼앗기 시 작했다. 조준은 바로 그 탐욕을 파고들어 권간의 잔당으로 몰았다. 조민 수는 결국 창녕으로 유배를 떠났다.

조민수의 실각으로 이성계는 나눠 맡고 있던 군부의 실권을 통합했다. 도총중외제군사가 되어 병권을 틀어쥔 것이다. 토지개혁 바람도 더욱 거 세졌다.

권문세족은 무력으로 이성계에게 맞설 바람막이가 절실했다. 이때 조 민수의 대안으로 떠오른 인물이 맹장 변안열이다.

변안열의 이력은 이성계와 여러모로 닮았다. 동년배인 두 사람은 고려 가 아닌 원나라 통치 지역에서 태어났고, 홍건적 격퇴에 공을 세워 두각 을 나타냈으며, 최영과 함께 왜구 토벌전에서 맹위를 떨쳤다.

이인임 정권에서는 변안열의 지위가 이성계보다 높았다. 그는 집정대 신의 신임을 듬뿍 받았다. 한때 정방제조가 되어 인사권을 행사한 것만

봐도 알 수 있다. 1380년 남조 왜구를 토벌하러 황산으로 출정할 때도 변안열이 상관이었다. 이성계는 종2품 도순찰사였지만, 변안열은 정1품 도체찰사였다.

하지만 1383년 맏아들의 혼사를 앞두고 예비 며느리를 임금에게 빼앗기면서 변안열의 입지가 흔들렸다. 그는 우왕에게 분노했고, 우왕 또한 그가 껄끄러웠다. 변안열은 몇 년간 절치부심하며 때를 기다렸다. 위화도 회군은 이성계가 실권을 잡는 계기였지만 변안열에게도 정계 복귀의 발판이었다. 그는 조정에 돌아와 정치적 영향력을 키워나갔다.

변안열은 전장에 나가서 한 번도 패한 적 없는 뛰어난 장수였다. 재력 또한 엄청났다. 공민왕에게 말 5,000마리와 노비 300명을 부담 없이 바칠 만큼 거대한 부였다. 그 재력을 바탕으로 변안열은 사병 2만여 명을 육성했다. 이성계도 함부로 할 수 없는 막강한 무력이었다.

변안열이 토지개혁을 반대한 것은 당연했다. 다른 권문세족처럼 그의 재력도 사전에 기대고 있다. 만약 사전을 혁파하면 대규모 사병도 유지할 수 없다. 재력과 무력, 힘의 원천을 몽땅 잃는다. 그가 이색, 이림과 함께 토지개혁을 가로막으려 한 이유다. 세 사람은 각각 문신과 외척과 무장을 대표하는 토지개혁 반대파였다. 조민수의 실각으로 변안열은 자연스레 권문세족의 희망으로 자리매김했다.

최영을 참하다

김종연은 위화도 회군 직전 최영의 명으로 고려를 습격한 왜구를 토벌하러 갔다. 전장에서 급보를 받고 그는 망연자실했다. 이성계가 회군을 빙자한 군사 반란을 일으켰고, 최영은 시가전을 벌인 끝에 사로잡히는 신세가 되었다. 장수들의 강요로 임금까지 물러나는 판국이었다. 이 나라가 어디로 가는지, 누구도 알 수 없는 상황이 돼버렸다.

왜구가 대대적으로 쳐들어오지 않았다면 이성계 일파가 감히 위화도에서 회군을 도모하지 못했을 것이다. 왜적이 개경 외곽 방어군을 끌어내는 바람에 최영 장군은 제대로 싸우지도 못하고 분루를 삼켰다. 아, 해상 원정을 단행해서 왜구의 뿌리를 뽑았다면 고려가 이런 지경에 이르지 않았을 텐데……. 진한 아쉬움 속에서 그는 앞으로 나아갈 길을 헤아려 보았다.

문득 나흥유를 처음 만나던 날 파사성 정상에서 중얼거린 말이 떠올랐다.

"내 안의 신령을 만나 세상의 기세를 다스린다."

세상의 기세(氣勢)는 그날 파사성에서 본 구름처럼 시시각각 변하면서 뭉게뭉게 피어오른다. 위화도 회군 또한 그 변화무쌍한 기세가 세상을 뒤덮으며 인간의 운명을 휘저은 것이다.

그러나 구름은 흘러가거나 흩어지기 마련이다. 기세는 또다시 모습을 바꿀 것이다. '연연하지 않고 다스림'은 결국 인간의 몫이다. 요체는 신령한 마음에 있다. 파사성에 처음 오르던 날, 김종연은 신령을 감응했다. 그 마음의 소리를 따라 위화도 회군이 몰고 온 세상을 헤쳐나갈 뿐이다.

황산대첩으로 남조 왜구가 궤멸당한 이래 마쓰라당은 때마다 일본 각지의 해적들을 규합해 노략질에 나섰다. 1388년 무진년에는 요동 정벌을 틈타 '빈집'을 털기로 작정하고 규모를 키웠다. 마쓰라당의 기둥 노릇을 해온 하타 씨가 앞장섰다. 통문을 돌리자 세토내해, 이즈모, 다카기-아마쿠사 등지의 해적 세력이 모여들었다.

무진년 왜구는 이키노시마에서 부대를 편성하고 지휘부를 뽑았다. 대장은 하타 씨가 배출한 무적의 용사 하타 히로시, 부장은 첩자 출신으로 고려를 잘 아는 소다 사다무였다. 큰 배 80여 척이 쓰시마를 경유해 5월 초 진포에 상륙했다. 1만에 육박하는 연합 병력이었다. 왜구는 병력을 나눠 양광도, 전라도, 경상도로 치고 들어갔다.

남한강 수운의 중심지 이포나루를 노린 왜구도 있었다. 다카기-아마쿠사 연안에서 온 해적들이었다. 그들은 남조 수군 시절 첩자를 보내 백애촌과 인근 창고들을 봐두었다. 크게 한탕하려고 병력을 최대한 끌어모았다.

왜구가 쳐들어온다는 보고에 파사성은 분주해졌다. 성에는 부관 김식이 남아 소수의 수비병들을 지휘하고 있었다. 백애촌 주민들도 힘을 합쳤다. 창고의 식량과 물건들을 강 건너 파사성으로 옮기고 함께 왜적을 상대하기로 했다.

이윽고 왜구 2,000여 명이 이포나루에 나타났다. 그들은 마을과 창고가 빈 것을 보고 곧장 성으로 몰려들었다. 개미 떼처럼 새까맣게 능선을 기어 올라왔다. 해자를 사이에 두고 공방전이 펼쳐졌다. 화살과 돌이 어지럽게 날아다녔다.

왜적은 병력이 훨씬 많았지만, 쉽사리 성에 다가가지 못했다. 해자를 넘어 성 밑에 이르면 어김없이 작렬탄이 떨어졌기 때문이다. 화약이 폭발하며 쇠구슬과 못이 튀어나갔고 파편에 부상당한 적들은 도망치기 바빴다.

왜구는 곱게 물러나지 않았다. 날이 저물자 탑차를 만들기 시작했다. 나무로 키 큰 탑을 세우고 앞뒤로 움직이는 바퀴를 달아 성벽에 대겠다는 것이다. 해자는 압도적인 병력으로 메꾸면 된다. 작렬탄으로는 탑차를 부술 수 없다. 성벽보다 높은 탑에 올라가 아래를 보고 화살을 퍼부으면 수비병과 주민들을 제압할 수 있을 것이다. 적들은 밤을 새워 탑차 여러 대를 완성하고 아침이 밝기를 기다렸다. 성에 가득한 재물을 탐하며 앞만 바라보았다.

남한강을 뒤덮은 물안개 사이로 자주색 선단이 나타난 것은 그날 새벽이었다. 선단을 지휘하는 사령선에는 '충(忠)' 자 깃발이 나부끼고 있었다. 김종연이 충무영을 이끌고 당도했다.

잠수해서 몰래 강변에 침투한 선발대가 왜구 감시병들을 조용히 제거했다. 본대의 상륙과 동시에 김종연은 부관 이중화에게 기마 돌격전을 지시했다. 동틀 무렵 지축을 울리는 말발굽 소리가 산 위로 치고 올라갔다.

왜구는 그제야 뒤를 돌아보고 하얗게 질렸다. 기껏 만들어놓은 탑차를 써보지도 못한 채 뿔뿔이 흩어졌다. 삼삼오오 살길을 찾아 산 아래로 줄달음쳤다. 그러나 길이란 길은 모두 충무영 병사들이 물 샐 틈 없이 지키고 있었다. 그물망 같은 포위를 빠져나가기란 거의 불가능했다. 여주를 덮친 다카기-아마쿠사 연안의 해적들은 대부분 죽거나 붙잡혔다. 살아서 도망친 자들은 얼마 되지 않았다.

김종연의 맏아들 백균도 부하들을 거느리고 골짜기 하나를 맡았다. 약관의 나이로 전장에 첫걸음을 내디딘 것이다. 충성스러운 종 파두가 어느덧 백발이 되어 도련님의 곁을 지켰다. 사십 마흔 줄로 접어든 아버지는 지난날 강릉에서의 첫 출전을 회상했다. 대를 이어 왜구와 싸우다니, 이 전쟁 언제까지 계속될까?

무진년 왜구는 여름부터 가을까지 남부 지방을 쑥대밭으로 만들었다. 전주를 노략질하고 관아를 불태웠다. 김제, 만경도 무사치 못했다. 광주도 함락시켰다. 낙안, 고흥도 도륙했다. 청주, 유성, 옥천, 황간, 영동도 약탈했다. 연산 개태사는 또다시 화를 입었다. 경상도도순문사 박위가 상주와 고령에서 왜구를 격파했지만, 진주에서는 목사 이빈이 전사했다. 피해가 걷잡을 수 없이 확산하자 대사헌 조준이 왕에게 크게 군사를 일으킬 것을 청했다.

"전라도, 경상도, 양광도는 공물과 부세가 많이 나오는 중요한 지역입니다. 지금 왜구가 고을들을 닥치는 대로 공격하여 함락시키고 있습니다. 곡식을 짓밟고 노약자들을 살육하고 장정들은 노비로 삼고 있습니다. 적의 기세는 날마다 왕성해지고 있지만 우리 관리와 장수들은 성안에 웅크리고 숨은 채로 누구도 싸우려는 뜻이 없습니다. 모쪼록 크게 군사를 일으켜 더 늦기 전에 소탕하시기 바랍니다."《고려사절요》 '신우 4')

조정에서는 드디어 정지를 양광전라경상도도지휘사로 삼고 각지의 병력을 집결시켰다. 그는 요동 정벌에 안주도원수로 출정해 우군도통사 이성계의 휘하에 있었다. 위화도에서 회군해 고려의 원훈 최영과 맞섰을 때는 누구보다 가슴이 아팠다. 가장 든든했던 후원자를 배신했다는 생각에 밤잠을 이루지 못했다. 왜구 토벌은 심기일전의 기회였다. 장수로서 본분을 다해 흔들리는 마음을 다잡고 싶었다.

정지의 위엄과 명성은 드높았다. 왜적은 그를 두려워했다. 시코쿠의 해적왕 미다라이 야쿠시가 이끌던 함대가 남해 관음포에서 격파당한 것이 불과 몇 년 전의 일이었다. 정지는 고려에서 가장 잘나가는 현역 장수였다.

그가 출전했다는 소식에 왜구 대장 하타 히로시는 병력을 모으기로 작정했다. 경상도, 전라도, 양광도에 흩어져 노략질에 열중하던 해적들에게 전령이 달려갔다. 지금 즉시 남원으로 이동하라는 지령이 전해졌다.

하타 히로시는 이곳에 왜구 병력을 모으는 승부수를 던졌다. 고려군의 공세를 버티고 나서 눌러앉겠다는 계산이었다. 방어는 숫자가 좀 적어도 공격을 막아낼 수 있다. 전면전을 피하고 견고하게 지키기만 한다면 정지가 지휘한다고 해도 어찌할 수 없으리라. 고려는 회군과 정권 교체로 나라가 뒤숭숭하다. 고려군의 예봉을 꺾고 장기전으로 몰고간다면 유리한 조건으로 화친을 맺어 남원을 차지할 수 있다고 그는 생각했다.

그러나 실제로 모인 병력이 기대에 못 미쳤다. 경상도를 휩쓸고 온 3,000여 명이 전부였다. 지휘부를 뽑긴 했지만 여러 세력이 연합하다보니 일사불란하게 움직이지 않았다. 노략질을 마치고 멋대로 돌아간 무리도 있었고, 욕심부리다가 고려군에게 궤멸당한 무리도 있었다. 어쨌든 이 병력이라도 잘 활용하는 수밖에 없었다.

왜적은 함양에서 팔랑치 고개를 넘어 운봉고원에 진영을 구축했다. 거기에 노략질한 식량과 재물을 쌓아놓은 뒤 진군을 계속했다. 다시 여원치 고개를 지나 남원으로 접어들자 추수를 마친 너른 들판이 펼쳐졌다. 이 풍요로운 고을을 약탈할 생각에 왜구의 걸음이 빨라졌다. 하지만 읍내는 텅 비어 있었다. 주인 없는 개들만 먹이를 찾아 어슬렁거렸다. 불길한 예감이 엄습했다.

정찰대가 허겁지겁 달려왔다. 남원 서북쪽 교룡산성에 수자기가 올랐다는 보고였다. 사람을 보내 확인하니 도지휘사 정지의 깃발이 아닌가. 고려군이 먼저 당도해 왜적을 기다리고 있었다는 뜻이다.

하타 히로시는 부장 소다 사다무를 불러 대책을 의논했다. 원래 교룡산성에 들어가 버티려고 했는데 선수를 빼앗긴 이상 후퇴가 불가피했다. 평지에 있다가는 포위당할 수 있으니 운봉으로 되돌아가기로 했다.

이때 여원치 쪽에서 피투성이 무사 몇 명이 비틀거리며 내려왔다. 운봉에 남겨둔 보급부대 대원들이었다. 고남산으로부터 고려군이 쏟아져 내려와 진영이 순식간에 짓밟혔다는 것이다. 왜구 수뇌부는 눈앞이 캄캄해졌다. 식량도 물자도 다 빼앗기고 퇴로마저 봉쇄되었다. 여원치 고개에는 어느새 충(忠)자기가 펄럭이고 있었다.

김종연은 도지휘사 정지의 추천으로 전라도부원수에 임명되었다. 그는 쓰시마 출신 파사계원 박원실로부터 왜적이 남원으로 이동한다는 첩보를 입수했다. 김종연은 이 소식을 도지휘사에게 알리고 한발 먼저 움직였다. 고남산 정산봉에 숨어 왜구가 함양에서 운봉을 지나 남원으로 들어가는 모습을 낱낱이 지켜보았다. 앞에서 에워싸고 뒤를 막으면 적들은 독 안에 든 쥐 꼴이 된다. 김종연의 작전은 곧 실행에 옮겨졌다.

정지도 개경에서 빠른 속도로 남하했다. 도중에 전라도도순문사 최운해, 조전원수 김백흥과 진원서, 전주목사 김용균, 양광도상원수 도흥, 부원수 이승원 등이 병력을 거느리고 합류했다. 도합 1만여 명이었다. 왜구보다 먼저 교룡산성을 차지한 도지휘사는 남원을 장악하고 곳곳에 군사를 숨겨두었다. 전라도부원수 김종연도 산에서 내려와 운봉의 왜구 보급부대를 치고 여원치 고개를 봉쇄해 적의 퇴로를 막았다.

드디어 포위섬멸전이 본격적으로 펼쳐졌다. 고려군은 두터운 횡대를 형성해 왜구를 여원치 아래로 밀어붙였다. 양쪽 끝의 두 부대는 뿔처럼 굽어 들어가 적의 뒤쪽으로 파고들었다. 고개 위에서는 충무영이 장창진을 짜서 밀집대형으로 내려왔다. 1만여 병력이 빈틈없는 포위망으로 3,000도 안 되는 적을 압박해 들어간 것이다. 심리적인 포위야말로 최고의 포위다. 적들은 벗어날 길이 없다는 공포심과 절망감에 속절없이 쓰러졌다.

정오 무렵 개전한 싸움은 날이 저물어 끝났다. 고려군의 일방적인 승리였다. 적은 다 죽고 지휘부와 마쓰라당 일부만 야음을 틈타 도주했다. 추격이 임박하자 소다 사다무가 멈추었다. 그는 아들 사에몬타로를 대장에게 부탁하고 자기 목숨을 던져 추격군을 막았다. 하타 히로시는 남은 부하들을 데리고 구례까지 달아나 만약을 위해 준비해둔 배에 올랐다. 약관의 청년 소다 사에몬타로는 선상에서 남원 하늘을 하염없이 바라보았다.

정지는 추격을 멈추고 고려군의 전열을 정비했다. 군사들은 소리 높여 그의 이름을 연호했다. 백성들도 "장군이 아니었으면 삼남(경상도, 전라도, 양광도)에 사람의 씨가 말랐을 것"이라고 칭송했다. 정지의 명성은 어느덧 이성계에 버금갈 만큼 높아졌다. 창왕은 개선장군을 치하하며 궁중의 술과 진귀한 비단을 하사했다.(《고려사절요》'신우 4')

그러나 정도전은 무인들의 활약을 경계했다. 급진파 사대부는 이성계의 뒷받침을 받아 토지개혁을 밀어붙이고 있었다. 고려 최강을 자랑하는 그의 무력이 고려의 개혁, 나아가 내심 꿈꾸는 역성혁명의 원동력이었다. 거꾸로 권문세족이 이성계에 필적하는 또 다른 무력을 등에 업는다면 개혁도 좌초되고 역성혁명도 물거품이 될 것이다. 이성계의 막료들도 같은 생각이었다. 그들은 걸림돌이 될지도 모르는 무인들을 제거하기로 했다.

첫 번째 표적은 최영 장군이었다. 노장군은 고양에 이어 합포, 충주로 유배 갔다. 이성계 일파는 군부의 원로이자 전 집정대신을 참하려고 했다. 상징성이 큰 인물을 본보기 삼아 처형함으로써 무인 세력이 경거망동하지 못하도록 하겠다는 것이었다.

백성들은 대체로 최영을 동정했다. 비록 요동 정벌이라는 악수를 두긴 했지만 여러 차례 나라를 구한 큰 공신이 아닌가. 청렴한 성품도 존경받았다. 그는 "황금 보기를 돌같이 하라"는 좌우명을 갖고 있었다. 실제로 뇌물 청탁을 한 번도 받지 않았다. 집은 좁고 누추했으며 옷과 음식은 검소했다. 그것은 민심이 위정자에게 바라는 바였다.

백성들과 달리 조정의 실권을 쥔 급진파 사대부는 강경했다. 간대부 윤소종은 "공은 한 나라를 덮었으나 죄는 온 천하에 가득하다"는 말로 날을 세웠다. 명나라의 압박도 무시할 수 없었다. 최영이 북벌군을 일으켰을 때 주원장은 고려로의 출병을 진지하게 검토했다. 국내 사정으로 그만두긴 했지만, 최영에 대한 처리만큼은 예의주시하고 있었다.

1388년 11월 최영은 개경 순군옥으로 끌려와 다시 국문에 회부되었다. 급진파 사대부는 십자포화를 퍼부었다. 대간과 전법사에서 연일 처형을 촉구했다.

"최영이 비록 공이 있다지만 감히 요동을 쳐서 상국(명나라)을 범하려 했습니다. 이는 공적으로 덮을 수 없는 대죄입니다. 모쪼록 최영을 참하여 상국의 노여움을 푸소서."《고려사절요》'신우 4')

창왕은 하는 수 없이 그해 12월 최영을 참하라는 명을 내렸다.

참형을 받는 순간에도 노장군은 말과 행동이 태연했고 기백에 흐트러짐이 없었다. 전장에서 적과 맞서 싸울 때처럼 조금도 두려워하는 기색 없이 차분하게 죽음을 맞았다.

최영이 떠나던 날, 도성에서는 시장을 파하고 행인들은 말에서 내려 애도했다. 집안의 부녀자와 아이들도 눈물을 흘렸다. 그의 마지막 말이 세간에 퍼져나갔다.

"나에게 죄가 없음은 하늘이 알고 있다. 내 평생 조금이라도 사사로운 욕심을 가졌다면 무덤에 풀이 나겠지만, 그렇지 않았다면 풀이 나지 않을 것이다."

쓰시마 정벌

그해 겨울 파사계주 나홍유의 병세는 급속도로 나빠졌다. 폐병이었다. 온몸을 쥐어짜듯이 기침하는 스승의 모습에 김종연은 마음이 무거웠다. 전라도 원수가 되어 구례에서 마쓰라당을 격파하고 온 길이었다. 그는 어느새 고려의 귀신 장수로 왜구들에게 회자하고 있었다. 신묘한 작전과 진법에 번번이 당하다보니 그가 두려울 법도 했다. 김종연은 장수로서 전성기를 열어가고 있었다. 나홍유와 파사계의 조력이 없었다면 불가능한 일이었다. 바로 그 은인이 삶의 마지막 불꽃을 태우고 있었다.

"일이 급박하게 돌아가고 있네. 자네가 구례에서 싸우는 동안 중신들이 도당에 안건을 올렸네. 해상 원정을 추진할 모양이야."

두근두근, 김종연의 심장이 세차게 박동했다. 심실을 박차고 나온 피가 온몸을 뜨겁게 달구었다. 이번에 해상 원정을 거론한 이는 영삼사사 변안열이었다. 그는 도당에서 무진년 왜구에게 입은 피해를 거론하며 지난 40년간 이어져온 왜적의 침공과 노략질을 성토했다. 그리고 저들로부터 백성을 구제할 길은 본거지로 쳐들어가 뿌리를 뽑는 일밖에 없다고 목소리를 높였다. 문하평리가 되어 도당에 들어간 정지가 힘을 보탰다.

"왜구를 뿌리 뽑으려면 쓰시마와 이키노시마를 정벌하는 것만으론 안 됩니다. 규슈의 마쓰라까지 진격해 왜구 본거지를 초토화해야 합니다."

왜구에게 호되게 당한 뒤라 안건은 긍정적으로 다뤄졌다. 문하시중 이색, 창왕의 외조부 이림, 그리고 권문세족은 입을 모아 찬성했다. 그들은 토지개혁 저지에 사활을 걸고 있었다. 무력으로 뒷받침하는 변안열을 두둔하는 게 당연했다. 정몽주를 비롯한 온건파 사대부도 지지하고 나섰다. 정몽주는 외교적 해결을 선호하는 인물이었지만 왜구의 끊임없는 준동에 한 번쯤 선을 그을 때가 왔다는 데 공감했다.

흥미로운 것은 급진파 사대부의 반응이었다. 대사헌 조준이 변안열의 제안을 환영했다. 그는 일전에 군사를 크게 일으켜 왜구를 쳐야 한다고 임금에게 주청한 바 있었다. 이성계의 막료들은 해상 원정이 토지개혁 논의를 흐리게 할 것이라고 우려했지만 조준의 생각은 달랐다. 토지개혁의 틀을 짜고 언로를 이끄는 주역임에도 해상 원정은 별개의 문제라고 여겼다. 정치적으로 접근하지 말고 국익을 우선시해야 한다고 판단했다.

이제 공은 이성계에게 넘어갔다. 그는 도총중외제군사로서 고려의 병권을 틀어쥐고 있었다. 해상 원정에 관한 최종 결정도 이성계의 몫이었다. 정치적 이해득실을 따져본 정도전이 변안열의 요구를 받아들이자고 건의했다. 조정은 물론 민심도 그쪽으로 흐르고 있었다. 해상 원정이 필요하다는 공감대가 만들어졌다. 외면했다가는 역풍을 맞을 터였다. 오랜 세월 백성을 도탄에 빠뜨린 문제인 만큼 이제 뭔가 매듭을 지어야 했다.

단, 해상 원정의 범위는 한정했다. 원안대로 쓰시마, 이키노시마, 마쓰라를 아우르는 전략적인 원정을 추진하는 것은 곤란했다. 이렇게 되면 토지개혁이 진짜 묻힌다. 정도전이 이성계에게 건의한 것은 오직 쓰시마 정벌이었다. 쓰시마만 치고 돌아와 전술적인 성과를 잘 포장하기만 해도 할 일을 다했다는 인상을 심어줄 수 있다. 해상 원정은 적당히 하고 토지개혁 논의를 중단없이 이어가겠다는 의도였다.

이성계는 책사의 의견에 따랐다. 쓰시마 정벌을 주청하고 창왕의 윤허를 받아냈다. 김종연은 크게 실망했다. 중간 경유지에 불과한 쓰시마를 정벌한다고 해서 달라질 것은 없다. 왜구를 뿌리 뽑으려면 규슈까지 쳐들어가 마쓰라당을 쓸어버려야 한다. 그는 전라도원수로서 자기 뜻을 상부에 전했다. 변안열과 정지도 동의하고 이성계를 설득하려고 했다. 하지만 이성계 일파는 끝내 정벌지를 쓰시마로 국한했다. 규슈까지 쳐들어갔다가 실패하면 타격이 크다는 이유였다. 모험할 순 없다는 것이었다.

1389년 2월 고려 함선 100척이 합포를 출발해 쓰시마로 향했다. 4명의 원수가 군사 8,000여 명을 거느리고 쳐들어갔다. 경상도 원수 박위가 중군을 통솔했고 원수 최칠석과 박자안이 각각 좌·우군을 맡았다. 함대 후미에는 충(忠)자기를 나부끼며 자주색 선단이 따라붙었다. 전라도 원수 김종연이 뱃머리에 서서 눈이 시리도록 전방을 응시하고 있었다. 원정에서 그는 별동대를 지휘해 특수 임무를 수행하기로 했다.

총사령관은 애초 정지가 유력했으나 어찌 된 일인지 박위에게 넘어갔다. 정지는 해도원수를 성공적으로 지내고 남해대첩의 쾌거를 이룩하는 등 바다에서 검증된 장수였다. 누가 보더라도 적임자였고 하고자 하는 의지 또한 강했다. 그러나 이성계는 기회를 주지 않았다. 도당에서 변안열과 의기투합하자 정치적으로 배제한 것이다.

박위는 유능한 장수였다. 김해부사 시절 낙동강에 나타난 왜선 50여 척을 격침했으며 왜구 토벌전에서 여러 차례 인상적인 활약을 펼쳤다. 하지만 현지 실정에 어둡다 보니 쓰시마를 어떻게 공략해야 할지 난감해했다.

보다 못해 김종연이 소매를 걷어붙이고 나섰다. 그가 군막에 쓰시마 지도를 걸어놓고 상세한 현황을 보고하자 박위는 깜짝 놀랐다. 파사계의 정보력이 빛을 발했다. 쓰시마 출신인 박원실의 도움이 컸다. 박위와 김종연은 쓰시마 공략법을 긴밀히 의논했다. 현실적인 목표를 정하고 상황별로 여러 가지 작전을 짰다.

목표는 왜구에게 본때를 보여주는 것이었다. 그러려면 저들이 보급받는 아소만에서 강력한 무력을 과시해야 한다. 고려인 포로들을 구출하는 것도 빼놓을 수 없었다. 오자키, 후나코시 등 주요 포구를 수색할 필요가 있다. 막부 관리인 쓰시마 영주와는 충돌을 피해야 했다. 왜구를 정교하게 공격하는 것이 관건이다.

고려 함대가 처음으로 당도한 곳은 쓰시마 서남쪽 연안에 위치한 고모다하마였다. 1274년 여원연합군이 일본 원정길에 들른 곳이다. 함대는 연안을 따라 북상해 아소만 입구 오자키 포구에 이르렀다. 김종연이 별동대를 이끌고 상륙했다. 수색작업을 벌였지만 마을은 텅 비어 있었다. 왜구가 눈치채고 모습을 감춘 것이다.

김종연은 오자키에서 파사계원 박원실을 만났다. 박원실은 쓰시마에 미리 들어와 주민과 관원들을 접촉하며 첩보를 수집했다. 쓰시마의 왜구 두목은 소다 사에몬타로였다. 약관의 무사로 지난해 8월 남원에서 아버지 소다 사다무를 잃었다. 그는 마쓰라로 돌아가지 않고 이곳에 남아 복수의 칼을 갈고 있었다. 무진년 왜구 대장 하타 히로시는 이 청년을 기특하게 여겨 병력과 배를 아낌없이 지원했다. 그들은 아소만에서 가장 깊숙한 후나코시 포구에 들어가 상황을 지켜보았다.

김종연과 박위는 후나코시를 치기 전에 이즈하라에 있는 쓰시마 영주에게 사자를 보냈다. 쓰시마를 지배하는 것은 소 씨 가문이었다. 소 씨는 규슈 태재부의 명을 받들며 쓰시마 영주 직을 수행하고 있었다. 막부의 신하이기 때문에 잘못 건드리면 외교 문제로 비화할 수 있었다. 정중히 양해를 구하는 게 상책이다.

소 씨는 공식적으로 왜구를 배척하지만 실제로는 묵인하고 있었다. 적지 않은 주민들이 왜구에게 술과 여자, 식량과 물자를 대며 살았기 때문이다. 농지가 적고 가난한 섬 사정상 왜구를 내칠 수 없다. 최악의 상황은 소 씨가 저들의 편에 서는 것이다. 앞뒤에서 협공받으면 큰일이다. 최소한 중립을 유지하도록 만들어야 한다.

당대 쓰시마 영주는 6대 가주 소 스미시게였다. 그는 규슈 태재부에 전령을 띄워 상부의 명을 기다렸다. 고려군도 그 결과에 촉각을 곤두세웠다. 왜구 두목 소다 사에몬타로는 영주와 고려군의 동태를 파악하며 반격 준비에 나섰다. 양측의 교섭으로 시간을 벌었다고 판단한 것이다. 왜구가 포구에 목책을 세우고 배를 늘어놓았다. 후나코시는 분주하게 돌아갔다. 하지만 그것은 오판이었다.

다음 날 새벽 물안개를 헤치고 고려 함대가 후나코시 서쪽 해안에 나타났다. 박위는 쓰시마 영주와 교섭하면서도 진격하는 것을 잊지 않았다. 무시무시한 화공이 펼쳐졌다. 바다 위로 시뻘건 해가 떠오를 무렵에는 이미 포구가 불바다였다. 고려군의 화약 무기에 왜선 300여 척이 활활 타올랐다. 목책도 막사도 깡그리 잿더미로 변했다.

소다 사에몬타로는 이글거리는 눈빛으로 포구를 바라보다가 차갑게 등을 돌렸다. 그는 부하들을 데리고 동쪽 해안으로 이동했다. 후나코시는 '배가 넘어가는 곳'이라는 뜻이다. 이곳은 좁은 해안지대로 서쪽은 아소만을 통해 고려 쪽을 바라보고, 동쪽은 망망대해 너머 일본 쪽으로 열려 있다. 왜구는 동쪽 해안에 준비해둔 배를 타고 북쪽으로 도망쳤다. 고려인 포로들을 끌고 가는 것도 잊지 않았다.

젊은 왜구 두목이 새롭게 진을 친 곳은 미나토였다. 쓰시마의 최북단 어촌마을로 그 옛날 신라인 박제상이 순국한 곳이라고 한다. 비록 도망쳤지만, 소다는 자신감을 잃지 않았다. 무엇보다 아직 병력의 손실이 없었다. 왜구 2,000여 명이 여전히 그를 따르고 있었다. 게다가 미나토의 뒤편으론 험준한 산악지대가 펼쳐져 있었다. 싸우다가 수세에 몰리면 산에 들어가서 숨을 요량이었다.

박원실에게 왜구의 현황을 보고받고 김종연은 고민에 빠졌다. 미나토 공략은 어려운 일이 아니었다. 문제는 그들이 산으로 도망치면 뾰족한 수가 없다는 것이었다. 쓰시마 북쪽 지역은 대부분 산악지대였다. 거기를 샅샅이 뒤지는 것은 불가능했다. 전황이 이대로 교착 상태에 빠지면 애초 세운 목표를 달성할 길이 요원해진다. 왜구에게 본때를 보여줄 수도, 고려인 포로를 구출할 수도 없다. 어찌할 것인가?

이때 이즈하라에서 새로운 소식이 들어왔다. 영주의 아들 소 요리시게가 태재부의 막부군을 이끌고 도착했다는 것이다. 김종연은 눈을 번쩍 떴다. 좋은 책략이 떠올랐다. 소 요리시게는 규슈절도사 이마가와 료슌 밑에서 일하는 자다. 주군이 고려와 우호적인 관계를 맺고 있으므로 우리가 손을 내밀면 협력할 가능성이 크다. 이이제이(以夷制夷)! 오랑캐로 오랑캐를 제압하면 된다.

김종연은 소 요리시게에게 박원실을 보내 미나토로 와달라고 요청했다. 왜구의 항복만 받아낸다면 고려군은 철수한다는 조건을 달았다.

소 요리시게는 곰곰이 이해득실을 따졌다. 그는 고려군의 침공에 대응하라는 이마가와 료슌의 명을 받고 쓰시마로 왔다. 하지만 주군은 군사 충돌을 원치 않았다. 남북조 내전은 이미 북조 막부의 승리로 기울었고 이마가와 료슌은 사실상 규슈의 지배자가 되었다. 이제 그는 고려와 일본의 중재인으로서 양국 간의 외교 통상을 주무르겠다는 야심을 드러내고 있다. 이럴 때 왜구 문제를 똘똘하게 중재한다면 주군에게도 이득이요, 자신의 출세에도 도움이 된다. 그는 막부군 2,000여 명을 거느리고 미나토로 달려갔다.

갑작스러운 상황 변화에 소다 사에몬타로는 갈피를 잡지 못했다. 소 요리시게는 미나토의 동쪽 오우라(훗날 임진왜란 출정지)에 막부군을 배치하고 무조건 항복을 요구했다. 왜구의 본진인 마쓰라당은 규슈절도사와 충성계약을 맺었다. 쓰시마의 왜구 두목은 나아가 싸울 수도 없고, 산에 들어가 숨을 수도 없는 난국에 빠졌다. 어느 쪽이든 규슈절도사의 명을 거역하는 것이었다.

김종연은 회심의 미소를 지었다. 병법의 요체는 마음에 있다. 적을 불안하게 하고, 당황하게 하고, 두렵게 해 통제할 수 없는 혼란에 빠트리는 게 승리의 관건이다. 그는 이이제이의 책략으로 왜구를 옴짝달싹할 수 없는 덫에 몰아넣었다. 손 안 대고 코 푼 격이다. 이제 마무리 지을 일만 남았다.

고려 함대는 후나코시 포구에서 미나토 앞바다로 이동했다. 총사령관 박위는 배에 남아 해상을 봉쇄하고 원수 김종연, 최칠석, 박자안은 상륙해 고려인 포로 100여 명을 구출했다. 왜구는 무기를 버리고 투항했다. 두목 소다 사에몬타로는 김종연과 소 요리시게 앞에서 항복문서에 서명했다. 굴욕스러웠지만 선택의 여지가 없었다.

김종연이 맏아들과 동갑인 왜구 두목에게 말을 건넸다.

"지금 일본에서는 내전이 막을 내리고 평화를 찾아가고 있다. 그대도 이제 정직하게 땅을 일구고 떳떳하게 가족을 건사하는 게 어떠한가?"

그러나 소다 사에몬타로는 어둡게 타오르는 눈빛으로 으르렁댔다.

"내 아버지는 작년에 남원에서 전사했다. 이번에는 네놈의 간사한 책략에 당했지만, 언젠가 이 원통함을 꼭 갚고 말 테다."

합포로 귀환하는 배 위에서 김종연은 소다의 독기 어린 눈빛을 떠올렸다. 저들에게 노략질은 대대손손 이어온 가업이다. 왜구의 뿌리를 뽑고 토양을 갈아엎지 않으면 이 악순환은 언제까지고 계속될 것이다.

쓰시마 정벌로 저들에게 본때를 보여주고 고려 사람들도 구출했지만, 김종연은 아쉽기만 했다. 나는 또 원정길에 오를 수 있을까? 어느덧 해가 지고 있었다. 저 멀리 파도치며 둥실대는 섬나라가 어쩐지 아득해 보였다.

정벌군은 의기양양하게 개선했다. 승전 보고와 함께 논공행상이 이뤄졌다. 누가 보더라도 최대 공로자는 김종연이었다. 그러나 이성계 일파는 애써 무시하고 총사령관에게 공을 돌렸다. 창왕은 박위에게 안장 얹은 말과 금은보화를 하사하고 전공을 치하했다. 하지만 고려 사람들은 그가 배와 막사를 불살랐을 뿐 실제로 한 일은 없다고 여겼다.(《고려사절요》 '공양왕 1')

박위는 미안한 마음에 김종연의 등을 두드리며 위로했다.

"자네가 큰 공을 세웠는데 나만 전하의 은혜를 입었으니 이거 부끄럽네그려."

"아닙니다. 모두 장군의 용병술 덕분입니다. 장수와 병사들을 잘 쓰지 않으셨습니까? 저는 장군을 보필할 수 있어서 얼마나 뿌듯했는지 모릅니다. 다음에도 꼭 함께할 수 있기를 바랍니다."

김종연은 예의를 갖추고 공손하게 화답했다.

무장들은 단순하다. 정치적인 셈법에 어두울 때가 많다. 박위 또한 이 논공행상의 의미를 온전히 파악하지 못했다. 김종연은 최영의 참모 노릇을 하며 변안열, 정지와 뜻을 같이했다. 정도전 등 이성계의 막료들은 그를 요주의 인물로 찍고 있었다. 쓰시마 정벌에서의 경이로운 활약은 오히려 김종연의 운명에 잿빛 그림자를 드리웠다. 정치적인 모략이 시시각각 조여왔다. 대숙청의 시간이 다가오고 있었다.

4부

호랑이 등에 탄 역사

실종 왕족의 수상한 귀환

위화도 회군 이후 이성계는 실권자답게 참모진을 강화했다. 난다긴다 하는 인재들이 집정대신의 곁에 포진했다. 토지개혁을 주도한 조준은 시무(時務)를 꿰뚫어 보는 천재적인 개혁가였다. 윤소종은 적폐를 송곳같이 찌르는 대간이었다. 남은은 문무에 두루 밝은 행정가였다. 가족들도 집안일이 곧 나랏일이라는 각오로 나섰다. 의제 이지란과 둘째 아들 이방과는 군사를 통솔했고, 다섯째 아들 이방원과 그의 동서 조박은 친인척을 관리했다.

이들 참모진을 이끌고 이성계의 행보를 조율한 것은 책사 정도전이었다. 위화도 회군 직후 주군을 왕으로 옹립할 수 있었지만 삼봉은 서두르지 않았다. 정치는 명분이 생명이다. 명분 없는 권력 찬탈을 민심은 용납하지 않는다. 회군하자마자 거사를 벌였다면 역풍을 맞아 역적으로 몰렸을 것이다. 고려 왕조는 470년 이상 수명을 이어온 거목이다. 아무렇게

나 도끼질했다가는 낭패를 보기 쉽다.

1389년 봄이 되자 정도전은 비로소 역성혁명에 속도를 내기 시작했다. 양전(量田), 토지측량 사업이 진행되면서 권문세족의 비리가 속속 드러났기 때문이다. 남의 것을 빼앗거나 몰래 숨겨둔 토지들이 쏟아져나오면서 이를 탄핵하는 언로가 봇물 터지는 듯했다. 윤소종, 오사충 등 깐깐한 대간들이 맹활약했다. 내로라하던 권세가와 중신들은 꼼짝없이 처벌받고 먼 곳으로 유배를 떠났다.

토지개혁 반대파도 목소리를 높였다. 문하시중 이색이 중심이었다. 유종(儒宗)이라 불린 대학자라 문신들이 제법 따랐다. 당대의 문장가 이숭인과 권근도 제자로서 동참했다. 창왕의 외조부 이림, 위화도 회군 당시 시중이었던 우현보, 그리고 사병 2만여 명을 거느린 변안열이 그 뒤를 받쳤다. 그들은 경솔한 토지개혁이 사직을 흔들고 있다며 임금에게 다시 검토해달라고 촉구했다.

도당에서 토지개혁 재고에 대한 격론이 벌어졌다. 의논한 자가 53명이었는데 사전 혁파에 찬동하는 의견이 많았다. 권문세족이 사전 유지를 주장했지만 소수 의견에 그쳤다. 정몽주는 둘 사이에서 머뭇거렸다. 그는 온건파 사대부의 견해를 대변했다. 토지개혁의 대의에는 공감했지만 지나친 정쟁에는 선을 그었다.

정쟁을 주도한 건 이성계를 등에 업은 급진파 사대부였다. 토지개혁에 미온적인 관리들에게 무차별적으로 포화를 퍼부었다. 좌사의 문익점은 병을 핑계로 논의를 꺼리다가 조준에게 탄핵당했다. "권세가에 아부하여 간쟁의 절개를 잃었다"는 이유였다. 문익점은 결국 관직을 내놓고 시골로 돌아가야 했다.

이성계 일파의 화력은 엄청났다. 이색도 수상직인 문하시중에서 물러났다. 창왕은 그를 판문하부사로 삼고 대신 외조부 이림을 시중에 임명했다. 수세에 몰린 토지개혁 반대파는 중립을 지키는 온건파 사대부와 연합전선을 펴고자 했다. 이색은 이성계와 가까이 지내온 정몽주를 설득하는 데 공을 들였다.

그러자 조준이 토지개혁안을 수정해 상소를 올렸다.

"사전을 혁파하되 경기 땅은 사대부로서 왕실을 호위하는 자들의 토지로 삼아 그 생계에 이바지하고 본업을 두텁게 하소서. 나머지는 모두 왕실과 관아, 녹봉과 군사의 비용을 충족하도록 하심이 마땅합니다."《고려사》세가 '창왕 1년')

중립적인 사대부를 포섭하기 위해 이성계 일파는 선심성 정책을 제시했다. 나랏일하는 관리들에게 경기, 곧 경성 인근의 땅을 나눠주겠다는 것이었다. 백성들에게 지급하겠다던 백정대전 등은 개혁안에서 사라졌다. 백성보다 사대부를 받드는 모습이었다.

조정의 공론은 급속도로 기울었다. 사대부들의 압도적인 지지를 받게 되자 이성계 일파는 본격적인 숙청에 들어갔다. 집요한 탄핵으로 반대파를 옥죄었다. 붓으로 정적들을 쓰러뜨려나갔다.

1389년 9월 기이한 사건이 세간의 관심을 모았다. 실종됐던 왕실 종친 왕환이 무려 19년 만에 나타난 것이다.

그는 1371년 처남 신순이 신돈의 당이라 해서 무릉도(武陵島)에 유배 갔다. 그 후 소식이 끊기고 생사를 알지 못했는데 알고보니 표류해 일본에 머물고 있었다. 부인 신씨의 청으로 가노(家奴)가 사신을 따라가 기어코 그를 찾아냈다. 사건은 왕환이 다시 고려 땅을 밟은 후에 벌어졌다.

왕실 종친의 귀환에 가족과 친인척들이 경산부까지 내려가 맞이했다. 그런데 19년 만에 돌아온 왕환의 생김새가 전과 달랐다. 고려 말이 어눌한 거야 잊어버려서 그렇다고 쳐도 아버지와 할아버지의 이름도 알지 못했고 살던 고장이 어디였는지도 몰랐다. 이 사람, 왕환이 맞을까?

인척인 지밀직 이숭인과 하륜, 전 판개성부사 박천상, 전 밀직부사 박가흥 등은 사람을 잘못 찾은 것 같다며 우려를 표했다. 하지만 부인 신씨는 틀림없이 자기 남편이라며 기뻐했다. 동행한 사신단은 어안이 벙벙했다. 부인과 인척들의 진술이 엇갈리니 어찌 처리해야 할지 난감했다.

인척은 혼인을 통해 친척이 된 사이다. 상식적으로 부인보다 왕환을 더 잘 알아볼 순 없다. 그러나 고위직에 오른 인척들이 모두 아니라고 하니 가볍게 여길 순 없는 노릇이다. 남모르는 사정이 있어서 부인이 진실을 숨길 수도 있다. 사신단은 일단 조정에 보고를 올리고 명을 기다렸다.

이 기막힌 사연을 접하고 발 빠르게 움직인 곳은 사헌부였다. 부인 신씨에게 인척들을 고발하게 하고 조사와 심문에 들어갔다. 왕환은 개경으로 옮겨졌다. 두 아들과 승려인 형이 그를 만나보더니 진짜라고 증언했다. 이어서 인척들을 불러 왜 아니라고 했는지 추궁했다.

사헌부는 왕환이 틀림없다고 결론 짓고 이숭인, 하륜, 박천상, 박가흥 등을 무고죄로 잡아넣었다. 그것도 왕실 종친을 무고한 중죄인이었다. 진위를 판별하면 될 일인데 공연히 옥사로 번졌다. 사헌부를 장악한 이성계 일파에게는 사실 꿍꿍이가 있었다. 그들의 표적은 이숭인이었다.

도은(陶隱) 이숭인은 목은(牧隱) 이색, 포은(圃隱) 정몽주와 함께 고려의 삼은(三隱)으로 불리는 인물이었다. 문장이 뛰어나고 성리학에 밝아 일찍부터 명성을 떨쳤다. 이색은 이숭인에게 찬사를 아끼지 않았다.

"우리 동방의 문장가 중에 도은과 같은 사람이 없었다. 선배들도 따르지 못한다."《태조실록》1392년 8월 23일 '이숭인의 졸기')

정도전은 그것을 용납할 수 없었다. 조준과 윤소종도 마찬가지였다. 이성계의 핵심 참모들은 유자로서 큰 자부심을 품고 있었다. 그들이 꿈꾸는 새로운 나라가 바로 유자의 나라였다. 그런데 고려 유학의 종주권을 반대파가 갖다니 있을 수 없는 일이었다.

역성혁명의 정당성을 과시하려면 이색, 이숭인을 제거하고 유학의 종주권을 빼앗아야 했다. 이성계 일파가 사헌부를 조종해 억지로 죄를 만들고 이숭인을 참소한 이유다. 이숭인부터 잡고 이색을 치려고 한 것이다.

보다 못해 문하시중 이림이 외손자인 창왕에게 고했다.

"이숭인은 서연(書筵)에서 강의하며 전하의 학문을 보좌하고 있습니다. 바라건대 직무에 힘쓰게 해주십시오."

임금의 스승이니 자그마한 죄는 눈감아달라는 것이었다. 결국 하륜, 박천상, 박가흥 등은 먼 곳으로 유배를 떠났으나 이숭인은 가까스로 구제받았다.

그러나 이성계 일파는 집요했다. 이번에는 간관 오사충이 이숭인을 탄핵했다. 지난날 어머니의 상중에 과거시험을 주관한 사실을 문제 삼았다. 유자에게 '불효'는 법적으로나 도덕적으로나 씻을 수 없는 대죄였다.

이숭인과 막역한 권근이 글을 올려 변호했다. 비록 어머니는 세상을 떠났지만 늙고 병든 아버지가 소원해서 시험관이 되었으니 이는 불효가 아니라는 것이었다. '기복(起復)'의 법도 거론했다. 기복은 중요한 나랏일이 있을 때 어버이의 상중에도 관직을 수행하게 하는 제도다. 그러니 이숭인도 죄가 아니라는 논리였다.

마침 기복하고 있던 대사헌 조준이 발끈했다. 권근의 발언은 자기 처지를 비꼬아서 반격하는 것이라고 여겼다. 사헌부의 압박은 더욱 거세졌다. 창왕은 결국 이숭인의 죄를 묻고 경산부로 유배 보냈다. 권근도 화를 피하지 못했다. 이숭인의 당에 붙은 죄로 영해부에 안치되었다. 이성계 일파의 화살은 이제 이색을 겨냥했다.

판문하부사 이색은 고심에 빠졌다. 포위망이 옥죄어오고 있었다. 털어서 먼지 안 나는 사람 없다. 저들은 수단과 방법을 가리지 않고 자신을 죄인으로 만들 것이다. 그는 일단 소나기를 피하기로 했다. 물러나 숨을 고르면서 사태를 관망하는 게 현명해보였다. 1389년 10월 이색은 벼슬을 버리고 본가인 장단(파주)으로 돌아갔다.

"서생들이 나라를 망치고 있소!"

변안열은 분통을 터뜨렸다. 정도전 등이 고려를 통째로 들어먹는데 이색은 맞서기는커녕 꽁무니를 뺐다. 게다가 조정에 출사한 사대부들은 해가 바뀌면 지급한다는 새 토지만 바라보고 있었다. 사전을 혁파하고 수조지로 재편해 그들에게 먼저 나눠주는 것이다. 유자란 자들이 눈치보고 잇속 차리기에 급급하다. 굿이나 보고 떡이나 먹으려 한다.

"장군, 상왕을 한번 만나보시지요."

나흥유가 넌지시 권유했다. 이색의 귀향에 뿔난 변안열은 머리도 식힐 겸 파사계주를 만나러 여주에 왔다. 그는 파사계가 최영에게 정보를 바치고 묘책을 제공했다는 사실을 잘 알고 있었다. 이성계 일파의 공세에 맞서 변안열은 정치적 승부수를 찾고자 했다. 나흥유는 공민왕을 중심으로 섬긴 변안열을 생생히 기억하고 있었다. 두 사람은 총애를 베푼 선왕을 회고하며 고려를 수호하겠다는 결의를 불태웠다.

파사계주의 계책은 상왕 우의 복위였다. 우왕은 사실상 폐위당하기는 했지만, 손위(遜位)의 형식으로 물러났다. 왕위를 양보하고 상왕이 되었다. 회군 직후 왕을 쫓아내면 백성들에게 모반으로 비치고 명나라에서 문제 삼을 수도 있어 그리한 것이다.

창왕은 나이가 너무 어려 적당(敵黨)을 상대하기가 버겁다. 왕대비 안씨의 도움으로 나랏일을 보기는 하지만 이대로 가다가는 왕위를 찬탈당할 게 뻔했다. 사대부들의 충심을 제고하고 이성계 일파를 견제하려면 우왕이 다시 왕좌에 복귀하는 수밖에 없었다.

상왕의 복위는 영향력 있는 대신이 추진하고 무력으로 뒷받침해야 가능한 일이었다. 오랜 세월 나라에 공을 세우고 2만여 명의 사병을 거느린 변안열이 적임자였다. 단, 두 사람이 사전에 만나 뜻을 맞춰볼 필요가 있었다. 이런 일은 생각이 다르거나 호흡이 안 맞으면 물거품이 되기 십상이다. 자칫 잘못하면 화를 불러 고려를 무너뜨릴지도 몰랐다.

마침 우왕도 여주에 와 있었다. 강화는 개경과 너무 가깝다고 여겨 이성계 일파가 여주로 보냈다. 상왕에 대한 예우는 갖췄다. 고을 병사들로 숙위를 서게 하고 조세를 공양해 받들게 했다. 이성계파 관리가 감시했지만, 은밀히 만날 수는 있었다. 숙위는 여러 병영이 돌아가면서 섰는데 파사성 병력도 들어갔다. 이때 연통하고 잠입하면 되었다.

변안열은 잠시 망설였다. 우왕은 수년 전 맏아들의 혼사를 망치고 예비 며느리를 빼앗은 장본인이 아닌가. 고려의 대공신이자 명예를 중시하는 장수로서 떠올리고 싶지 않은 치욕적인 사건이었다. 그러나 선택의 여지가 없었다. 공민왕의 은혜를 입은 신하로서 이 나라를 지켜야 할 막중한 책임이 있다. 변안열은 눈 딱 감고 파사계주의 계책을 받아들였다.

명나라와 손잡고 왕을 모함하다

우왕은 빈객이 묵는 여주 객사에 머물고 있었다. 승려로 변장한 금강 야차가 변안열과 나흥유를 객사 안으로 안내했다. 이 화척 떼 두목은 광 대패를 데리고 다녔기 때문에 변장에 능했다. 화척 광대패는 마을 사람 들을 상대로 놀이마당을 연다. 환술(幻術)이라 하여 재주를 넘으면서 변 신하기도 하고, 탈놀음할 때 배역에 따라 분장하기도 하므로 변장술이 기막혔다. 파사계 첩보원이 써먹기 좋은 기술이었다.

금강야차는 승려로 변장해 객사에 드나들며 비밀회동을 미리 조율했 다. 아무리 유폐된 상왕이라도 승려를 접견하는 것은 간섭하지 않았다. 덕분에 비밀회동은 수월하게 이뤄졌다. 우왕은 평소 바둑을 두는 내실에 서 변안열과 나흥유를 맞이했다. 최영의 딸 영비가 곁을 지키고 있었다.

"짐의 아들이 옥좌에 앉아 있다. 어째서 내가 복위해야 하는가?"

상왕은 짐짓 딴청을 부리면서 두 사람의 의중을 떠보았다. 왕좌에 복귀하고 싶은 마음은 굴뚝 같았지만, 이들이 정말 자기를 도울지 의심스러웠다. 선왕이 총애한 신하들이지 내 사람들은 아니지 않은가.

더구나 우왕과 변안열은 서로 척진 사이였다. 대승적 차원에서 만나기로 했지만, 막상 얼굴을 마주하자 껄끄러웠다. 납덩이 같은 침묵이 내실에 깔렸다. 결국 나흥유가 나서서 논의를 이끌어야 했다.

"상왕께서 아까 왜 복위해야 하느냐고 물으셨지요? 여러 가지 이유가 있사오나 한 가지만 말씀드리겠습니다. 아드님은 곧 왕위에서 쫓겨나실 겁니다."

우왕은 자기 귀를 의심했다. 변안열도 깜짝 놀라 노인을 바라보았다. 나흥유는 잠시 뜸을 들이며 긴장감을 고조시켰다. 이윽고 그는 품에서 서신 한 통을 꺼내 탁자 위에 올려놓았다. 계원 파두가 문하시중 이림의 편지를 전한 것이다.

우왕과 변안열은 그 서신을 읽고 눈이 휘둥그레졌다. 권근이 명나라 예부에서 받아온 외교문서를 요약한 것이었다. 외교문서 안에 명나라 황제 주원장의 교지가 들어 있었는데 고려 왕실과 조정에 거대한 파문을 일으킬 만한 내용이었다.

"어린아이(童子)는 짐에게 조회하러 올 필요 없다. 고려는 국왕이 시해되어 왕 씨의 후사가 끊겼다. 지금은 다른 성이 왕 노릇을 하며 거짓으로 왕 씨를 칭하고 있다. 왕 씨의 현명한 신하가 군신의 명분을 바로잡는다면, 수십 년 조회하지 않아도 무슨 걱정이 있겠으며 매년 조회한다고 해도 또 무엇을 싫어하겠는가?"《고려사》세가 '창왕 1년')

이럴 수가! 황제가 우왕과 창왕의 혈통을 부정한다. 공민왕이 시해된 후 왕통이 끊어졌다는 것이다. 이것은 개경 저자의 뜬소문이 아니다. 무려 명나라 황제의 발언이요, 외교문서에 담긴 공식 입장이다. 황제의 교지는 곧 법이다. 창왕에게는 치명적인 일이다. 공민왕의 혈통도, 왕 씨도 아니라는데 어떻게 왕위에 앉아 있겠는가. 주원장은 '왕 씨의 현명한 신하'가 군신의 명분을 바로잡으라고 한다. 임금을 갈아치우라는 뜻이다.

혹 떼러 갔다가 혹 붙이고 온 격이었다. 이색은 문하시중 시절 창왕의 친조(親朝)를 추진했다. 고려 왕이 직접 명나라 수도 남경에 가서 황제에게 신하의 예를 올리자고 한 것이다. 창왕은 나이도 어린데다 석연찮게 즉위했다. 임금으로서 권위도 명분도 서지 않았다. 이색은 명나라 황제에게 친조함으로써 권위와 명분을 세우려 했다. 그러나 황제는 고려왕을 '어린아이'라고 부르며 왕통을 부정하고 하극상을 허락했다.

파사계주는 이것이 이성계 일파의 모함임을 간파했다. 저자에 떠도는 풍문, 우가 공민왕이 아니라 신돈의 핏줄이라는 소문을 누군가 명나라 조정에 고하고 고려 왕실을 곤경에 몰아넣은 것이다. 나홍유는 1388년 10월 이색과 이숭인이 친조를 청하러 명나라에 갔을 때 불과 22세의 나이로 수행한 서장관(書狀官)을 주목했다. 이성계의 다섯째 아들 이방원이었다.

이성계는 본처 한씨에게서 아들 방우, 방과, 방의, 방간, 방원, 방연과 두 딸을, 후처 강씨에게서 아들 방번, 방석과 딸 하나를 얻었다. 이 가운데 이방원은 (요절한 동생 방연을 제외하고) 유일하게 문과 과거시험에 급제한 수재였다.

파사계원들의 보고에 의하면 그는 이성계가 가장 총애하는 아들이었다. 총명할 뿐 아니라 배포도 컸다. 1389년 4월 사신단이 귀국하는 도중에 풍랑을 만나 배가 침몰했는데 이방원은 눈도 깜짝하지 않고 태연자약했다고 한다. 책사 정도전은 이 담대하고 똘똘한 청년에게 이성계의 뜻을 전하는 비밀 임무를 맡겼을 것이다.

명 황제 주원장은 애초부터 이색과 이숭인의 친조 요청에는 관심이 없었다. 명나라의 국익에 아무 도움이 안 되었기 때문이다. 그의 관심사는 새로 집정대신이 된 이성계의 의중이었다. 고려의 요동 정벌을 무산시키고 친명사대(親明事大) 정권을 수립한 자다. 무슨 꿍꿍이를 가졌는지 황제는 궁금했다.

황명에 따라 명나라 예부 관리들은 이방원을 따로 불러 환담했다. 분위기가 무르익자 이방원은 개경에 떠도는 풍문을 슬쩍 흘렸다. 우왕이 공민왕의 아들이 아닐지도 모른다는 말에 예부 관리들은 깜짝 놀랐다. 창왕 또한 왕 씨가 아니라는 뜻이렷다. 이 은근하면서도 뼈 있는 발언은 황제에게 올라갔다.

요거 봐라. 주원장은 이성계의 본심을 직감했다. 이자가 왕을 갈아치우려고 하는구나. 짐에게 그 명분을 달라고 하는구나. 고려 사신단을 돌려보내고 황제는 생각에 잠겼다. 결국 선택의 문제였다. 이성계와 어린 왕 가운데 누구의 손을 들어주랴? 오래 걸리지 않았다. 우왕은 감히 명나라를 치려고 했다. 그런 자의 아들을 계속 보위에 앉혀둘 순 없었다. 주원장은 은밀한 제안을 받아들이기로 했다.

한편 문하시중이 된 이림은 외손주 창왕을 보위하기 위해 다시 명나라에 친조를 청하는 사신을 보냈다. 권근이 이숭인을 변호하다가 유배를 떠나기 전에 이 임무를 맡아 남경에 다녀왔다. 명나라 예부에서는 그에게 황제의 교지가 담긴 외교문서를 내주었다.

돌아오는 길에 권근은 공문을 뜯어 보고 그 자리에 주저앉았다. 명 황제 주원장의 뜻은 분명했다. 창왕은 왕 씨가 아니니 공민왕의 후사를 새로 정하라는 것이었다. 권근은 이 문서를 조정에 올리지 않고 이림의 집으로 가져갔다.

파사계주가 일급 기밀을 공개하고 그 내막을 파헤치자 좌중은 얼어붙었다. 변안열이 눈시울을 붉히며 깊이 탄식했다. 그가 회군에 협조한 것은 도탄에 빠진 나라를 구하기 위해서였다. 그러나 저들은 명나라를 끌어들여 공민왕의 핏줄을 끊고 왕실을 갈아엎으려고 한다. 우왕은 몸을 부르르 떨다가 주먹으로 탁자를 내리쳤다.

"이성계 이자를 어찌할 생각이오?"

우는 복수심에 활활 타오르고 있었다. 20대의 혈기가 다시 폭주하기 시작했다. 파사계주는 상왕을 진정시키고 계책을 내놓았다.

"전하께서 복위하여 공민대왕의 적통임을 분명히 하셔야 합니다. 변 장군은 사병들을 동원하여 이성계 일파를 제압하고 전하를 뒷받침하십시오. 지금은 두 분이 손을 잡으셔야 할 때입니다. 그것이 흔들리는 고려를 바로잡는 유일한 길입니다."

우왕과 변안열은 말없이 고개를 끄덕였다. 거사일은 11월 15일로 정했다. 개경에서 팔관회가 열리는 날이었다. 팔관회는 나라 사람들이 모두 어울려 노래하고 춤추고 공연을 펼치는 대축제다. 태조 왕건의 유훈으로 이어져 내려오며 왕과 신하와 백성을 하나로 묶어준 행사다. 나홍유는 이 뜻깊은 날을 고려 재건의 전환점으로 삼고 싶었다.

비밀회동을 마치고 파사계주와 변안열은 금강야차를 따라 파사성 병력이 배치된 출구로 빠져나갔다. 우왕은 그들의 뒷모습을 물끄러미 쳐다보았다. 밤그림자가 어둠 속으로 빨려들어가자 우는 내관을 불러 명했다.

"김저를 은밀히 들여라."

왕실에서 파견한 내관은 주저했다. 김저는 대장군을 지낸 자로 최영의 생질이었다. 접견을 주선했다가 후환이 생길까 우려한 것이다. 하지만 상왕은 끈질겼다.

"감옥살이 같은 생활에 영비가 힘들어하고 있다. 그저 친척 오라비를 들여 위로하고자 하니 염려할 것 없다."

14년이나 임금 노릇한 우왕이다. 그의 말에는 거부할 수 없는 권위가 배어 있었다. 내관은 하는 수 없이 명을 받들었다.

처소로 돌아간 파사계주는 김종연과 마주 앉았다. 쓰시마 정벌로 명성을 떨쳤지만, 김종연의 얼굴은 수심이 가득했다. 원정 이후에도 왜구가 기승을 부렸기 때문이다.

왜적은 1389년 여름부터 경상도, 전라도, 양광도를 노략질하더니 해주에 상륙해 개경까지 위협했다. 도체찰사 왕완덕이 크게 패했고 절제사 김상은 전사했다. 조정에서는 정지를 도절제체찰사로 삼아 토벌케 했으나 전황이 여의찮았다.

김종연은 좋은 계책이 있다면서 파사계주에게 자신의 구상을 밝혔다.

"고려는 바닷길이 2,000리요, 크고 작은 섬들이 많습니다. 장수와 군관들에게 섬을 식읍으로 나눠준다면 전함과 군량을 스스로 마련해 힘껏 전쟁에 임할 것입니다."

그는 왜구 토벌에 진심이었다. 이런 장수를 내전에 끌어들여야 하는 현실이 나흥유는 씁쓸했다.

파사계주가 우왕 복위 계획을 털어놓자 김종연은 충격에 휩싸여 할 말을 잃었다. 어느 쪽이 이기든 장수들의 피를 봐야만 했다. 변안열과 정지가 죽을 수도 있었고, 이성계와 박위가 쓰러질 수도 있었다. 모두 서로에게 목숨을 맡기고 함께 왜구와 맞서 싸운 전우들이었다. 비정한 권력 다툼에 누구도 희생시키고 싶지 않았다.

"자네 심정은 알겠네. 그러나 지금은 고려를 수호하는 게 신하의 도리 아니겠는가?"

나홍유는 김종연에게 거사를 도와달라고 청했다. 우선 신돈의 숙수였던 노비 파두를 내달라고 했다. 우왕이 공민왕의 친자임을 증명하기 위해서였다.

파두는 공민왕이 어린 모니노(우왕의 옛 이름)를 보러 신돈의 집에 찾아오던 모습을 똑똑히 기억했다. 왕이 나랏일에 바쁘면 숙위를 보내 선물을 전하기도 했다. 생모 반야가 임금에게 공양미를 하사받자 손뼉을 치며 좋아하더라는 얘기도 한 적 있다. 그 증언들은 틀림없이 거사의 정당성을 뒷받침할 터였다.

하지만 파두는 김종연의 사람이었다. 파사계원으로 활동하긴 했지만, 주인의 양해를 구해야 했다. 나홍유의 청에 그는 말을 아끼며 시선을 떨구었다. 충직한 무장은 괴로웠다. 한 인간의 운명이 역사의 격변에 휘말리고 있었다.

변안열은 얼마 후 이성계의 생일 연회에 초대받았다. 명나라 예부의 외교문서가 뒤늦게 공개되어 도당에서 한바탕 난리가 난 뒤였다. 황제의 교지에는 창왕과 그 아비 우왕이 왕 씨가 아니므로 공민왕의 후사를 새로 정하는 게 좋겠다는 뜻이 담겨 있었다.

이성계 일파는 기다렸다는 듯이 논의를 촉구했다. 권문세족은 기함을 토했고 사대부들은 우왕좌왕했다. 신하로서 저자의 뜬소문을 거론하는 것조차 불충(不忠)인데 난데없이 황제의 교지가 불거지고 임금을 갈아치우겠다고 한다. 왕조 국가에서 어찌 이런 일이 있을 수 있단 말인가.

정도전은 이참에 정적들을 솎아내 제거할 속셈이었다. 하지만 이성계는 피를 보는 것을 원치 않았다. 순리대로 설득하면 된다고 생각했다.

생일 연회는 중신들을 초대해 회유하는 자리였다. 이성계는 분위기를 띄우려고 이방원에게 시를 읊도록 했다. 그는 변방의 무장 출신이라 다섯째 아들의 문재(文才)를 퍽 자랑스러워했다. 평소에도 손님이 오면 불러서 시담(詩談)을 나누게 했다. 이 자리에서 이방원은 한시 대신 단가(短歌)를 선창하며 호응을 유도했다.

"이런들 어떠하리 저런들 어떠하리 / 만수산 드렁칡이 얽혀진들 어떠하리 / 우리도 이같이 얽혀 백 년까지 누려보세."

얼핏 들으면 흥을 돋우는 시조였지만 여운을 곱씹을수록 의미심장했다. 이성계와 손잡으면 앞날을 보장하겠다는 걸까? 상석에 앉아 말없이 술잔을 비우던 정몽주가 낯을 붉혔다. 신하 된 자로서 기울어가는 나라를 등한시하고 일신의 안위를 도모하자는 의도가 괘씸했다.

"이 몸이 죽고 죽어 일백 번 고쳐 죽어 / 백골이 진토 되어 넋이라도 있고 없고 / 임 향한 일편단심이야 가실 줄이 있으랴."

정몽주의 처연한 단가에 좌중은 일순 정적에 휩싸였다. 포은이 누구인가? 이성계가 가장 신뢰하고 존경하던 문신이요, 학자였다. 그러나 이성계 일파가 고려 왕조를 짓밟는 것을 보자 유자의 가슴은 단심(丹心)으로 물들었다. 정몽주에 이어 변안열도 충정을 드러냈다.

"내 가슴에 구멍 뚫어 새끼줄로 꿰어매어 / 앞뒤로 끌고 당겨 갈리고 찢길망정 / 내 임금 빼앗는데 뉘라고 뜻을 굽히랴."

용맹한 무장답게 그는 불굴의 기상을 노래했다. 내 임금 빼앗으면 가만 있지 않겠다는 경고의 의미도 담겨 있었다. 서슬 퍼런 투혼에 손님들은 슬슬 꽁무니를 뺐다. 이성계와 이방원 부자의 얼굴이 싸늘하게 변했다. 정도전은 심중의 살생부에 변안열의 이름을 새겨넣었다. 폭풍전야였다.

가짜를 폐하고
진짜를 세운다?

1389년 11월 10일에 지진이 일어났다.(《고려사》 세가 '창왕 1년') 그날 새벽 파사계주는 벽이 흔들리고 책장이 넘어지는 바람에 잠에서 깨어났다. 저녁 내내 피를 토하며 기침하다가 겨우 든 잠이었다. 계주는 힘겹게 몸을 일으켜 문밖으로 나섰다.

사위는 자욱한 안개에 휩싸여 있었다. 어두운 하늘은 망연하기만 한데 운무를 헤치고 나타난 달이 희끄무레한 말을 건넸다. 나흥유는 꿈을 꾸는 듯 달빛을 따라 벼랑길을 내려갔다. 바위마당에 이르자 깎아지른 절벽에 서 있는 마애불이 그를 맞이했다.

"노생 왔는가?"

우렁우렁 그리운 음성에 고개를 들어보니 마애불은 온데간데없고 그 자리에 공민왕이 미소 짓고 있었다.

"그대가 할 일은 다 끝났네. 어여 이리 오게나. 나와 함께 좋은 곳으로 가세.”

선왕의 부름에 계주는 어렴풋이 깨달았다. 거사가 그릇되겠구나.

회한은 없었다. 그는 생의 집착을 내려놓고 사자가 내민 손을 잡았다. 남한강의 물안개가 흩어지며 지평선 너머로 동이 트고 있었다. 새로운 시대가 둥실 떠오르고 있었다. 나흥유는 가만히 눈을 감았다.

김종연은 이른 아침부터 선정사를 찾았다. 새벽을 뒤흔든 지진이 마음에 걸렸다. 간병인은 잠에 취해 있었고 파사계주의 모습은 보이지 않았다. 급히 바위마당으로 내려갔다. 계주가 가부좌한 채 강을 바라보고 있었다.

한 걸음 한 걸음 그에게 다가가면서 제발 고개를 돌려 쳐다봐주길 바랐다. 그러나 나흥유는 바위처럼 움직이지 않았다. 온기 없는 뒷모습이었다. 김종연은 계주의 등 뒤에 털썩 주저앉았다. 이렇게 가신 겁니까? 저는 어찌해야 합니까? 죽은 자는 말이 없다. 바위마당에 감도는 영원의 침묵을 얼싸안고 남한강은 무심히 흘러갔다.

“낭패로다.”

이튿날 기별을 받고 우왕은 대낮부터 술을 퍼마셨다. 나흥유의 죽음은 상왕에게 대수롭지 않은 일이었다. 문제는 변안열이었다. 파사계주의 부재는 신중한 자세로 이어졌다. 무릇 거사는 책략에 따라 치밀하게 진행해야 한다. 계주가 갑자기 죽은 이상 군사를 함부로 움직일 수 없었다. 거사를 미루자는 변안열의 요청에 우는 격분했다.

우왕의 명을 받고 김저가 여주 객사로 달려왔다. 최영의 또 다른 친족 정득후도 동행했다. 이들은 내관의 주선으로 이미 상왕을 알현한 바 있다. 우는 영비를 위로하기 위해 최영의 친족들을 부른 게 아니었다. 그는 변안열을 믿을 수 없었다. 거사에 성공하면 이성계처럼 권력을 휘두를 것이라고 여겼다. 하여 김저, 정득후 같은 이들을 자신의 수족으로 삼고자 했다. 친위 세력을 키워 변안열을 견제하고자 한 것이다.

이제 상황이 급변했다. 우왕은 조급한 성정을 이기지 못하고 폭주하기 시작했다.

"여기서 울적하게 살다가 무력하게 죽을 수는 없다. 용사를 얻어 이성계만 제거하면 내 뜻이 펼쳐질 것이다. 그대들이 나를 돕지 않을 텐가?"

상왕이 눈물로 호소하자 김저와 정득후는 감읍해 무릎을 꿇었다. 반드시 이성계의 목을 베어 임금에게 갖다 바치겠다고 맹세했다. 그러나 이들만으로는 모살을 성공시키기 힘들었다. 역시 군사를 움직일 수 있는 장수가 필요했다.

우왕은 지난날 왜구를 토벌한 공으로 예의판서에 오른 곽충보를 떠올렸다. 그는 임금에게 충성스러운 신하였는데 회군한 뒤에는 이성계를 아주 가까이서 보필하고 있었다. 곽충보만 끌어들일 수 있다면 일이 너끈히 성사될 것 같았다.

"곽 장군은 짐을 섬기는 충신이니 너희는 그를 만나보고 일을 도모하라."

우는 두 사람에게 지시를 내리고 곽충보의 손에 쥐여주라며 검 한 자루를 건넸다. 칼자루는 백금과 검은 쇠뿔을 상감하고 칼집은 물고기 가죽에 옥으로 장식한 고려 왕실의 보검이었다. "일이 이루어지면 비의 동생을 아내로 삼겠다"는 말도 전하라고 했다. 임금과 동서가 되어 함께 부귀영화를 누리는 특전을 베풀겠다는 것이었다.

김저가 다음날 곽충보를 찾아갔다. 뜬금없는 모살 계획에 왕년의 충신은 당황했다. 보검과 전언을 받아들고 엉겁결에 승낙했지만, 속으로는 미친 짓이라고 되뇌었다. 그는 밤중에 이성계의 집 근처에서 만나기로 하고 김저를 돌려보냈다. 그리고는 집정대신에게 달려가 우왕의 광기 어린 음모를 고했다. 옳거니, 정도전은 손뼉을 치며 기뻐했다. 임금을 갈아치우고 왕실을 무력화시킬 결정적인 제보였다.

그날 밤 김저와 정득후는 수하 몇 명을 데리고 약속 장소에 나갔다. 곽충보가 무장한 사병들을 거느리고 나타났다. 두 사람을 함정에 빠뜨리려는 계략이었다. 그들은 이성계의 자택으로 이동해 은밀히 동태를 살폈다. 경비병 여럿이 지키고 섰지만, 아무것도 모르는 눈치였다. 집 안에는 문객들만 서성일 뿐 병사들은 보이지 않았다.

자객들은 경계가 허술한 뒷담을 넘어 우거진 수풀에 모습을 감췄다. 소리를 내지 않으려고 나무 조각을 입에 문 채 숨을 죽이고 있었다. 달빛이 구름에 가려지자 살금살금 정원을 가로질렀다. 이때 사방에서 벼락 같은 함성이 터졌다. 문객을 가장하고 별채와 행랑에 숨어 있던 이성계의 가병들이 쏟아져나왔다.

김저와 정득후는 순식간에 창칼에 에워싸였다. 안간힘을 쓰며 포위망을 뚫으려고 하자 이번에는 곽충보의 병력이 수하들의 목에 칼을 갖다 댔다. 이윽고 이성계가 의제 이지란과 둘째 아들 이방과를 양옆에 대동하고 걸어나왔다. 정득후는 사태를 파악하고 자기 칼로 목을 찔렀다. 김저는 미처 자결하지 못하고 날랜 병사들에게 사로잡혔다. 드디어 지옥문이 열렸다. 우왕의 폭주가 빚은 예고된 참사였다.

11월 13일 처절한 옥사가 시작되었다. 이성계과 대간들이 김저를 순

군에 가두고 번갈아 문초했다. 변안열이 우왕과 거사를 도모했다는 공술
이 나왔다. 그러나 문초는 여기서 그치지 않았다. 심문관은 대신들의 이
름을 들먹였다. 죄인이 부인하면 옥리가 끔찍한 고문을 가했다. 발바닥
을 도려내어 불에 벌겋게 단 인두로 지지는데 버텨낼 도리가 없었다. 김
저는 공모자들을 하나둘 불었다. 숫자가 점점 늘어났다.

"변안열, 이림, 우현보, 우홍수, 우인렬, 왕안덕이 함께 모의하여 여주
의 상왕을 복위시키려고 하였습니다."(《고려사절요》'공양왕 1')

원하는 이름들이 얼추 나왔다. 모두 이성계 일파의 행보를 저지해온
재상들이요, 고려를 수호하는 데 헌신해온 맹장들이었다. 장차 역성혁명
에 방해가 될 걸림돌이었다.

11월 14일은 팔관회가 막을 올리는 날이었다. 그날 우왕은 멀리 강릉
으로 쫓겨났다. 경거망동으로 왕실의 붕괴를 자초했지만, 그는 오히려
변안열을 원망하면서 길을 떠났다.

마침내 판이 만들어졌다. 이제 임금을 갈아치울 차례다. 이성계는 결
단을 내리고 흥국사에서 회동했다. 판삼사사 심덕부, 문하찬성사 정몽주
와 지용기, 정당문학 설장수, 문하평리 성석린, 지문하부사 조준, 판자혜
부사 박위, 밀직부사 정도전이 한자리에 모였다. 평소 이성계가 나랏일
을 의논하고 협조를 구하던 측근과 중신들이었다. 이 9인 회동에서 고려
의 운명을 바꿀 합의가 나왔다.

"우와 창은 본래 왕 씨가 아니므로 종묘와 사직을 받들 수 없다. 천자
의 명 또한 있었으니 마땅히 가짜를 폐하고 진짜를 세워야 한다. 이에 선
왕과 가장 가까운 혈족인 신종의 7대손 정창군 왕요에게 보위를 넘긴

다."《고려사절요》'공양왕 1')

폐가입진(廢假立眞)! 가짜를 폐하고 진짜를 세운다는 것이었다. 우왕과 창왕이 신돈의 핏줄이라는 저자의 뜬소문을 명 황제 주원장이 공식화하면서 고려 왕실의 권위는 곤두박질쳤다. 왕 씨가 아닌 가짜들이 임금 노릇을 했다는 것은 곧 왕조의 정통성에 치명상을 입었다는 뜻이다. 이성계 일파의 노림수가 여기에 있었다. 그들은 역성혁명의 절차를 차근차근 밟고 있었다. 폐가입진은 향후 전방위로 활용할 모함의 근거였다.

새 임금으로 세울 인물은 공민왕과 가장 가까운 혈족이라는 정창군 왕요였다. 9인의 의견이 처음부터 일치했던 건 아니다. 조준은 그가 재물에는 밝지만, 나라를 다스릴 줄 모른다며 반대했다. 왕요가 나랏일에 관심이 없고 상업과 무역에 몰두했기 때문이다. 성석린도 촌수가 가까운 게 무슨 의미가 있냐며 어진 사람을 택하자고 주장했다. 결국 태조의 신주가 모셔진 계명전에 가서 종친 몇 명의 이름을 쓰고 제비뽑기로 정했다. 당첨자는 왕요였다.

9인은 회동을 마치고 군사를 몰아 정비 안씨의 궁으로 향했다. 왕실의 큰어른인 공민왕의 비에게 창왕을 폐하고 정창군을 즉위케 하는 교지를 받기 위해서였다. 이성계 군단이 궁을 병장기로 에워싸니 종친들이고 관리들이고 모두 따를 수밖에 없었다.

1389년 11월 15일 정비의 교지에 따라 왕요가 수창궁에서 즉위하니 고려 제34대 공양왕이다. 우왕과 창왕은 강등해 서인으로 삼았다. 외척 이림과 그 추종자들은 먼 지방으로 유배 보냈다. 새 임금의 동생인 정양군 왕우는 군사를 거느리고 장단으로 나아가 비상사태에 대비했다. 원주에 주둔한 변안열의 군대가 개경으로 쳐들어올까봐 길목을 막았다. 다행인지 불행인지 아무 일도 없었다.

한편 김종연은 새로 파사계주가 되었다. 나홍유의 품에서 유서가 나왔는데 그를 후계자로 지목했다. 파사계는 만수산 두문동에서 회합을 열고 새 계주를 추인했다. 계원들의 수는 100여 명으로 늘어났다. 임순례, 권담, 맹사성 등 구이학당 출신 인재들이 눈에 띄었다. 충이란 무엇인가를 논하며 관례를 치르던 소년들은 이제 어엿한 성균관 유생이 되었다.

앞으로가 문제였다. 우왕의 거사가 발각되었기에 파사계의 존재도 어렴풋이 드러났을 것이다. 나홍유와 금강야차가 정체를 숨겼다고는 하나 매사 철두철미한 정도전이 그냥 넘어갈 리 없었다. 무조건 도망치고 숨는다고 해결될 문제가 아니었다. 최선의 방어책은 공격이다. 김종연은 이성계의 책사에게 역공을 가하기로 했다.

"정도전이 무슨 일을 도모하는지 알아야 하오. 그의 일거수일투족은 물론 과거 내력까지 샅샅이 조사해 보고하시오."

파사계주는 금강야차에게 이 임무를 맡기고 쓰시마 출신 박원실에게는 또 다른 지시를 내렸다.

"지금 즉시 규슈로 들어가 막부의 승려 양유를 접촉하시오. 규슈절도사 측에서 고려에 사절을 보낼 수 있는지 알아보오."

고려가 위태로운 때이니 북조의 힘을 빌려 왜구를 당분간 억제하겠다는 의도였다.

김종연은 회합을 마치고 개경의 처가로 들어갔다. 아내와 자식들이 장인 송호산의 집에 머물고 있었다. 백균, 맹균, 중균 3형제가 반갑게 아버지를 맞이했다. 성균시에 합격한 백균은 성리학을 공부하며 자기 수양에 힘쓰는 중이었다. 맹균, 중균도 학당에서 한창 배움의 기쁨과 성취를 맛보고 있었다. 아버지가 제대로 보살피지 못해도 의젓이 학업에 정진하고 지성으로 효도하니 미안하면서도 고마웠다.

그날 밤 꿈에 김종연은 잊지 못할 그날을 다시 마주했다. 부친 김정이 나루터에서 목이 졸리며 자신을 쳐다보고 있었다. 아버지는 숨막히는 동공에 아들의 모습을 마지막으로 박아넣었다. 텅 빈 눈 속에서 김종연은 뱅글뱅글 정신없이 도망치고 있었다. 목소리, 아버지의 목소리가 뒷덜미를 잡아챘다. 웅얼웅얼, 무슨 말인지 알아들을 수 없었다. 고개를 돌려보니 아버지가 죽어간 자리에 아내와 자식들이 머리를 풀고 창백한 표정으로 서 있었다.

김종연은 식은땀을 흘리다가 꿈에서 깨어났다. 더는 잠을 이루지 못하고 하릴없이 뜰에 나갔다. 교교한 달빛 아래 파두가 웅크리고 앉아 뭔가에 열중하고 있었다. 쓱싹쓱싹, 칼 가는 소리였다. 아침 일찍 떠날 바깥주인을 위해 무장의 분신을 어루만지는 것이었다.

김종연이 다가서자 파두는 고개 들어 벙긋 웃고는 하던 일을 계속했다. 전장에 처음 나섰을 때 그가 곁을 지켰다. 강릉에서 목숨을 잃을 뻔했을 때도, 구산현에서 첫 승리를 거뒀을 때도 그와 함께였다. 파두가 벙긋 웃으면 허우적대는 마음이 가라앉곤 했다. 간혹 흥미로운 얘기도 들려줬다. 우왕의 생모 반야를 회고하기도 했다. 문득 궁금해졌다.

"자네는 반야를 잘 알았는가?"

"소인이 신돈의 숙수로 있었으니 종종 마주쳤지요. 비첩 반야가 주안상 차리는 일을 이놈이 도왔습죠."

파두는 살짝 낯을 붉히며 대답했다. 궁금증은 꼬리를 물고 이어졌다.

"반야는 요승의 첩으로 그 집에 들어왔는가?"

"아닙니다. 처음에는 여종으로 들어왔지요. 어떤 판사가 집안의 서녀라며 바쳤습니다. 앳된 나이였는데 참 예뻤지요."

늙은 종의 눈빛이 아련해졌다. 김종연은 점점 이야기에 몰입했다.

"시중을 들다가 신돈의 눈에 들어 비첩이 되었구먼. 그런데 어쩌다가 선왕과 동침하게 되었는가?"

"요승은 선왕과 모든 것을 나눴습니다. 니꺼 내꺼가 없었지요. 여인도 마찬가지였습니다. 물건이나 진배없었습죠."

파두의 말투가 격해졌다. 숨이 차오르는 것 같았다. 늙은 종이 한때 반야를 연모했다는 것을 김종연은 알아차렸다. 짐짓 모른 체하고 질문을 계속했다.

"그럼 우는 누구의 자식인지 확실치 않겠군."

"세상에 제 자식도 못 알아보는 아비가 있답니까? 선왕은 신돈을 죽이자마자 사람들을 시켜 아이를 데려갔습니다. 반야가 그때 얼마나 상심했는지 비쩍 말라서 차마 볼 수가 없었지요. 이듬해 태후궁에 찾아가서 자기가 어미라고 울부짖지만 않았어도 목숨은 보전했을 텐데……."

파두는 옷고름을 말아쥐고 눈물을 닦아냈다. 파사계주도 한숨을 내쉬었다.

"어린 임금이 신돈의 핏줄이라는 뜬소문도 그 무렵에 나돌았지. 결국 신하가 무도하게 군주를 갈아치우는 사달까지 일어났고……."

"풍문이 왕왕 조화를 부리지요. 쌀뜨물에 아이 선다는 말도 있지 않습니까? 옛말 틀린 거 하나 없습니다."

늙은 종의 말이 김종연의 귓전을 맴돌았다.

공양왕이 즉위하자 칩거하던 이색이 대궐에 나타나 하례를 올렸다. 왕이 내전으로 들여 간곡히 당부했다.

"평생 한가로이 놀다가 이런 날이 올 줄은 몰랐소. 목은 선생은 나랏일에 밝으니 부디 나를 보필해주시오."(《고려사절요》 '공양왕 1')

새 임금은 이색을 판문하부사, 변안열을 영삼사사에 임명했다. 물론 자신을 옹립한 공신들도 최고위직에 앉혔다. 심덕부를 문하시중, 이성계를 수문하시중, 정도전을 삼사우사로 삼았다. 공양왕은 견제와 균형 속에서 왕권을 다지려고 했다.

하지만 이성계 일파는 왕권이라는 걸 허락할 뜻이 없었다. 공양왕이 허수아비 임금으로 있다가 적당한 시기에 이성계에게 양위하길 바랐다. 왕요가 정적들을 조정에 두고 왕 노릇하려고 하자 그들은 대숙청을 개시했다. 이성계가 병권을 잡고 8도의 군마를 호령하고 있었다. 폐가입진이라는 명분도 쥐고 있었다. 그들의 요구를 거부할 힘이 고려 임금에게는 없었다.

첫 번째 희생양은 각각 강릉과 강화에 유배된 우왕과 창왕이었다. 이들 부자는 가짜 왕으로 전락했다. 종묘와 사직에 큰 죄를 지은 것이다. 게다가 우는 집정대신을 모살하려 한 죄도 추가되었다. 이성계 일파의 압력에 공양왕은 마침내 '신우'와 '신창'을 죽였다. 우의 아내 최씨(영비)는 원통함에 10여 일 동안 먹지 않고 통곡했다. 밤에는 시신을 껴안고 잤다. 고려 사람들이 최영의 딸을 불쌍하게 여겼다.

변안열은 이성계 일파로서는 확실히 제거해야 할 군벌이었다. 그가 거느린 2만여 명의 사병은 장차 역성혁명의 걸림돌이 될 것이 틀림없었다. 성석린, 윤소종, 오사충 등 대간들이 집요하게 거사 모의를 물고 늘어졌다. "변안열이 신우를 다시 맞아들여 왕 씨의 제사를 영원히 끊으려 했다"는 것이었다. 이미 김저의 공술도 확보한 상태였다. 공양왕은 어쩔 수 없이 그의 관작을 삭탈하고 한양으로 유배 보냈다.

그러나 이성계 일파가 이 정도로 봐줄 리 없었다. 변안열을 처형하라는 상소가 빗발쳤다. 공양왕은 한양부윤 김백흥에게 "국문하지 말고 죽이라"는 첩지를 내렸다. 국문하면 대신과 무장들이 줄줄이 엮일 것이라고 우려했기 때문이다. 고려의 임금은 나라를 지킬 신하들을 보존하고 싶었다. 애석하지만 변안열을 바로 처형해서 화근을 없애는 편이 나았다.

도당에서 거센 반발이 터져나왔다. 어찌 이유도 묻지 않고 대신을 죽일 수 있느냐는 것이었다. 이성계 일파는 끔찍한 고문을 가해서라도 변안열 입에서 정적들의 이름을 끄집어내려고 했다. 오사충과 남재가 뒤늦게 국문하라는 왕명을 받고 한양으로 달려갔다. 그들은 벽제역에 이르러 김백흥을 만났다. 이미 죄인을 처형하고 개경으로 돌아오는 길이었다.

변안열은 원나라 무과에서 장원을 했으나 공민왕의 사람이 되어 고려에 충성한 무인이었다. 왜구, 홍건적, 제주 목호 등과 싸워 한 번도 패한 적 없는 명장이었다. 외침을 막고 고려를 수호한 공신은 1390년 1월 어이없이 최후를 맞았다. 지난날 함께 황산으로 출병해 남조 왜구를 섬멸했던 이성계의 칼에 쓰러진 것이다.

변안열은 죽었지만, 옥사는 걷잡을 수 없이 번져나갔다. 이성계 일파는 그의 측근들을 고문하고 김저의 공술을 보태 정적들을 모조리 죄인 명부에 올렸다. 이색은 신 씨의 당이라 해서 국문받았다. 신우와 신창을 옹립한 죄를 물었다. 신 씨 치하에서 시중을 지낸 이림과 우현보도 화를 피하지 못했다. 이종학, 이귀생, 우홍수 등 자식들까지 엮어 아예 정적의 씨를 말리려 했다.

가장 억울하고 안타까운 것은 무인들이었다. 정지, 왕안덕, 우인열 등 왜구 토벌전에서 혁혁한 공을 세운 장수들이 옥사의 덫에 걸렸다. 평소 변안열과 친밀하게 교류하다가 우왕 복위 음모에 가담했다는 혐의를 뒤집어썼다. 수많은 전장을 누비며 왜적으로부터 백성을 구한 공신들에게 '난신(亂臣)'이라는 낙인이 찍혔다. 나라를 어지럽힌 불충한 신하들이라는 뜻이다.

이성계 일파는 공양왕을 압박해 정적과 장수들을 멀리 유배 보냈다. 직접적인 자백이나 증거가 없기에 차마 죽이지는 못했다. 하지만 언제 죽여도 이상하지 않을 시국이었다.

쌀뜨물에 아이 선다고 했던가. 계원들의 보고를 받고 김종연은 파두의 말을 떠올렸다. 무엇보다 장수들의 불운에 가슴이 아팠다. 정치놀음에 칼춤 추다가 권력 다툼에 스러져가는 무인들의 삶이 가여웠다. 그는 알고 있었다. 자신 또한 그 운명의 굴레에서 벗어날 수 없다는 사실을……

도망자

1390년 봄 군부사(軍簿司)에서 간판을 바꿔 단 병조(兵曹)로부터 명이 내려왔다. 파사성에 주둔한 충무영을 평양에 배치하겠다는 것이었다. 지휘관은 쓰시마 정벌을 앞두고 합류한 진무 윤구택과 양백지로 정해졌다. 김종연과 그를 오랫동안 따른 부관 김식, 이중화는 지휘에서 배제되었다. 이성계 일파가 파사계주에게서 무력을 빼앗은 것이다. 충무영은 지체없이 평양으로 이동했고, 김종연은 처자식이 있는 개경으로 돌아갔다.

조유는 구이학당의 문을 닫았다. 학생들은 뿔뿔이 흩어지고 글선생은 이포나루에 나가 멍하니 강을 바라보며 소일했다. 나흥유가 죽은 뒤로 그는 매사에 무심했다. 하루는 김종연이 술병을 들고 조유를 찾아갔다. 두 사람은 포구에 나란히 앉아 이야기를 나눴다.

"평양의 감홍로(甘紅露)는 달면서도 깊은 맛이 일품입니다. 계주께서도 좋아하셨지요."

나홍유는 평소 술을 즐기지 않았지만, 감홍로는 약주라며 간혹 마셨다. 김종연이 술병을 건네자 조유는 붓처럼 단정한 수염을 적시며 벌컥벌컥 들이켰다. 글선생의 볼이 감홍로 빛깔을 띠면서 벌겋게 달아올랐다. 눈에 맺힌 이슬방울이 볼을 타고 흘러내렸다. 그는 민망한 듯 하늘을 쳐다보았다.

"강이 하늘로 흐릅니다그려. 난세는 난세인가 봅니다. 이 난세의 끝에 어떤 세상이 펼쳐질까요?"

김종연은 말없이 미소를 지을 뿐이었다. 난세의 칼이 파사계를 겨누고 있다는 것을 그는 감지하고 있었다. 구이학당의 문을 닫은 것은 불필요한 희생을 줄이기 위해서였다. 이제 그이 또한 난세의 일부가 되어 맞받아쳐야 했다. 난세의 흥분은 감홍로처럼 붉은 피를 들이켜야 달래진다. 피를 다 흘리기 전에는 잔혹한 난세가 끝나지 않을 것이다. 김종연은 손에 쥔 패를 만지작거렸다.

신임 파사계주는 이성계의 책사 정도전을 제거하고자 했다. 그를 없애면 이성계 일파가 무너지고 난세가 다스려질 것이라고 보았다. 최소한 고려를 수호해온 무인들을 마구잡이로 숙청하는 짓은 중단시킬 수 있을 터였다.

김종연은 얼마 전 정도전의 신상에 관해 놀라운 보고를 받았다. 그는 신분에 하자가 있었다. 계원이 우현보 집안의 종에게 들었는데 다른 통로로 확인해보니 신빙성이 높았다.

우현보는 우왕이 요동 정벌에 나섰을 때 좌시중을 지낸 정계 거물이었다. 그의 가문인 단양 우 씨도 대대로 재상과 부마를 배출한 명문가였다. 이 집안에 무슨 비밀이 감춰져 있을까? 계원이 올린 보고서의 요지는 이러했다.

"단양 우 씨 일가붙이 가운데 김전이라는 승려가 있었습니다. 그가 노비 수이의 아내와 몰래 간통해 계집아이를 낳았다고 합니다. 김전은 딸을 애지중지해 은밀히 보러 다녔습니다. 결국 환속한 승려는 수이를 쫓아내고 그 아내를 빼앗았습니다.

세월이 흘러 김전은 여식을 단양의 사족(士族) 우연에게 시집 보냈습니다. 신분의 흠을 의식하여 밭과 집, 노비도 모두 주었다고 합니다. 우연과 아내 김씨 사이에서 딸이 태어났습니다. 이 여인은 후일 봉화 출신 유학자 정운경과 부부의 연을 맺었습니다.

정운경은 문과에 급제하고 벼슬길에 올라 관직이 형부상서(정3품)에 이르렀습니다. 그가 아들 셋을 두었는데 맏아들이 바로 정도전입니다. 그러므로 정도전의 외할머니는 간통으로 낳은 노비의 딸인 것입니다."(《태조실록》 1392년 8월 23일 '우홍수의 졸기')

이것은 왕조 국가의 관리에게 치명적인 하자였다. 특히 문관은 신분의 흠을 엄격히 따졌다. 사족이라도 노비의 피가 섞이면 과거시험에 응시할 수 없었다. 과거를 볼 때 부모는 물론 친가와 외가의 조부모까지 적도록 해 자격을 살폈다. 비천한 혈통을 감추고 벼슬길에 오른 자는 임금과 조정을 기만한 죄인으로 간주되었다.

그러므로 문관으로서 정도전이 쌓은 경력은 애초부터 인정받을 수 없었다. 오히려 처벌의 대상이었다. 그럼 주위에서는 이를 몰랐을까?

계원들이 조사한 바로는 정도전이 처음 벼슬길에 들어섰을 때부터 논란이 있었다고 한다. 단양 우 씨 일각에서 말이 나왔기 때문이다. 정도전은 외할아버지가 단양의 사족 우연(禹延)이 아니라 영주의 무관 우연(禹淵)이라고 해명했다. 외할머니도 간통으로 낳은 노비의 딸이 아니라 다른 사람이라고 했다.

그러나 의심의 눈길은 사라지지 않았다. 특히 우현보의 자식들인 우홍수, 우홍득, 우홍명이 정도전을 노골적으로 경멸했다. 그들은 삼봉보다 나이가 어렸지만, 명문가의 자제들이라 조정에 영향력이 있었다. 마음만 먹으면 불이익을 줄 수 있었다.

실제로 정도전은 인사 절차 문제로 몇 차례 곤욕을 치렀다. 관직을 옮길 때 대간의 서명을 받아야 하는데 이 절차가 원활하지 않았다. 그는 우씨 형제들의 농간이라고 여겨 분개했다. 반드시 대가를 치르게 하리라 다짐했다.

공양왕이 왕위에 오르자 우홍수의 아들 성범이 부마가 되었다. 삼봉은 우홍수가 임금을 등에 업고 자신의 근본을 들출까봐 발 빠르게 움직였다. 그를 우왕 복위 음모에 연루시켜 인주(인천)로 유배 보냈다.

정도전은 걸림돌을 용납하지 않았다. 발목을 잡는 단양 우 씨를 응징하려고 했다. 우현보, 우인열 등 대신들도 가만두지 않았다. 이미 김저의 공술에 그들의 이름이 나왔다. 이제 수단과 방법을 가리지 않고 우 씨들을 죽이려 들 것이다.

파사계도 걸림돌로 보고 마수를 뻗칠 것이다. 김종연은 정도전이 어떻게 나올지 궁금했다. 자신이 쥔 패를 어떻게 쓸지도 생각했다. 피차간에 수 싸움이 벌어지고 있었다. 상대에게 치명적인 일격을 가할 승부수를 준비하고 있었다.

한편 공양왕은 자신을 옹립한 9공신을 극진하게 예우했다. 식읍과 땅, 노비를 듬뿍 하사했을 뿐 아니라 벽상공신(壁上功臣)의 반열에 올렸다.

"아홉 공신이 명분을 바로잡고 왕실을 다시 세웠다. 마르고 닳도록 잊기 어려우니 전각의 벽에 모습을 그리고, 부모와 처를 봉작할 것이며, 자손에게는 음직을 줄 것이다."

힘을 키운 이성계 일파는 개혁의 속도를 올렸다. 양전을 모두 마치고 새로운 토지문서를 반포했다. 공신, 관리, 사족, 군인들에게 땅을 나눠준 것이다. 기존의 토지문서는 개경 시가지 한복판에 쌓아놓고 불을 질렀다. 개혁의 불길은 밤새도록 타올랐고 구시대의 자산은 잿더미가 되었다. 이로써 권문세족은 경제력마저 잃고 완벽히 몰락했다.

이성계 일파가 독주하자 권력의 법칙이 작동했다. 권력은 일방적인 독주를 허용하지 않는다. 반드시 견제하는 힘이 나타나기 마련이다. 그 중심에 임금이 있었다.

1390년 3월 21일 공양왕이 예조판서 윤소종을 금주(금산)로 추방했다. 윤소종은 이성계의 핵심 측근이었다. 대간을 장악하고 반대파를 탄핵해 많은 이들을 유배 보내거나 죽음으로 몰아넣었다. 그가 받은 죄목은 감히 이성계를 비방했다는 것이었다. "주군이 소인(小人)을 물리치지 못하니 간계에 빠질까 염려스럽다"고 말한 게 화근이었다.

이성계 일파 내부에 알력이 생겼음을 암시하는 대목이다. 이 얘기를 임금에게 고한 인물은 문하시중 심덕부였다. 이성계와 함께 공양왕을 옹립한 공신이 이성계의 핵심 측근을 공격한 것이다. 9공신 가운데 몇몇은 이성계 측근들과 뜻이 달랐음을 알 수 있다.

임금이 윤소종을 추방하려 하자 반발하는 상소가 올라왔다. 그러나 공양왕은 강행했다. 왕은 비방죄에 더해 윤소종의 과거 추문까지 끄집어냈다. 윤소종은 지난날 처족과 노비 문제로 다툰 적이 있는데 이때 권신 왕복해에게 청탁해 뜻을 이루었다. 왕복해는 임견미, 염흥방 등을 숙청할 때 최영을 공격하다가 붙잡혀 처형당한 인물이다. 윤소종이 대간으로서 반대파를 탄핵하는 데 앞장섰지만 그 자신도 허물이 있음을 국왕이 지적한 것이다.

조정에 견제 움직임이 나타나자 이성계는 병을 핑계로 사직하는 수를 두었다. 사직이지만 사직이 아니었다. 임금에게 불편한 심기를 우회적으로 내비친 것이다. 힘없는 공양왕은 4월 1일 그를 복직시키며 내전에서 위로연을 베풀고 구구절절한 교서를 내렸다.

"아, 경은 우리 백성을 살렸고, 우리 종사를 밝혔으며, 우리 삼한을 다시 만든 공이 있다. 경을 중흥의 으뜸가는 신하로 삼으니, 명성이 개국공신 배현경과 나란하고, 임무는 은나라 승상 이윤보다 무겁다. 옛날 주나라 주공(周公)이 공을 세워 동쪽의 제후가 된 것처럼, 나도 경의 충성을 가상히 여겨 땅을 나눠주고 자손 대대로 봉할 것을 비각에 고하리라."《고려사》 세가 '공양왕 2년')

교서를 입수한 김종연은 공양왕의 의중을 면밀히 살폈다. 군주가 민망하게도 신하인 이성계를 찬양하고 있었다. 그런데 곱씹어보면 숨은 뜻이 드러난다. 고려 개국공신 배현경, 은나라 승상 이윤, 주나라 섭정 주공은 명성이 높고 임무가 무겁고 공이 컸지만, 임금에게는 지극히 충성했다. 공양왕은 권력자 이성계에게 신하의 도리를 다하라고 요구한 것이다.

특히 주공을 언급한 것은 예사롭지 않았다. 그는 은나라를 멸망시키고 천하를 평정한 주나라 무왕의 동생이었다. 무왕이 일찍 세상을 떠나고 어린 조카가 즉위하자 주공은 섭정이 되어 나랏일을 도맡았다. 무왕의 또 다른 동생들(관숙, 채숙, 곽숙)이 일으킨 바란을 진압하고 종법(宗法, 상속 등에 관한 사회규약)과 분봉(分封, 땅을 나눠 제후를 봉하는 정치제도)을 시행했다. 민심은 주공에게 쏠렸다. 하지만 그는 나라가 안정되자 권력을 장성한 조카 성왕에게 넘기고 동쪽으로 떠났다. 훗날 공자를 배출한 노나라의 제후로 만족했다.

이 교서를 들여다보면서 김종연은 공양왕의 권력의지를 헤아렸다. 그는 이성계 일파가 내세운 꼭두각시 임금이지만 때가 되면 온전한 왕권을 행사하겠다는 의지를 갖고 있었다. 물론 이성계는 주나라 주공처럼 순순히 권력을 넘기지 않을 것이다. 이성계 일파의 독주를 견제하고 임금에게 힘을 실어줄 신하들이 결집해야 한다. 반(反)이성계 세력을 이루는 것이다. 그것은 고려를 지키는 길이기도 했다.

파사계주는 이성계 일파를 흔들기 위해 책사 정도전을 겨냥한 공작을 개시했다. 계원들이 은밀히 소문을 퍼뜨렸다. 사대부들 사이에 삼봉의 혈통에 관한 뒷담화가 일었다. 신분 질서를 중시하는 유자들이었다. 간통으로 낳은 노비의 딸이 외할머니라니! 정도전의 개혁론에 귀를 기울이던 사대부들이 그를 외면하기 시작했다.

조유는 계주의 밀명을 받고 개경에 들어갔다. 9공신 가운데 심덕부, 지용기, 정몽주, 설장수에게 무인들에 대한 탄압을 중단하라고 요청했다. 여전히 왜적의 위협이 번뜩이는 상황에서 납득하기 어려운 죄목으로 장수들을 구속하는 것은 적의 노략질을 부추기고 백성들을 도탄에 빠뜨리는 일이라며 강력히 규탄했다. 공신들도 수긍했다.

권격은 평양에서 충무영을 지휘하고 있는 천호 윤구택과 양백지를 접촉했다. 무력 충돌 가능성을 염두에 둔 것이다. 고려에서 이성계 군단에 맞설 정예부대는 충무영밖에 없다. 파사계주는 만일의 사태에 대비해 지휘관들의 심중을 파악하고자 했다. 결정적인 순간 그들이 따를지 말지 계산이 서야 승부수를 던질 수 있다.

파사계주가 포석을 두는 사이에 정도전은 치명적인 일격을 가했다. 이번에도 명나라에서 날아온 묵직한 한 방이었다. 1390년 5월 1일 동지밀직사사 조반이 사신으로 남경에 갔다가 돌아왔다. 그가 놀라운 소식을 전했다. 바로 '윤이와 이초의 무고 사건'이었다.

명나라 예부에서 조반에게 고려인 두 사람이 황제에게 고변했음을 알렸다. 파평군 윤이와 중랑장 이초라는 자들인데 조반은 한 번도 들어본 적 없는 이름이었다. 예부 관리는 그들이 고변한 글을 보여주었다.

"고려의 시중 이성계가 왕요를 군주로 세웠습니다. 왕요는 왕실의 친족이 아니라 이성계의 인척입니다. 왕요가 이 시중과 모의해 병마로써 상국(上國)을 범하려고 했습니다. 재상 이색 등이 불가하다고 하자 이색, 조민수, 이림, 변안열, 권중화, 장하, 이숭인, 권근, 이종학, 이귀생 등을 살해하고 우현보, 우인렬, 정지, 김종연, 윤유린, 홍인계, 진을서, 경보, 이인민 등을 먼 곳으로 유배 보냈습니다. 유배지에 있는 재상들이 은밀히 저희를 파견하여 천자께 고하는 것입니다. 친왕(親王)이 천하의 병사를 이끌고 가서 토벌해주실 것을 청합니다."(《고려사절요》 '공양왕 1')

조반은 고려가 성심으로 사대하고 있으며 상국을 범할 이유도 없다고 항변했다. 공양왕이 이성계의 인척인 것은 맞다. 이성계와 후처 강씨 소생인 방번이 임금의 동생 왕우의 딸과 혼인했다. 하지만 공양왕이 왕실

친족이라는 사실 또한 부인할 수 없다. 고려 사신은 명나라 예부에 소상히 해명하고 윤이와 이초의 고변이 무고라며 대질을 요구했다.

"그대가 파평군을 칭했는데 나를 알겠는가?"

조반이 면전에서 물어보자 윤이는 아연실색했다고 한다. 조반은 사신으로 명나라에 여러 차례 다녀온 명망가였다. 윤이가 군호(君號)를 받을 만큼 지위가 높은 자라면 모를 리가 없었다. 그의 반응을 보고 예부 관리가 말했다.

"천자께서는 이미 무고임을 알고 계시다. 사신은 속히 고려로 돌아가서 왕과 재상에게 보고하고 윤이의 글에 이름을 올린 자들에게 따져 물으라. 어찌 된 일인지 진상을 파악하여 다시 본국에 고하라."

명나라에서 전해진 놀라운 소식에 조정은 발칵 뒤집혔다. 대간들의 상소가 쏟아졌다. 윤이와 이초를 보내 천자에게 무고한 자들을 국문하라는 요구였다. 하지만 공양왕은 상소를 받기만 할 뿐 아무런 결정도 내리지 않았다. 이 무고 사건은 미심쩍은 게 한둘이 아니었다. 섣불리 추국을 명하기가 어려웠다.

며칠 후 문하찬성사 지용기가 홀연히 김종연을 찾아왔다. 두 사람은 과거 양광도의 부원수와 중랑장으로 호흡을 맞추면서 왜구 방어책을 마련해 조정에 건의한 바 있었다. 오랜 인연은 아니었지만 서로 인정하고 밀어주는 사이였다.

"윤이의 글에 공의 이름이 올랐습니다. 신변이 위태로워질 것입니다."

지용기의 걱정에 파사계주는 슬며시 웃었다.

"조반이 진술한 무고 사건이 너무 작위적이지 않습니까?"

김종연은 그 내막을 짐작하고 있었다. 이성계 일파는 앞서 명나라와 짜고 우왕과 창왕을 신 씨로 몰아 임금을 갈아치웠다. 필시 고려에 친명 사대 정권을 세운다는 조건으로 거래했을 것이다. 이번에도 윤이와 이초를 보내 짐짓 고변하게 하고 명나라에서 무고로 규정해 처벌의 명분을 제공한 것으로 보인다. 윤이의 글에 나오는 명단은 이성계 일파가 껄끄러워하는 정적과 장수들로 채워져 있었다. 이 무고 사건은 조작극이 분명했다.

특히 장수들을 대거 모함했다. 윤이의 본명은 윤사강으로 전라도도순문사를 지낸 윤유린의 사촌동생이었다. 뇌물죄를 범하고 명나라로 도망가 이름을 윤이로 고쳤다. 윤유린은 왜구 토벌전에서 활약하며 여러 장수와 친분을 쌓았다. 대부분 최영, 이인임과 관계가 깊은 무장들이었다. 윤유린이 사촌으로 인해 잡혀 들어가며 그들이 모두 무고 사건에 연루되었다. 이성계의 무력에 맞설 장수들을 제거하고 군부를 완벽히 장악하려는 것이다.

책사 정도전의 대담하고 노골적인 계책에 김종연은 혀를 내둘렀다. 솔직히 삼봉이 이런 승부수를 던질 줄 몰랐다. 하지만 허를 찔렸다고 우왕좌왕해선 안 된다. 실수는 누구나 할 수 있다. 중요한 것은 실수에 대처하는 자세다.

"장수들이 다 죽어가는데 찬성사께선 가만히 계실 겁니까?"

지용기는 김저의 옥사에 연루되어 처형당한 이을진을 떠올렸다. 전라도에서 서로 목숨을 맡기고 함께 왜구를 물리친 전우였다. 장수들을 계속 제거하는 것으로 보아 이성계의 화살이 자신을 겨눌 날도 머지않아 보였다. 물론 지금은 공양왕을 옹립한 공으로 대접받고 있지만 앞일은 모르는 법이다. 그렇다고 경솔하게 반기를 들 수도 없는 노릇이다. 상대는 무려 이성계가 아닌가.

"자네는 이성계를 적으로 삼는 게 두렵지 않은가?"

"정치에선 적이 있다는 게 꼭 두려운 일만은 아니지요. 제 소신과 노력이 힘을 얻고 있다는 반증 아니겠습니까? 이성계 장군 같은 강적이라면 더욱더 영광이지요."

젊은 장수의 당당한 처신이 지용기는 어쩐지 마음에 들었다. 아니, 탐났다. 김종연은 책략이 뛰어난 무인이기도 했다. 이렇게 유능한 장수를 곁에 둘 수 있다면 한 치 앞도 안 보이는 난세를 슬기롭게 헤쳐나갈 수 있으리라. 지용기가 조심스레 물었다.

"이럴 때 나는 어찌했으면 좋겠나?"

"지금과 같은 격변기에 어정쩡하게 중간에 서지 마십시오. 지옥의 가장 뜨거운 자리는 난세에 중립을 지킨 자에게 돌아갑니다."

김종연은 단호하게 말했다.

두 사람은 밤새도록 시국을 논했다. 이성계 일파는 명나라와 짜고 고려를 무너뜨리려고 한다. 거짓된 옥사를 벌여 생사람 잡고 있다. 저들의 폭주를 저지하고 무고한 희생을 막으려면 명분과 힘이 필요하다. 명분은 임금이고, 힘은 군대다. 두 사람은 뜻을 모았다. 동이 트자 문하찬성사는 집에 돌아가고, 파사계주는 전라도 정읍으로 향했다.

5월 6일 김종연이 집을 비운 사이에 순군이 그를 붙잡으러 들이닥쳤다. 집안은 아수라장이 되었다. 아무리 찾아도 모습이 안 보이자 정당문학 정도전에게 보고가 올라갔다. 눈치를 챈 것일까? 삼봉은 고개를 갸우뚱하다가 심복 한거정에게 일렀다.

"김종연이 비겁하게 도망갔다. 사헌부에 이것이 무고 사건에 연루된 증좌라고 전하라."

그가 어디 갔는지는 모르지만 일단 도망친 걸로 해두는 편이 나았다. 윤이의 글에 나오는 자가 도망간 것으로 무고 사건이 실체가 있다고 우길 심산이었다. 이게 통하면 다른 자들도 도망치기 전에 얼른 잡아들여야 한다는 공론을 일으킬 수 있었다. 때맞춰 논란거리를 만들어 일제히 목소리를 높이고 세력으로 밀어붙이면 나는 새도 떨어뜨리는 게 권력이다. 정도전은 권세를 어떻게 휘둘러야 하는지 잘 알고 있었다.

드디어 큰 옥사가 일어났다. 우현보, 권중화, 경보, 장하, 홍인계, 윤유린 등을 순군옥에 가두었다. 옥리가 먼저 윤이의 사촌형 윤유린을 혹독하게 국문했다. 공술에 따라 최공철, 최칠석, 조언, 조경, 공의, 한성, 김충 등을 줄줄이 잡아넣었다. 이미 각지에 유배 중이던 이색, 이림, 우인렬, 정지, 이숭인, 권근, 이종학, 이귀생, 이인민 등도 청주옥으로 압송했다. 끔찍한 고문이 감옥마다 벌어졌고 처절한 비명이 온 나라에 가득했다.

한편 김종연은 정읍으로 내려가 왕익부라는 노인을 만났다. 지용기는 이 노인이 충선왕의 서자의 손자라고 했다. 비록 서출(庶出)이긴 하지만 신종의 7대손인 공양왕보다 공민왕과 더 가까운 핏줄이었다. 노인은 지용기의 처족이기도 했다. 아내의 재종형제였다. 지용기는 위화도 회군 당시 왕익부를 다음 보위에 앉히려고 이성계에게 귀띔했다고 한다. 그리고 이번에는 김종연에게 추천한 것이다.

파사계주는 노인을 데리고 귀경길에 올랐다. 공양왕을 중심으로 이성계 일파에 대항하는 게 가장 바람직하지만 만일의 경우도 대비해야 한다. 왕이 저들에게 둘러싸여 있는 이상 언제 어떤 일이 신변에 일어날지 모른다. 이중삼중으로 대책을 마련하는 게 나을 듯싶었다. 또 지용기와 손잡으려면 그래야 한다. 그는 중흥 공신의 일원으로 군부에 영향력을 갖고 있다. 반이성계 세력을 이루려면 반드시 끌어들여야 할 인물이었다.

김종연과 왕익부가 개경 동쪽 천수사에 이르렀을 때였다. 멀리서 큰소리를 지르며 달려오는 자가 있었다. 금강야차였다.

"자네가 여긴 어쩐 일인가?"

"개경에 들어오기 전에 만나려고 서둘러 왔소. 귀경길에 항상 여기서 쉬지 않습니까?"

금강야차는 더운 콧김을 뿜고 양어깨를 들썩이며 가쁜 숨을 가라앉혔다. 그리고는 불문곡직 두 사람을 절집 근방의 농가로 데려갔다. 방에 조유가 단정하게 앉아 있었다.

"계주의 개경집이 털렸습니다. 순군이 붙잡으려고 들이닥쳤다가 집에 안 계시니 도망쳤다고 공표했습니다. 그 바람에 윤이와 이초의 무고에 연루된 인사들이 모두 잡혀갔습니다."

김종연은 혀를 내둘렀다. 자신의 부재를 도주로 몰아 무고 사건의 근거로 삼고 옥사를 감행했다는 것이다. 이성계의 정적과 걸림돌이 될 장수들을 대대적으로 엮었다. 과연 정도전이구나.

"지금 백균이를 잡아들인다는 말도 나옵니다. 도망간 아비 대신 맏이를 심문하겠다면서요."

김종연의 눈에 불길이 타올랐다. 따끔따끔한 불기운이 머리를 타고넘어 등줄기를 따라서 온몸으로 번졌다. 예상치 못한 일은 아니었지만 막상 눈먼 칼이 닥치니 전율하지 않을 수 없었다. 그는 가만히 눈을 감고 마음을 허허롭게 비웠다. 무거운 침묵이 방안에 깔렸다. 얼마나 시간이 흘렀을까? 파사계주가 결심했다는 듯 입을 열었다.

"내가 순군옥에 들어가겠네. 호랑이를 잡으려면 호랑이 굴로 들어가야지."

계주는 왕익부를 지용기의 집에 보내기로 하고 조유에게 일을 맡겼다. 두 사람은 스승과 제자로 변장해 길을 떠났다. 김종연은 금강야차와 밀담을 나눈 뒤 봉산으로 향했다. 정읍에 다녀온 행적을 숨기고 사냥하러 간 것으로 위장했다. 곧 봉산 관아의 군사들이 달려왔다. 그는 산속에서 체포되어 개경으로 압송되었다.

순군옥은 영문도 모르고 끌려온 죄인 아닌 죄인들의 비명과 신음으로 지옥도를 이루었다. 윤이와 이초의 무고에 애초부터 연루된 인사들뿐 아니라 고문에 못 이겨 요구대로 털어놓은 이름들이 옥사를 나날이 키웠다. 그 도화선이 된 김종연이 들어오자 대간과 옥리들이 야차같이 달려들어 국문을 벌였다. 명나라에 이성계를 무고한 원흉임을 자백하라고 윽박질렀다. 모진 고문이 계속되었지만, 그는 입을 굳게 다물었다.

김종연은 종일 국문을 당하고 피투성이가 되어 감방에 돌아왔다. 구석에 쓰러진 그의 곁으로 전 시중 우현보가 슬그머니 다가왔다.

"이보게, 괜찮은가? 정신 차리게."

우현보는 무고 사건이 확정되면 수괴로 몰릴 게 뻔했다. 요동 정벌 당시 좌시중을 맡길 만큼 최영이 신임한 인물이었다. 게다가 권문세족 단양 우 씨의 당주이기도 했다. 단양 우 씨는 정도전과 악연으로 얽힌 가문이었다. 외할머니가 우 씨 집안 여종의 딸이라는 소문은 잘나가던 삼봉의 발목을 잡았다. 신분도 신분이지만 간통이 얽힌 추잡한 이야기라 더욱 체면을 구겼다. 새 나라를 세우고자 하는 야심가로서 곤혹스러운 치부가 아닐 수 없다. 정도전은 우현보와 그 자식들을 죽여 자신의 약한 고리를 끊어내고자 할 것이다.

"저는 괜찮습니다만, 시중께서는 이런 곳에 계실 분이 아닌데 정도전 그자가 앙심을 단단히 품었나 봅니다."

뜻하지 않은 말에 우현보는 한 호흡 삼키며 쓴웃음을 지었다.

"다 지난 일인데 요즘 소문이 도는 모양이더군. 30년 전 삼봉이 과거에 급제하고 집에 종종 찾아왔었지. 일가인 우연의 외손자라고 했는데 총명하고 문장이 뛰어나 마음에 두었네. 자식 놈들이 실없는 소리를 하고 다닌 건 잘난 사내를 깎아내리고 싶은 범부(凡夫)의 고약한 심보 아니겠나. 그때나 지금이나 나는 개의치 않는다네."

소문의 배후로서 김종연은 노재상의 너그러움이 내심 불만스러웠다.

"이 지경을 당하시고도 어찌 정도전을 두둔하는 것처럼 들립니다."

우 시중은 시간을 거슬러 먼 곳을 바라보던 눈길을 거둬 그와 시선을 맞췄다.

"이 시대가 삼봉을 등용하지 않았나? 인재를 등용할 때도 법도가 있네. 나라가 다스려질 때는 덕 있는 자를 써야 하지만, 나라가 어지러울 때는 능력 있는 자를 뽑는 법이지. 신분의 조그만 흠이야 아무려면 어떤가."

만만치 않은 내공이다. 그릇이 큰 인물이다. 김종연은 짐짓 말머리를 돌렸다.

"이번 무고 사건으로 고려의 기둥뿌리가 다 뽑힐 판입니다. 재상과 장수들을 모두 죽이고나면 장차 이 나라가 어찌 될지……."

"고려의 운명이 호랑이 등에 탔으니 어쩌겠나. 무서워도 목덜미 붙들고 달리는 수밖에."

우현보는 껄껄 웃었고 김종연은 한숨지었다. 이성계의 별명이 '동북면의 호랑이'니 말은 되었다.

그날 밤 당직 간수가 옥문을 열고 들어와 죄인들을 점검했다. 파사계주는 엉금엉금 간수에게 기어가 용무가 급하다며 변소에 보내달라고 청했다. 간수는 몇 시진 전에 승려로 변장한 금강야차에게 뇌물을 받았다. 계주는 처음부터 탈옥을 계획하고 순순히 잡혀 온 것이다. 그 사이에 자식들을 준비시켜 같이 도망가기 위해서였다.

간수의 허락이 떨어지자 김종연은 절뚝거리며 변소로 갔다. 주리를 하도 틀어서 다리가 후들후들 떨렸다. 그는 변소 구멍을 가만히 들여다보았다. 부관 김식은 이 구멍이 옥사 밖에 흐르는 오천(烏川)과 연결돼 있다고 했다. 예전에 근무한 적이 있어 순군옥을 잘 알고 있었다. 파사계주는 눈을 질끈 감고 변소 구멍 속으로 몸을 욱여넣었다.

사방에서 오물이 밀려들며 몸을 꽉 움켜쥐는 것 같았다. 역한 냄새가 코를 찔렀다. 상처를 헤집는 독한 기운에 온몸이 쓰라리고 쑤시고 욱신거렸다. 까무러치는 정신을 간신히 부여잡고 칠흑 같은 어둠을 더듬었다. 동쪽으로 방향을 잡고 꾸역꾸역 걸음을 옮겼다. 얼마나 갔을까? 저 멀리 가물가물 불빛이 비쳤다. 김식이 횃불을 들고 기다렸다.

하수구에서 빠져나오니 천막 안이었다. 김식과 금강야차는 오천의 저교(猪橋), 이른바 돼지다리 밑에 막사를 쳤다. 이곳은 가축시장이 서기에 상인들의 막사가 여럿 있었다. 거기서 돼지, 소, 말을 씻기기도 했다. 김종연도 얼른 오물을 뒤집어쓴 몸을 씻고 고문에 찢기고 터진 상처를 치료했다. 똥독이 오르면 목숨을 잃을 수도 있었다.

잠시 후 아들 백균, 맹균, 중균이 준비를 갖추고 막사에 들어섰다. 바깥에선 금강야차와 김식이 길 떠날 채비를 하느라 부산했다. 파사계주는 간신히 심신을 추스르고 아들 3형제와 함께 개경을 빠져나갔다.

순군옥은 난리가 났다. 국법의 심장부에서 죄인이 변소 구멍으로 탈옥하다니 치욕스러운 일이었다. 순군은 김종연이 빠져나간 줄도 모르고 도성 안을 사흘 동안 수색했다. 샅샅이 뒤졌지만 소득이 없었다. 돼지다리 밑에서 누가 버리고 간 천막을 발견했을 뿐이다. 욕조에는 똥물이 찰랑대고 있었다.

파사계주는 산 넘고 물 건너 안협현으로 숨어들었다. 파사성에 주둔할때 이따금 사냥 다니던 고장이다. 지세가 험하지만, 천혜의 피난처라 숨어 지내기는 좋았다. 그는 산속 마을의 한 인가에 여장을 풀었다. 사냥꾼들이 오가며 묵는 곳이었다. 당분간 여기 머물면서 계원들과 비밀리에 연락하고 옥사의 추이를 지켜볼 참이었다.

밤이 찾아왔다. 삐이, 삐이, 두견새 우는 소리를 듣다가 잠이 들었다. 꿈에 아버지가 나타났다. 목이 졸리면서도 아들에게 외치고 있었다. 이번에는 목소리가 또렷이 들렸다.

"네가 도망치니까 호랑이가 쫓아오는 거야! 호랑이에게 등을 보이면 먹잇감이 되는 거야!"

김종연은 소스라치며 깨어났다. 식은땀에 옷이 흠뻑 젖어 있었다. 장지문으로 배어드는 꼭두새벽의 푸른 광채. 문을 열어젖히자 건너편 숲속에 한 쌍의 안광이 번뜩이는 것만 같다. 호랑이가 금방이라도 숲에서 뛰쳐나와 한달음에 덤벼들 것만 같다.

　아버지의 고함이 여운을 남기며 맴돌았다. 껄껄, 우현보의 웃음소리도 뱅글뱅글 맴돌았다. 호랑이에게 등을 보이지 말라고? 차라리 호랑이 등에 올라타볼까? 무섭다고 뛰어내리면 호랑이 밥이 되겠지. 심장이 터질 것 같아도 고려의 운명과 함께 달려보는 거야. 결정적인 승부처가 나타날 때까지, 저 호랑이의 목덜미를 꼭 붙들고…….

이성계를 베야
고려가 산다

6월이 오자 김종연은 마을 뒤편에 솟은 명성산에 올라 풍광을 물끄러미 바라보곤 했다. 짙푸르게 우거진 녹음, 그 위로 바람 따라 흐르는 구름이 오갈 데 없는 충심같이 느껴져 안쓰러웠다. 금강산 도솔암에 들어간 3형제는 몸 건강히 잘 있을까? 홀로 남은 아비는 공연히 자식들을 떠올리며 도망자의 쓸쓸함을 꿀꺽 삼켰다.

명성산(鳴聲山)은 그 옛날 궁예가 왕건에게 쫓겨 피신한 곳이다. 폐주가 망국의 회한을 안고 쓰러지자 주인 잃은 말의 울음소리가 산에 메아리쳤다는 전설이 내려온다. 지금 장수들의 처지가 그 말과 다르지 않다고 김종연은 생각했다. 충성할 군주를 잃고 줄 세우기를 강요당하고 있으니 울음이 절로 나지 않겠는가. 단지 입술을 깨물고 울음을 참고 있을 따름이다.

무신 홍인계와 최공철이 옥중에서 죽었다는 소식이 들려왔다. 두 장수는 1370년 공민왕의 명으로 요동 동녕부를 공략할 때 상원수 지용수의 부장으로 나서 용맹을 떨쳤다. 1376년에는 최영, 변안열과 함께 부여 일대를 휩쓴 왜구를 격퇴해 위급한 나라와 백성을 구했다. 홍인계는 1388년 요동 정벌에 이성원수로 나섰는데 압록강을 건너 명나라 수비대를 제압하기도 했다. 회군하기 직전의 일이었다.

이런 뛰어난 장수들이 명백한 모함으로 순군옥에 갇혀서 옥사했다. 계원들의 보고에 의하면 두 사람의 죽음을 둘러싸고 의혹이 일고 있다고 한다. 국문을 맡은 정도전의 심복 한거정, 신흥종이 장수들의 등골에 곤장을 쳐서 죽게 했다. 사실이라면 처형을 명 받지 않았는데 사적으로 처형한 것이다. 참으로 악랄한 수법이다. 게다가 그들의 머리가 개경에 효수되었다고 하니 얼마나 원통한가.

이성계 일파는 나라에 충성하는 무인들을 사사로이 줄 세우려 했다. 저들의 위세에 굴복하지 않으면 설혹 중립을 지킨다고 하더라도 죽음을 면치 못했다. 왜구 토벌전에 헌신하며 성장한 무인들을 이성계 일파는 갖가지 모함으로 제거했다. 역성혁명을 꿈꾸는 저들에게 유능한 장수들은 가장 위협적인 존재였다.

남해대첩의 주역 정지도 하마터면 옥중에서 목숨을 잃을 뻔했다. 그는 장수로서 전성기를 구가하며 나라와 백성의 기대를 한 몸에 받아온 전쟁 영웅이다. 왜구는 그의 이름만 들어도 벌벌 떨었고 전장에서 만나지 않기만 빌었다. 이성계 일파에게는 누구보다 위험한 장수였다.

정지는 결국 변안열과 함께 김저의 옥사에 연루되었다. 여기저기 유배를 다니다가 병까지 얻었다. 윤이와 이초의 무고 사건에 거명되어 유배지에서 청주로 압송되었을 때는 살아남지 못하리라 생각했다. 저들이 이제 명장의 숨통을 끊을 것이라고 여겼다. 그런데 청주에 기적이 일어났다.

이성계 일파는 청주옥에 모은 유배 죄인들을 국문하기 위해 대간과 옥리들을 파견했다. 이색과 이종학 부자, 이림과 이귀생 부자, 이숭인, 권근, 우인렬, 이인민, 정지 등 저들이 죽이고 싶어 안달하는 죄인들이었다. 국문 과정에서 어떤 일이 일어날지 불 보듯 뻔했다.

끔찍한 고문을 시작하려는 순간 갑자기 하늘에 성난 먹구름이 몰려왔다. 뇌성벽력이 천하에 진동하더니 세상을 질타하듯 폭우가 쏟아졌다. 하천이 넘쳐흘러 성의 남문을 부수고 북문까지 때렸다.

청주성은 순식간에 물바다가 되었다. 물에 빠져 죽은 자들이 셀 수 없이 많았다. 관아와 민가도 거의 다 물에 잠겼다. 죄인들은 황급히 나무에 매달려 죽음을 면했다. 다행히도 한 촌민이 옥문을 열어준 덕분이었다.

청주 사람들은 고을이 생긴 이래 이토록 극심한 수재는 처음이라며 하늘이 노했다고 입을 모았다. 죄 없는 사람들을 마구 잡아들여서 함부로 죽이니 하늘이 경고한 것이라고 목소리를 높였다. 민심이 들끓기 시작했다. 역풍이 불었다.

청주에서 삼남으로, 삼남에서 팔도로 입소문이 퍼져나갔다. 우와 창을 죽이고 그 신하들을 핍박한 저간의 사정이 도마에 올랐다. 물밑에 가라앉아 있던 우려와 불만이 수면 위로 떠올랐다. 성난 민심이 이성계 일파의 전횡을 질타했다.

개경에는 '성계탕'이라는 음식이 유행했다. 돼지띠인 이성계에 빗대 돼지국밥을 그렇게 불렀다. 위화도 회군 이후 많은 사람이 목숨을 잃거나 유배를 떠나거나 땅을 빼앗겼다. 성계탕을 부글부글 끓이며 개경 사람들은 이성계를 향해 분통을 터뜨렸다.

여러 사람의 말은 무쇠도 녹인다고 했다. 9공신 가운데서도 균열이 일어났다. 문하찬성사 정몽주가 돌아섰다. 그는 대간의 국문이 도를 넘어섰다고 지적했다. 공양왕은 문하시중 심덕부와 수시중 이성계를 불러 의논하고 무고 사건에 대한 단죄를 유보했다.

"윤이와 이초의 무고를 부추긴 자들이 있다면 반역죄가 명백하다. 그러나 유사에 명하여 심문하니 정상(情狀)이 분명치 않아서 누명을 쓰는 사람들이 생길까 걱정이다. 이들을 각처에 유배하되 뒷날 실상이 드러나면 단죄할 것이다."(《고려사》세가 '공양왕 2년')

사헌부를 필두로 대간들이 반발했음은 물론이다. 이성계 일파는 언로를 총동원해 '윤이와 이초의 당'을 단죄하라고 촉구했다. 하지만 정몽주도 세가 만만치 않았다. 민심을 등에 업고 반이성계파를 규합했다. 지용기, 설장수 등 중흥 공신 몇몇이 동조했다.

마침 조정에서는 임금의 선대를 추숭하는 사업이 진행되고 있었다. 정몽주는 나라의 큰 경사가 있으니 죄인들을 사면해 은혜를 베풀자고 주청했다. 공양왕은 포은의 제안을 쾌히 받아들여 대사면을 단행했다. 무고 사건으로 유배 간 자들도 일부 풀려났다.

그러나 이 반전이 김종연에게는 다행스러운 일이 아니었다. 윤이와 이초의 무고를 부추긴 주범으로 낙인찍혔기 때문이다. 공양왕과 반이성계파는 우선 국문당하는 사람들을 살리고자 도망자에게 죄를 몰았다. 파사계주는 졸지에 무고 사건의 수괴가 되었다.

이성계 일파는 김종연을 붙잡기 위해 혈안이 되었다. 옥사를 다시 일으키려면 희생양이 필요했다. 그들은 파사계라는 비밀 결사에 관심이 많았다. 우왕 복위 음모가 밝혀지며 윤곽이 드러났지만, 아직 전모는 파악하지 못했다. 이참에 무고의 수괴 김종연을 잡아들이고 비밀 결사 파사계를 까발리면 걸림돌을 입맛대로 요리할 수 있지 않겠는가.

정당문학 정도전은 전국의 지방 수령들에게 김종연의 용모파기를 돌리고 체포를 돕는 자에겐 파격적인 승진과 포상을 약속했다. 한거정, 신흥종 등 심복들은 순군에서 정예병들을 뽑아 고변이 들어오면 언제든 출동할 수 있도록 했다.

산속 마을로 순군 병력이 들어온 것은 7월 중순의 일이었다. 안협현 관아에서 사냥꾼들을 탐문하니 용모파기와 흡사한 자가 이곳에 묵고 있다고 했다. 현령은 급히 개경에 기별했다. 군사 200여 명이 한밤중에 은신처를 포위했다.

여름이 끝물에 들어선 때였다. 산중의 밤공기는 선선했다. 김종연은 한기를 느껴 잠에서 깼다가 미세한 기척을 감지했다. 그는 슬며시 부엌 지게문으로 빠져나가 싸리울타리를 뛰어넘었다.

"저놈 잡아라!"

쫓고 쫓기는 추격전이 벌어졌다.

지형에 밝은 김종연은 이 골짜기 저 골짜기 넘나들면서 군사들을 따돌렸다. 맨발로 바위를 훌훌 건너뛰며 어둠 속을 내달렸다. 비탈길을 치고 올라가 숨 몰아쉬니 명성산 중턱의 동굴이었다. 어느새 밤의 장막이 걷히고 희뿌옇게 동이 트고 있었다.

파사계주는 동굴에 숨겨둔 활과 효시(嚆矢)를 꺼내 맞은편 협곡으로 쏘았다. 삐이이~ 우는 살이 새벽 공기를 가르며 날카로운 신호음을 냈다. 그 소리를 듣고 신홍종이 달려왔다. 병사 10여 명이 뒤를 따랐다. 시퍼런 창칼이 계주를 둘러쌌다.

하지만 전장에서 무위를 떨쳐온 김종연이다. 그가 칼을 뽑아들자 아침 햇살에 예기가 번뜩였다. 신홍종도 무장이지만 상대가 안 되었다. 두어 차례 합을 겨루다가 나가떨어졌다. 눈부신 무위에 병사들은 벌벌 떨기만 할 뿐 감히 덤벼들지 못했다.

파사계주는 유유히 맞은편 협곡으로 건너가 준비한 말에 올랐다. 부관 김식과 이중화가 뒤를 따랐다. 그들은 한계령을 넘어 설악으로 향했다. 금강야차의 화척 떼가 남설악 주전골에 정착하고 있었다.

그 무렵 개경은 천변(天變), 하늘의 이상 징후로 떠들썩했다. 태백성(금성)이 낮에 나타나 하늘을 가로질렀다.(《고려사절요》'공양왕 1')

서운관박사 채치수는 천변을 해석해 왕에게 조언하기로 했다. 서운관은 천문과 역법을 관장하는 국가기관이다. 그는 기상이변을 해석하는 데 일가견이 있었다.

《한서》천문지(天文志)에는 태백성이 낮에 하늘을 가로지르면 천하에 병란이 일어나서 왕을 죽이거나 갈아치운다고 했다. 금성이 낮에 뜨는 것은 태양과 밝기를 다투는 양상이다. 태양은 임금을 상징하므로 이는 반란의 조짐이라고 볼 수 있다.

채치수는 공양왕에게 궁궐의 경계를 강화해야 할 것이라고 아뢰며 조심스럽게 천도(遷都)를 건의했다. 근거로는 고려 창업을 도운 도선국사의 풍수지리설을 댔다.

"《도선밀기》에 지리(地理)가 쇠약해지고 왕성해지는 것에 대한 설이 있습니다. 송도(松都, 개경)는 이미 지덕(地德)이 쇠하였습니다. 한양으로 천도하시어 송도의 지덕을 쉬게 하셔야 합니다."《고려사절요》 '공양왕 1')

공양왕은 평리 배극렴을 한양에 파견해 궁궐을 수축하게 했다. 북악 아래에는 고려 숙종 9년(1104)에 세운 이궁(離宮)이 있었다. 조금만 손보면 임금이 거처하며 나랏일을 볼 수 있었다. 병란을 우려한 왕은 하루빨리 한양으로 떠나려고 일을 서둘렀다.

유학을 신봉하는 사대부들은 임금이 허황된 참위설을 믿고 나라의 도읍을 옮기려 한다며 반대에 나섰다. 대간 이실이 상소했다.

"지금 가을걷이가 끝나지도 않았는데 국왕의 행차로 사람과 말이 밟고 지나가면 반드시 백성들이 원망할 것입니다."《고려사》 세가 '공양왕 2년')

하지만 공양왕의 마음은 이미 콩밭에 가 있었다. 예언서에 옮기지 않으면 임금과 신하가 쫓겨난다고 적혀 있다면서 오히려 대간을 꾸짖었다.

채치수는 왕이 자신의 해석과 조언을 받아들이자 흡족했다. 사실 그는 파사계원이었다. 계주의 지시를 받아 한양 천도를 도모한 것이다.

김종연은 임금이 정몽주를 중용하고 이색, 우현보 등을 다시 불러들이면 이성계 일파가 군사를 일으킬 것으로 예측했다. 개경에선 막아내기 힘들다는 게 그의 생각이었다. 이성계 군단은 이미 위화도에서 회군해 왕궁을 짓밟은 바 있다.

파사계주는 도읍을 한양으로 옮기되 이성계가 장악한 군부를 개경에 남겨둬야 한다고 보았다. 한양 이궁은 북악산 바로 밑에 있어 왕실 금위군 병력만으로도 얼마든지 요새화할 수 있었다. 나아가 한양으로 천도하면 양광도 병력을 가까이 두게 된다. 원수 왕안덕이 오랫동안 거느렸던 군대다. 그가 억울하게 유배 가는 바람에 이성계 일파에 대한 군심이 좋지 않았다. 공양왕이 병란의 방패로 삼기에 딱 좋은 병력이었다.

　여기에다 김종연이 평양의 충무영을 움직인다면 더할 나위 없다. 이성계 군단을 남북에서 옥죄어 군사적으로 유리한 구도가 만들어진다. 파사계주는 평양에 가서 거사를 도모하기로 했다. 이제 결판을 내야 한다. 이성계를 베야 고려가 산다. 왜구를 벤 칼로 이성계를 참하리라.

환술

김종연은 금강야차의 광대패에 끼어 8월의 들길을 걸었다. 그는 부관들과 함께 남설악 주전골에 정착한 화척 무리를 찾아갔다. 개경에서 달려온 금강야차가 남녀 50명을 뽑아 광대패를 조직했다. 그들은 파사계주를 엄호해 평양으로 나아갔다.

한가위를 맞아 고려 땅 곳곳에서 난장(亂場)이 벌어지는 시기였다. 가을걷이를 마친 사람들은 떠들썩하게 놀이판을 벌여 고단한 삶을 달랬다. 광대패는 이 마을 저 마을 옮겨다니며 연희마당을 펼쳤다. 줄타기, 땅재주, 대접돌리기 등 곡예를 선보였고 탈놀음과 꼭두각시놀음으로 흥취를 돋우었다.

화척 광대패는 위계질서에 따라 일사불란하게 움직였다. 금강야차가 우두머리인 꼭두쇠를 맡고 곡예와 놀음마다 선임자 뜬쇠, 기능자 가열, 초입자 삐리를 두었다. 김종연은 곰뱅이쇠로 무리에 섞였다. 곰뱅이쇠는 회계를 보면서 수입을 관리했다.

파사계주는 화척들에게 뭔가 보태고 싶었다. 사찰에서 부적을 받아와 이 마을 저 마을 팔 수 있도록 했다. 부적 수입 중 일부는 사찰에 바치고 나머지는 광대패가 취하면 되었다. 화척들로선 수입도 올리고 불사도 돕는 사업이었다. 생활하고 처신하는 데 큰 보탬이 되었다. 화척을 사람 취급하는 김종연을 그들은 온 마음으로 따랐다.

화척 광대패와의 동행은 손에 땀을 쥐게 하는 줄타기와 같았다. 언제 신분이 노출될지 모르는 아슬아슬한 동행 길이었지만, 파사계주는 기쁘고 만족스러웠다.

18년 전 집안을 일으키겠다고 전장에 뛰어든 이래 삶에 낙이 없었다. 항상 자기 자신을 채찍질하면서 주어진 임무에 덤벼들었다. 어찌 보면 이 시간은 성인이 되고서 처음 갖는 휴가였다. 한탄강에서 임진강으로 물길을 따라가며 내심 감탄했다. 이 얼마나 아름다운 강산인가.

연희마당도 언제부턴가 즐기고 있었다. 광대패의 연희 가운데 그가 가장 관심 있게 눈여겨본 것은 사람들을 현혹하는 환술(幻術)이었다.

신기하다. 입으로 칼을 삼킨다. 입에서 불을 뿜는다. 헛보인다. 씨를 심으니 금방 자라서 열매를 맺는다. 공중제비 돌자 남자가 여자로 바뀐다. 괴상하다. 말의 항문으로 들어가 입으로 나온다. 빈 통에서 원숭이가 뛰어나온다. 놀랍다. 불 위를 마음대로 걷는다. 칼끝에서 맨발로 춤춘다. 이럴 수가. 종이에 그린 게 진짜 나타난다. 사지를 잘랐는데 멀쩡히 살아난다.

밤중에 천막을 치고 횃불을 비추면 환술의 세계가 열린다. 사람들은 흔들리는 그림자 속으로 빨려들어가 신비로운 환상과 미혹에 푹 빠진다.

어쩌면 그것이 인생이고 세상일 테지. 김종연은 생각했다.

이윽고 모든 순서가 끝나면 광대들은 놀이판을 정리하고 막사에 들어가 술판을 벌였다. 파사계주는 혼자 강변으로 나가 어둠 속의 물소리를 응시했다.

어떤 날은 금강야차가 슬그머니 다가와 말동무를 했다. 그는 말 돌리는 법을 모른다. 앞뒤 재지 않고 푹 찌르고 들어온다.

"성님, 기어코 이성계를 베실 겁니까?"

나이는 김종연보다 두어 살 많았지만, 금강야차는 한사코 '성님'이라 부른다. 이 저돌적인 사내에게 파사계주는 마음을 터놓는다.

"이성계 시중은 인자한 분이라네. 하지만 사람이 높은 자리에 오르면 악마의 유혹에 빠지게 되지. 그의 권력이 무리를 지으면서 나라가 무너지고 있네. 지금은 이 시중을 베야 고려가 살아."

"고려가 뭔데요? 성님이 그분을 베어 지킬 만한 값어치가 있습니까?"

금강야차는 정말로 궁금하다는 듯이 빤히 쳐다보았다. 18년 전 명주성에서도 비슷한 질문을 했다. 그럴 수밖에 없으리라. 나라가 없는 화척이니까, 자네는 백성도 아니니까. 그때 김종연은 "백성이 곧 나라"라고 자신 있게 답했다. 하지만 지금은 나라가 무엇인지도, 백성을 어떻게 위하는지도 흐릿해지고 있다. 환술 때문일까.

"솔직히 나도 잘 모르겠네. 나라의 값어치는 참된 다스림에 있을 텐데……. 참과 거짓을 판별하기가 점점 어려워. 사람들을 현혹하는 환술이 세상을 지배하고 있다네. 어쩌면 내가 지키고자 하는 것도 환상이고, 저들이 세우고자 하는 것도 미혹일지 몰라. 헛보이는 거지. 씨앗을 심으면 금방 자라서 열매를 맺는 환술의 오이처럼."

김종연이 환술을 거론하자 금강야차가 냉큼 말을 받았다. 아는 얘기가 나오니까 신이 났다.

"그 환술을 종과(種瓜)라고 합니다. 이성계 막료들을 염탐해보니 그렇더군요. 그 사람들은 새 나라를 세우고 성현의 말씀대로 다스리면 좋은 세상이 열린다고 하는데요. 정치를 하겠다는 건지, 환술을 하겠다는 건지 모르겠어요. 오이를 진짜로 수확하려면 땡볕에 땀을 쏟아야 하잖아요. 그런 건 안 보이고 애꿎은 사람들만 잡아 족치니……."

그렇다. 현실은 환술이 아니다. 오이를 수확하려면 시간을 들여 정성껏 돌봐야 한다. 그게 참된 다스림이다. 하지만 이성계 일파는 정적과 장수들을 모함하는 데 온 힘을 쏟고 있다. 거짓된 정치다. 사람들이 권력을 바라보고 무리를 지으면 바닥 없이 잔인하고 무책임하다. 이제 멈춰야 한다.

"그렇다면 내가 베야 할 것은 사람 잡아먹는 환술이겠구나."

김종연의 속내를 읽고 금강야차가 벙긋 웃었다.

파사계주가 평양에 들어간 것은 8월 하순의 일이었다. 권격의 집으로 핵심 계원들을 불러 회동했다. 조유, 파두, 박원실, 채치수, 그리고 금강야차가 한자리에 모였다. 9월에 한양으로 천도하면 국왕과 대신들을 포섭하고 이성계를 비밀리에 제거한다는 계획이 세워졌다. 곧이어 남북에서 병력을 움직여 그의 일파와 군단을 일거에 섬멸하기로 했다. 끝으로 김종연이 계원들에게 당부했다.

"이런 일을 하려면 늑대같이 흉악한 마음을 가져야 하오. 정에 치우쳐

틈을 보이면 거사를 그르친다는 것을 명심하시오."

조정은 한양 천도를 둘러싸고 갑론을박이 한창이었다. 이성계 일파가 벌떼처럼 일어나 천도를 가로막았다. 대사헌 김사형 등 내간들이 앞장섰다. 반이성계파는 병란을 우려해 임금의 뜻에 따랐다. 찬반양론이 팽팽했다. 천도에 쐐기를 박는 방법이 없을까? 파사계주는 계원들과 함께 묘책을 강구했다.

채치수가 조심스럽게 말했다.

"천문 계산을 해보니 9월 1일에 일식이 있습니다. 그날 해가 달에 완전히 가려질 것입니다."

개기일식이 있을 거라는 서운관박사의 보고였다.

"하늘이 우릴 돕는군."

계주가 기뻐했다. 개기일식이 일어나면 낮이 밤처럼 어두워진다. 사람들이 놀라고 왜 그런지 궁금해할 것이다. 신하의 죄악을 하늘이 벌하려는 것이라고 널리 알리기만 하면 된다. 한나라 여태후의 고사도 있지 않은가.

사마천의 《사기》에는 여태후가 한고조 유방의 자식들을 죽이고 여 씨 일족이 권력을 장악하자 일식이 일어났다고 적혀 있다. 이후 주발이 여 씨 정권을 타도하려고 했을 때 군사들이 기꺼이 따른 것은 일식이 하늘의 뜻이라고 믿었기 때문이다.

"성님, 하늘만 바라보고 있으면 몸이 근질근질할 것 같소. 우리 광대패도 뭔가 해야 하지 않겠소?"

금강야차가 의욕을 보이면서 주먹으로 제 가슴을 탕탕 쳤다. 파사계주는 피식 웃다가 문득 생각에 잠겼다. 그리고는 화척 두목에게 귀엣말로 뭔가 지시를 내렸다. 금강야차는 고개를 끄덕이고 부리나케 광대패를 소집했다.

9월 1일 드디어 개기일식이 일어났다. 달이 태양과 완전히 겹치면서 대낮에 온 세상이 깜깜해졌다. 닭이 놀라서 울고 개가 연신 짖었다. 사람들은 두려움에 떨며 우왕좌왕 갈피를 잡지 못했다. 이때 누군가 외치는 소리가 들렸다.

"하늘이 대신의 큰 죄를 벌하려고 한다!"

일각도 되지 않아 태양은 빛을 되찾았지만, 일식의 강렬한 충격은 가시지 않았다. 어둠 속의 외침은 일파만파 번져나갔다. 대신의 큰 죄는 무엇인가? 이성계 일파가 도마에 올랐다. 우왕과 창왕을 살해하고 죄 없는 신하들을 고문하고 죽이고 유배 보내서 하늘이 노한 것이라고 사람들은 수군댔다.

그런데 이변은 여기서 그치지 않았다. 이번에는 예성강이었다. 강물이 핏빛으로 붉게 물들더니 사흘 동안 부글부글 끓었다.(《고려사절요》'공양왕 1') 실은 금강야차와 광대패의 환술이었다. 명나라에서 구한 건빙(乾氷)을 강물에 빠뜨리면 연기가 나면서 끓어오른다. 그 주위에 소목(蘇木)과 치자로 제조한 붉은 염료를 부으면 된다. 그들은 나룻배와 고깃배가 다니는 물목에 강물이 붉게 끓어오르는 환술을 시전했다. 뱃사공과 선객, 그리고 어부들이 목격담을 실어 날랐다. 소문은 금세 저자에 퍼져나갔다. 임무를 완수하고 돌아온 금강야차는 가슴을 탕탕 치며 '성님'에게 유세했다.

개기일식에 이어 예성강에서 이변이 나타나자 왕은 안절부절못하다가 채치수에게 어찌 된 일인지 물었다. 서운관박사는 미리 짜둔 각본대로 속뜻을 설명했다.

"자고로 일식은 하늘의 경고입니다. 강물은 흘러가되 방향이 있습니다. 오방색에서 붉은색은 남방을 가리킵니다. 끓어오르는 것은 '벽사(闢邪)'를 의미합니다. 남쪽으로 흘러가 사악한 기운을 물리쳐야 한다는 것입니다. 전하, 속히 한양으로 도읍을 옮기시어 하늘의 뜻에 화답하소서."

1390년 9월 17일 공양왕은 기어코 한양 천도를 단행했다. 반대한 대간들은 파직하거나 좌천시켰다. 왕은 판삼사사 안종원, 평리 윤호에게 개경을 지키게 하고 조정의 분사(分司)를 설치했다. 이성계가 장악한 군부는 병란을 우려한 나머지 개경에 남겨두었다. 한양 궁궐 수비는 왕안덕을 따르던 양광도 병력에게 맡겼다. 애초 파사계주가 의도한 대로 진행되었다.

집정대신 이성계는 병가를 내고 온천에 갔다. 공양왕에게 불편한 심기를 나타낸 것이다. 왕은 위로의 뜻으로 사돈 우홍수를 보내 술을 하사했다. 우홍수는 무고 사건 배후로 지목된 우현보의 맏아들이었다. 우회적으로 이빨을 드러낸 셈이다. 공양왕도 그리 만만한 인물이 아니었다. 이성계는 온천에서 복잡한 심경을 다스려야 했다.

고려에서 공든 탑이 흔들리고 있을 때 정도전은 황제의 생일을 하례하러 명나라에 들어가 있었다. 본국 상황을 보고받은 삼봉은 주원장에게 청을 올렸다.

"윤이와 이초의 무고가 망령되어 신이 감히 거짓과 참을 변별할 수 없습니다. 바라옵건대 고려왕을 감독할 관리를 사신으로 보내어 이 사건을 조사하고 심문하게 해주소서."(《고려사절요》'공양왕 1')

정도전은 명나라의 내정 간섭을 통해 무고 사건의 불씨를 되살리려고 했다. 하지만 황제는 윤이와 이초를 율수현으로 유배 보내고 이 사건을 매듭지었다.

"짐이 그자들을 이미 단죄하였으니 너희 나라가 다시 무엇을 근심하 겠는가?"(《고려사》세가 '공양왕 2년')

주원장은 나 몰라라 했고 정도전은 형세의 변화를 실감했다. 바람이 바뀐 것이다. 어디선가 불온한 구름이 몰려오고 있었다.

거사

파사계주는 평양에 은신하면서 본격적으로 이성계 일파를 칠 준비에 돌입했다. 한양 천도로 임금을 저들의 손아귀에서 빼냈다. 이제 이성계 군단에 맞설 연합군을 조직할 때다.

김종연은 정치적인 세력 규합보다 군세를 구축하는 게 시급하다고 보았다. 저들은 이성계의 무력을 발판으로 집권했다. 정몽주가 문신들을 중심으로 반이성계파를 모았지만 역부족이었다. 명분으로 눌러도 이성계 군단이 버티고 있는 한 판도를 뒤집기는 힘들었다.

파사계주는 군심을 먼저 공략했다. 이성계 일파와 맞짱 뜨려면 무력이 받쳐줘야 했다. 김종연은 조유와 권격을 움직여 무인들을 거사에 끌어들였다. 저들이 죄 없는 장수들을 많이 해쳤기에 호응이 잇달았다. 반이성계 연합군의 윤곽이 잡히기 시작했다.

글선생 조유는 개경에 상주하며 9공신의 일원인 문하시중 심덕부와 찬성사 지용기에게 접근했다. 그는 혼맥으로 얽혀 있는 권문세족 출신이었다. 심덕부와도 핏줄이 닿아 먼 조카뻘이었다. 문하시중은 조유의 능력을 높이 평가했다. 토목 사업과 궁궐 수리를 맡아보는 선공시의 판관 벼슬을 주며 곁에 두고자 했다. 두 사람은 자주 만나서 시국에 대해 의논했다. 심덕부는 차츰 이성계 일파를 경계하고 김종연의 거사에 공감했다.

지용기는 생각이 조금 달랐다. 파사계주는 일전에 충선왕의 서증손 왕익부를 그의 집으로 보냈다. 왕국에서 임금은 명분을 제공하는 존재다. 김종연은 일단 공양왕에게 비밀리에 연통을 넣어 협조를 구하고자 했다. 왕익부는 왕이 거부하면 내놓을 대안이었다. 그런데 지용기는 공양왕을 끌어내리고 충선왕의 서증손을 새 임금으로 세우자고 요구했다. 자신의 보호를 받는 인척이 왕위에 오르면 장차 더 큰 권력을 잡을 수 있으리라 여긴 것이다.

밥이 익지도 않았는데 밥그릇 싸움이 벌어지면 밥상이 엎어지기 마련이다. 파사계주는 고심했다. 그는 공양왕을 끌어들이는 게 민심을 잡는 최선의 길이라고 믿었다. 왕익부는 감춰둬야 할 패였다. 그때 지용기의 집으로 보내는 게 아니었다. 계주도 사람이다. 자식들이 잡혀가게 생겼다는 소식을 듣고 흥분했다. 잠시 평정심을 잃고 판단이 흐려졌다. 하지만 후회한들 무슨 소용인가. 지용기는 차근차근 설득하기로 하고 일을 진행했다.

조유는 심덕부, 지용기와 가까운 무인들을 접촉했다. 전 판자혜부사 정희계, 동지밀직 윤사덕, 한양부윤 이빈, 나주도절제사 이무, 전주도절제사 진을서, 전 밀직부사 진원서 등과 거사를 함께하기로 했다. 심덕부의 부장들인 진무 조언, 김조부, 곽선, 위충, 장익도 언제든 주군의 명을 받들 준비가 되었다.

권격은 평양에 주둔한 충무영의 지휘관 윤구택을 만났다. 양백지는 병력을 나눠 안주에 나가 있었다. 계주는 전부터 두 사람의 심중을 면밀히 파악할 것을 주문했다. 전 충무영 진무 김식과 이중화는 김종연과 오랫동안 전장을 누볐기에 신뢰할 수 있는 부관들이었다. 그들은 기꺼이 거사에 동참하기로 약속했다. 그러나 천호 윤구택과 양백지는 달랐다. 둘과는 인연이 깊지 않아 일단 심중을 헤아릴 필요가 있었다. 만약 따르지 않을 낌새가 보이면 차라리 제거하고 충무영을 장악하는 편이 거사에 이로웠다.

권격과 윤구택이 만난 곳은 평양의 충무영 군막이었다. 천호가 현역 지휘관 신분이다보니 바깥출입이 자유롭지 않았다. 김종연이 직접 그의 심중을 떠보지 못하는 이유이기도 했다. 도망자가 군영을 출입한다는 건 불가능했다. 충무영은 김종연의 직속 부대였기에 감시의 시선이 날카롭게 번뜩였다.

윤구택은 권격이 도망자 김종연의 절친한 벗이라는 걸 알고 있었다. 그런데도 쾌히 만난 까닭이 무엇일까? 그는 지난해에 처음으로 실시한 무과에서 당당히 급제하고 군영에 발을 내디뎠다. 운 좋게 쓰시마 정벌에 참여해 공도 세웠다. 덕분에 젊은 나이에 천호 자리를 꿰찼다. 그것이 출세욕을 자극했다.

윤구택은 쓰시마에서 김종연의 활약을 두 눈으로 지켜봤다. 비상한 장수였다. 비록 지금은 도망자로 전락했지만 머지않아 화려하게 부활할지도 모른다. 이성계 일파가 궁지에 몰리고 있다는 걸 그도 알고 있었다. 정치 격변기였다. 양지가 음지 되고 음지가 양지 된다. 윤구택은 자신의 운을 시험하기로 했다.

권격은 늦게까지 술잔을 기울이며 윤구택을 요모조모 뜯어보았다. 출세욕이 보였다. 정치적 야심을 잘 이용하면 의외로 쉽게 통제할 수 있을 것 같았다. 이윽고 취기가 돌자 권격은 김종연의 거사 계획을 털어놓았다. 윤구택은 깜짝 놀라면서도 이해득실을 따져보았다. 재상 자리가 눈앞에서 어른거렸다.

문하평리 박위는 개경 자택에서 저녁을 먹고 후원을 서성이고 있었다. 임금은 한양으로 떠났지만, 군부는 개경에 남았다. 10월로 접어들자 찬바람이 뼛속까지 스며들었다. 그이의 마음도 한기가 저며 스산했다.

박위는 지난여름에 죽은 최공철과 홍인계를 떠올렸다. 정치와 무관한 두 장수였다. 오직 나라와 백성을 위해 싸우고 임금에게 한결같이 충성을 바쳐온 백전노장들이었다. 하지만 정도전과 심복들은 이성계에게 줄을 서지 않았다는 이유로 그들을 사지로 몰았다. 고문해서 죽이고 거리에 효수했다. 그 일이 멍울져 내내 가슴이 시리고 답답했다.

"박위 장군, 오랜만이오!"

우렁우렁한 목소리와 함께 담장 그림자 속에서 누군가 불쑥 튀어나왔다. 문하평리는 움찔 뒤로 물러서다가 그 자리에 얼어붙었다. 세상에, 김종연이었다.

파사계주는 거사를 성공시키려면 무조건 박위를 끌어들여야 한다고 판단했다. 조유와 권격은 반대했다. 그는 집권당의 핵심 무장이었다. 이성계의 신임을 받아 군부에서 막강한 권한을 행사했다. 이쪽으로 넘어올리 없다고 보았다.

그러나 계주는 동지가 될 것으로 확신했다. 박위가 의리를 아는 장수라고 믿었기 때문이다. 또 반드시 동지로 만들어야 했다. 핵심 무장을 빼오면 천하의 이성계 군단도 흔들리지 않겠는가. 적의 전열을 흔들면 이길 확률은 높아진다.

박위는 난데없는 전우의 등장에 당황하면서도 반가워했다. 쓰시마 정벌은 김종연으로 인해 강렬한 기억이 되었다. 그는 시시각각 바뀌는 전황을 꿰뚫어보고 자유자재로 귀신 같은 작전을 구사했다. 눈앞이 캄캄했던 원정을 김종연이 환하게 밝혔다. 그는 한 줄기 빛이요, 승리로 진군하는 길이었다. 그이의 어깨 너머로 새로운 무의 세계를 발견했다.

문하평리는 도망자의 손을 덥석 잡고 말없이 바라보았다. 왜구 토벌전에서 활약한 장수들이 죄 없이 죽어나가다보니 목숨을 보전하고 나타난 전우가 더욱 소중했는지도 모른다. 김종연의 뒤에는 종 파두와 금강야차가 서 있었다.

박위는 이 반가운 불청객을 후원 정자로 안내했다. 두 사람은 길고 험난했던 전장의 나날을 돌아보면서 벅찬 감회에 젖었다. 회고담이 쓰시마 정벌에 이르자 한 장수의 이름이 불거졌다. 원수 최칠석이었다. 기골이 장대한 이 무신은 왜구를 막는 데 공이 많았으나 윤이와 이초의 무고에 연루되어 옥고를 치르고 유배를 떠났다.

정자에 서늘한 침묵이 내려앉았다. 이번에는 김종연이 박위의 손을 덥석 잡았다. 입도 벙긋하지 않았지만, 그가 무슨 말을 하는지 알 수 있었다.

"나는 수시중께 은혜를 입은 몸이오. 어떻게 칼을 겨누겠소?"

"이성계 장군을 해치겠다는 게 아닙니다. 본래의 자리를 찾게 해드리자는 겁니다. 고려를 수호해온 장수들을 도륙하는 게 어찌 그분의 뜻이겠습니까? 정도전, 조준 같은 자들이 이성계 장군을 그르치고 있습니다. 그것을 바로잡고자 할 따름입니다."

박위는 명나라에 간 정도전을 심중으로 소환했다. 그에게 장수는 딱 두 부류가 있을 뿐이다. 도구 아니면 적이다. 정도전의 도구가 되어 전우들을 적으로 삼는 짓을 더는 하고 싶지 않았다. 박위는 굳세게 빛나는 김종연의 눈을 바라보며 고개를 끄덕였다.

개경에 잠입한 파사계주는 박위에 이어 박가흥의 집으로 향했다. 박가흥은 김종연의 처족으로 왕실과도 인척 관계에 있었다. 그는 지난해에 일본에서 돌아온 신종의 6대손 왕환이 진짜가 아닌 것 같다고 진술한 죄로 유배를 다녀왔다. 정적 이숭인을 옭아매기 위해 이성계 일파가 벌인 소동이었다. 박가흥은 이성계라면 이가 갈렸다.

파사계주는 박가흥을 통해 정양군 왕우에게 연통을 넣고자 했다. 왕우는 공양왕의 친동생이었다. 임금과 거사를 조율하는 데 있어 가장 믿을 수 있는 통로였다. 박가흥은 함께 유배 간 박천상과 함께 정양군 댁 문을 두드렸다. 거사 계획은 그렇게 임금에게 전해졌다.

공양왕은 생각에 잠겼다. 김종연이 유능한 장수라는 세간의 평은 들어서 알고 있다. 그러나 도망자 신세가 되어 이성계 일파를 상대하기는 버거우리라. 단, 문하시중 심덕부가 이 거사를 주도한다면 얘기가 달라진다. 그의 명성이라면 이성계와 능히 겨루지 않겠는가.

심덕부는 우왕 때 왜구 토벌전에서 맹활약한 장수다. 1380년 진포에서는 신병기를 앞세워 남조 왜선 500여 척을 불사르며 최무선, 나세와 함께 대승의 주역이 되었다. 5년 후 왜구가 동북면을 대대적으로 침공했을 때는 독보적인 일화를 남겼다. 고려군이 뿔뿔이 흩어졌는데 홀로 적진으로 돌격하다가 창에 맞아 낙마한 것이다. 그는 자기 목숨을 돌보지 않고 싸웠다. 죽음을 두려워하지 않는 심덕부의 무용을 장수와 병사들은 기억하고 있었다.

공양왕은 허수아비 임금이지만 종묘사직을 지키려는 의지가 강했다. 국권을 무력하게 빼앗기진 않겠다고 마음먹고 있었다. 임금 혼자서는 할 수 없는 일이다. 무너져가는 나라를 떠받칠 기둥이 필요하다. 공양왕은 정몽주의 문과 심덕부의 무가 양대 기둥이 돼주기를 바랐다. 두 사람은 9공신의 일원이지만 충심이 강했다. 정몽주는 이미 반이성계파의 구심점이 되었고, 심덕부도 대간들의 공세에 허덕이는 임금을 여러 차례 감쌌다.

심덕부와 김종연의 거사는 그래서 기대감을 품게 하면서도 불안감을 키우는 일이었다. 잘못되면 공양왕이 의지하는 기둥 하나가 쓰러지고 만다. 게다가 얼마 남지 않은 고려 장수들이 대거 연루되었다. 그들마저 제거된다면 이성계 일파의 도발을 막을 길이 요원해진다.

공양왕은 전전긍긍하면서 일단 추이를 지켜보기로 했다. 도울 수 있는 일도 없었다. 왕은 그저 민심을 얻는 데 주력했다. 10월 10일에는 각 도에 특사를 파견했다. 백성의 형편을 헤아리고 폐단을 바로잡는 임무가 주어졌다.《고려사》 세가 '공양왕 2년')

파사계주는 거사일을 팔관회가 벌어지는 11월 15일로 정했다. 나흥유가 변안열에게 거병을 권한 날짜였다.

장소는 목멱산(남산) 팔관회장이었다. 공양왕은 이곳에 연희를 베풀

대형 무대를 마련했다. 《도선밀기》에는 개경의 지덕이 다한 뒤에 도읍을 옮길 만한 곳으로 한양 목멱산을 들었다. 풍수지리에 심취한 왕은 이 산에 각별한 관심을 보였다. 북악 아래 위치한 이궁에 임시로 거처하고 있지만 정궁은 목멱산 일대에 지을 생각이었다. 그런 임금의 의중을 읽고 서운관박사 채치수가 여기서 팔관회를 열자고 한 것이다.

치밀한 각본도 준비했다. 팔관회는 임금이 백관과 백성 앞에서 하늘에 개회를 고하며 막을 올린다. 김종연은 목멱산에 군사들을 숨겼다가 개회를 신호 삼아 이성계 일파를 추포하는 안을 짰다. 거사에 쓸 병력은 심덕부와 박위가 동원하는 것으로 했다.

문제는 개경 교외에 포진하고 있는 이성계 군단이었다. 이성계가 빠져나가 직속 부대를 움직이면 내전이 불가피했다. 파사계주는 평양의 충무영으로 맞설 생각이었지만 그 이전에 내전을 방지하고 싶었다.

목멱산 팔관회장에서 동북면의 호랑이만 확실히 잡으면 되었다. 이 임무를 수행할 뛰어난 무장이 필요했다. 하지만 이지란, 이방과, 조영무, 조영규 등 맹장들을 뚫고 단숨에 이성계를 제압하는 것은 불가능에 가까운 일이었다. 도무지 적임자가 떠오르지 않았다. 이때 파사계주의 뇌리에 말발굽 소리가 울리며 한 장수가 달려나왔다. 강릉도절제사 이옥이었다.

이옥은 신돈이 재상으로 쓴 이춘부의 아들이다. 김종연은 첫 전장인 강릉에서 이옥의 활약상을 지켜보았다. 그는 아버지가 처형되고 관노로 끌려왔다. 그러나 장수와 병사들이 왜구에게 쫓겨 혼비백산할 때 홀로 적들을 숲속으로 유인해 싸웠다. 동에 번쩍 서에 번쩍 말달리며 수풀에 숨겨둔 화살을 쏘고 무시무시하게 칼을 휘두르면 왜구는 추풍낙엽처럼 나가떨어졌다. 적들을 두려움에 떨게 하고 아군의 사기를 끌어올린 절정의 무위였다.

그 공으로 신분을 되찾은 이옥은 정치와는 담을 쌓고 군인의 길만 묵묵히 걸었다. 아버지가 신돈의 당으로 몰려 최후를 맞았기에 항상 근신했다. 이성계 일파도 그의 처지와 성정을 알기에 내버려두었다. 그런 장수가 거사에 동참할까? 김종연은 곰곰이 생각하다가 붓을 들었다. 진심을 담아 이옥에게 편지를 썼다.

"장군의 아버지를 신돈은 중용했습니다. 요승이 향락에 젖었을 때 이춘부 공은 전민변정도감을 설치하여 토지와 노비를 바로잡고 이 나라의 개혁을 이끌었지요. 하지만 신돈이 선왕에게 버림받자 요승에게 아부하던 자들이 태도를 바꿔 공을 반역자로 몰았소.

사람들은 대세를 좇습니다. 권위와 명성을 숭배하고 이해와 친분에 휘둘리지요. 지금 이성계 장군에게 들러붙은 자들 또한 그러합니다. 장군의 아버지처럼 본분에 따라 개혁에 헌신하거나, 내 아버지처럼 소신을 믿고 반기를 든 이들은 개죽음을 면치 못합니다.

저들은 실체가 없는 무고 사건을 내세워 고려를 지키는 신하들을 모함하고 제거하려 했습니다. 사람 잡아먹는 환술입니다. 거짓은 교묘하게 진실을 은폐하여 사람들을 현혹합니다. 감춰진 진실을 밝히려면 거짓에 맞서 싸워야 합니다.

신하의 본분은 충성을 바치는 것입니다. 충(忠)은 마음(心)의 가운데(中)에 있는 것입니다. 그것은 바로 인간의 양심입니다. 양심은 각자 하늘로부터 부여받은 신령입니다. 장군과 저의 아버지는 그 신령한 양심에 따라 살았고 희생했습니다. 우리 두 사람의 동병상련이자 자부심이기도 합니다.

저는 이제 충신들을 모함하고 죽이는 이성계 일파를 치려고 합니다. 사람 잡아먹는 거짓된 환술을 벨 것입니다.

어쩌면 어리석은 짓 같아 보일지도 모르겠습니다. 지금 저들은 막강하니까요. 그러나 난세에 곧은 길을 가려면 어리석어야 하지요. 그 어리석음이 바로 인간의 양심이 아닐까요? 그것이 선대로부터 물려받은 장군과 저의 신령한 책무라고 믿습니다.

장군의 충이 무엇인지 부디 보여주시기 바랍니다. 기다리겠습니다."

밀고

운명의 11월은 새하얀 눈보라와 함께 찾아왔다.

파사계주는 눈 덮인 평양 교외의 산길을 걸으며 공연히 지난 일들을 더듬었다. 아버지, 나흥유, 홍사우, 최영, 그리고 1374년 합포에서 죽어간 옛 부하들……. 이옥에게 편지를 띄운 뒤로 죽어간 사람들의 환영을 만나는 일이 잦아졌다. 길 위에는 어느새 어둠이 내리고 김종연은 가물거리는 불빛을 찾아 권격 가문의 암자에 들어섰다.

거사 준비를 최종적으로 점검하는 날이었다. 반가운 얼굴이 눈에 띄었다. 규슈 태재부에 머물던 박원실이 돌아온 것이다. 규슈절도사 이마가와 료슌의 전갈을 가져왔다.

그는 먼저 나흥유의 죽음에 애도를 표했다. 나흥유가 통신사로 일본에 갔을 때 이마가와 료슌은 첩자라고 오인해 박대했다. 이후 두 사람은 고려 출신 승려 양유의 중재로 우호적인 관계를 맺고 종종 서신을 주고받았다.

나흥유는 왜구 본진 마쓰라당을 통제해달라고 규슈절도사에게 여러 번 청했다. 그때마다 이마가와 료슌은 남조 문제를 핑계로 댔다. 왜구는 기쿠치에서 저항하고 있는 남조 정서부를 복속시킨 뒤에 조치할 것이라고 했다. 마쓰라당이 규슈 북조의 중요한 동맹인 만큼 남조를 정리하기 전엔 손댈 수 없다는 뜻이었다.

그런데 이번에 박원실이 기쁜 소식을 갖고 왔다. 막부가 남조 천황과 화친 교섭에 들어갔고 기쿠치의 정서부도 투항했다는 것이다. 아울러 이제 마쓰라당 왜구를 통제할 수 있게 되었으니 고려에 사절을 보내 태도를 밝히겠다는 규슈절도사의 말도 전했다. 지난 40년간 고려를 괴롭히며 국력을 소진케 한 최대 난제가 풀릴 조짐이었다.

더할 나위 없이 좋은 소식이었지만 조유와 권격의 표정은 밝지 않았다. 왜구의 침입이 거사를 성공시키는 데 도움이 될 수도 있었기 때문이다.

마쓰라당은 지난여름부터 양광도, 서해도, 전라도를 차례로 노략질했다. 군부 수장인 이성계는 책임감 있는 모습을 보여주기 위해 밀직 이지란, 자혜윤 이방과, 의덕부윤 곽충보 등 휘하의 장수들을 내보내 왜구를 물리쳐왔다. 팔관회 무렵에 왜적이 쳐들어와 이성계파 맹장들이 자리를 비운다면 저들을 치기가 한결 쉬울 터였다.

조유는 위화도 회군 당시 왜구가 양광도를 휩쓰는 바람에 최영이 치명적인 결단을 내려야 했던 일을 예로 들었다. 최영은 백성들의 고통을 차마 외면할 수 없어 개경 외곽을 수비하던 5개 군단을 급파했다. 이성계는 그 틈을 타 회군 날짜를 잡고 개경을 향해 전속력으로 진군했다. 최영은 이미 위화도의 분위기가 심상치 않다는 것을 알고 있었다. 그가 만일의 사태에 대비해 개경 수비 병력 1만여 명을 왜구 토벌전에 내보내지 않았다면 이성계와 회군파 장수들의 군대는 결코 도성을 넘지 못했을 것이다.

조유는 그러므로 박원실을 되돌려보내 규슈절도사의 마쓰라당 통제와 화친 사절 파견을 늦추는 게 어떠냐고 제안했다. 막부에 영향력이 있는 양유가 나선다면 불가능한 일도 아니었다. 조유의 제안에 다른 계원들도 말없이 고개를 끄덕였다. 위화도 회군 당시 이성계가 이용한 걸 되돌려주자는 공감대가 암묵적으로 형성되었다.

꽝, 하고 김종연이 주먹으로 탁자를 치며 일어났다. 관자놀이의 혈맥이 격렬하게 꿈틀거렸다. 싸한 침묵이 자리를 짓눌렀고 계원들은 얼어붙었다. 파사계주는 잠시 말을 고르면서 격앙된 마음을 가라앉혔다. 그리고는 간곡히 당부했다.

"우리는 무엇을 위해 이 일을 시작했습니까? 왜구 척결은 단 하루도 미룰 수 없는 절체절명의 과제입니다. 백성의 절규와 신음이 이제 그대들 귀에는 들리지 않습니까? 부디 초심을 잊지 말길 바라오. 손쉬운 성공에 양심을 팔면 안 되지 않겠소?"

계원들은 부끄러워 고개를 들지 못했다. 김종연은 박원실에게 규슈로 돌아가서 양유를 만나라고 일렀다. 규슈절도사가 하루빨리 뜻한 바를 시행할 수 있도록 도우라는 지시였다. 파사계주는 이어 권격을 바라보았다.

"윤구택과 양백지는 어떻게 됐소이까?"

권격은 낯을 붉혔다. 열 길 물속은 알아도 한 길 사람 속은 알 수 없는 법이다. 충무영 지휘관들의 심중을 헤아리는 일은 쉽지 않았다. 출세욕을 자극해 윤구택을 끌어들이긴 했으나, 양백지에게는 아직 본론도 꺼내지 못했다. 안주에서 오늘 밤에나 돌아온다는 것이었다. 권격의 얼굴에 초조한 기색이 스쳐 지나갔다.

같은 시각, 충무영 군막에서는 두 천호가 마주 앉아 술잔을 기울이고 있었다. 취기가 돌자 윤구택이 넌지시 양백지를 떠보았다.

"자네는 재상이 될 마음이 없는가?"

"누군들 그럴 마음이 없겠는가? 재상이 되기 어려울 뿐이지."

윤구택은 술김에 급히 속내를 털어놓았다.

"김종연 장군이 심시중(심덕부)과 의논해 이시중(이성계)을 치려고 한다네. 나도 병력을 이끌고 돕기로 했지. 자네가 우리와 마음을 합치면 능히 재상이 될 수 있을 걸세."《고려사》열전 '김종연')

양백지는 정신이 번쩍 들었다. 이자가 지금 무슨 말을 하는가? 위험천만한 언사다. 그는 의심이 많은 성격이었다. 윤구택이 정말 거사에 가담한 건지, 아니면 자신을 시험하는 건지 알 수가 없었다. 맞장구를 쳐야 할지, 단호히 거부해야 할지 헷갈렸다. 잘못하면 이 자리에서 목이 달아날 수도 있다. 그는 하는 수 없이 짐짓 술 취한 척 고개를 끄덕끄덕했다. 긍정도 부정도 하지 않고 애매하게 넘어갔다.

이튿날 잠에서 깬 윤구택은 후회에 휩싸였다. 간밤에 술이 과했나보다. 아무리 생각해도 너무 성급하게 거사 얘기를 꺼냈다. 양백지가 의심이 많은 건 그도 잘 알고 있었다. 고변이라도 하는 날엔 출세고 뭐고 끝장이었다. 윤구택은 불안한 나머지 앉지도 못하고 막사 안을 서성였다. 이 난감한 상황을 어떻게 타개한다?

11월 3일 이성계가 갑자기 사직을 청했다. 그는 조정에 흐르는 이상

기류를 감지하고 있었다. 심덕부와 지용기를 중심으로 무인들이 뭔가 꾸미고 있다는 첩보가 들어왔다. 게다가 공양왕이 무고 사건으로 유배 중이던 죄인들을 모두 풀어줄 것이라는 소식도 들려왔다. 국면을 전환하려는 의도였다. 이성계는 사직을 청해 임금과 기 싸움을 벌였다.

그러나 공양왕은 이튿날 이색, 우현보, 우인렬, 정지, 이숭인, 권근 등의 유배를 풀었다. 이성계 일파가 제거 대상으로 찍은 정적과 장수들이었다. 조정의 판도가 바뀌리라는 것을 쉽사리 알 수 있는 조치였다. 집권당은 즉각 반격에 나섰다. 임금과 반이성계파를 뒤흔들 강력한 패를 꺼낸 것이다. 바로 윤구택의 밀고였다.

윤구택은 살기 위해 양백지보다 먼저 고변하는 길을 택했다. 이성계에게 달려가는 편이 출세에 더 유리하겠다고 판단한 것이다. 도망자 김종연이 판사 조유와 모의해 이시중을 치려고 한다는 제보에 조정은 발칵 뒤집혔다. 모의에 가담한 자들이 워낙 거물급 인사들이었기 때문이다.

문하시중 심덕부, 찬성사 지용기, 평리 박위는 이성계와 함께 공양왕을 옹립한 9공신의 일원이었다. 전 판자혜부사 정희계는 이성계의 인척이었고 동지밀직 윤사덕, 한양부윤 이빈은 회군 공신이었다. 나주도절제사 이무, 전주도절제사 진을서, 강릉도절제사 이옥은 고려의 요충지를 지키는 현역 무장들이었다. 전 밀직부사 진원서도 남원에서 왜구 토벌전에 참여한 바 있었다. 진무 조언, 김조부, 곽선, 위충, 장익은 심덕부의 수족들이었다.

가장 입장이 난처해진 사람은 문하시중 심덕부였다. 조정의 수상이 이성계를 치는 모의에 가담했다고 지목받은 것이다. 그는 일단 혐의를 회피하기 위해 휘하에 둔 조유를 옥에 가두고 김종연의 아내 송씨와 노비 파두, 인척 박가흥과 박천상을 잡아들였다.

이성계 일파는 속도 조절에 들어갔다. 심덕부는 문하시중이자 군부에서 영향력이 큰 인물이었다. 너무 몰아세우면 오히려 반발해 군사를 일으킬지도 몰랐다. 어차피 혐의가 나왔으니 차근차근 조이는 편이 나았다. 이성계는 임금에게 나아가 아뢰었다.

"신은 심덕부와 한마음입니다. 조유를 심문하지 마시어 두 신하가 함께한 뜻을 보존하소서."

심덕부를 위하는 듯하지만, 가만히 생각해보면 위하는 게 아닌 역성이었다. 심덕부로서는 조유를 빨리 털어버리는 게 자신을 보존하는 길이었다. 그는 직접 순군옥에 가겠다고 임금에게 말했다.

"조유의 혐의가 신과 엮여 있습니다. 지금 심문하지 않으면 신이 무엇으로 변명하겠습니까?"

하지만 왕은 조유를 석방하라고 명했다.(《고려사절요》 '공양왕 1')

공양왕도 이 난국이 곤혹스러웠다. 국정 운영의 한 축이었던 심덕부가 수렁에 빠졌다. 또 다른 축인 정몽주를 전면에 내세워 돌파하는 수밖에 없었다. 11월 6일 임금은 이성계를 영삼사사, 정몽주를 수시중, 지용기를 판삼사사, 배극렴과 설장수와 조준을 찬성사에 임명했다. 수시중은 이성계가 앉아 있던 자리다. 사실상 정몽주에게 실권을 준 개각이었다.

이성계 일파의 관심은 다른 데 있었다. 그들은 군권에 초점을 맞추었다. 11월 13일 사헌부에서 "이성계가 군통수권을 갖고 있으니 여러 원수의 인장(印章)은 거두어들이라"고 촉구했다. 원수들이 나눠 가진 군권을 이성계에게 몰아주자는 것이었다. 거센 압박에 임금이 허락했다. 이에 따라 각 도의 원수를 없애고 군인들을 집으로 돌려보냈다. 그나마 이성계 일파를 견제해온 무인들마저 힘을 잃은 것이다. 고변에 연루되는 바람에 꼼짝 못하고 당했다.

11월 15일 한양과 개경에서 팔관회가 열렸다. 거사일이었지만 아무 일도 일어나지 않았다. 사람의 일이라는 게 그렇다. 오랜 시간 공든 탑을 쌓아도 무너져내리는 건 한순간이다.

11월 23일 정당문학 정도전이 명나라에서 돌아왔다. 고변에 걸려든 무인들을 곱게 놔둘 그이가 아니었다. 곧장 숙청의 눈보라가 불어닥쳤다.

왕명으로 석방된 조유가 다시 소환되었다. 밀고자 윤구택과 대질심문을 시켰다. 공양왕은 평리 박위에게 명해 대간과 함께 국문하도록 했다. 박위는 자신을 고변한 윤구택부터 고문하려고 했다. 사헌부집의 유정현이 가로막았다.

"고발한 자를 먼저 국문하는 법이 어디 있습니까? 혹시 다른 뜻이 있는 게 아닙니까?"

박위의 안색이 굳어졌다. 그는 전장에서 잔뼈가 굵은 무인이었다. 젊고 똑똑한 문신을 말로 이기기는 버거웠다. 박위는 이내 꿀 먹은 벙어리가 되었고, 유정현이 의기양양하게 조유를 심문하기 시작했다. 살이 찢어지고 피가 터지는 혹독한 국문이었다. 글선생 조유는 버텨내지 못했다. 차라리 죽여달라는 심정으로 거사를 모의한 정황을 털어놓았다.

대간들은 조유의 진술을 들먹이며 문하시중 심덕부를 탄핵했다. 우선 휘하의 진무 5인을 옥에 가두었다. 심덕부의 말 한마디에 군사를 움직일 수 있는 핵심 전력이었다. 그들은 곤장을 맞고 뿔뿔이 유배를 떠났다. 수상이자 군부 실력자의 수족을 잘라낸 것이다.

다음 표적은 중신들이었다. 대간들이 궐문 앞에 엎드려 연일 상소했다. 임금은 마지못해 지용기를 삼척으로, 박위를 풍주로, 정희계를 안변으로, 윤사덕을 회양으로, 이빈을 안협으로 유배 보냈다. 심덕부도 결국 문하시중을 그만두었다. 그는 토산에 안치되었다. 현역 무장인 이무, 이옥, 진을서 등은 외직에 나가 있었다는 이유로 간신히 처벌을 면했다.

수시중 정몽주는 반격에 나섰다. 공교롭게도 임금이 이색, 우현보, 정지 등의 유배를 푼 날 윤구택의 고변이 터졌다. 이런 일이 우연일 순 없다는 게 포은의 판단이었다. 그는 이성계 일파가 거짓 고변을 꾸며냈을 가능성이 크다고 봤다. 앞서 터진 무고 사건처럼 김종연과 조유의 모의도 이성계 일파의 조작극이라고 정몽주는 단언했다. 군권을 완벽히 장악하기 위해 심덕부, 지용기, 박위 등 군부에 영향력 있는 공신들까지 쳐냈다는 것이다. 젊은 유생들이 정몽주의 논리에 호응하며 반이성계파가 결집했다. 일촉즉발의 대립 구도였다.

한편 파사계주는 추위와 굶주림 속에서 서해도 일대를 헤매고 있었다.

11월 초에 윤구택의 고변이 있은 뒤 평양 교외의 암자를 순군 병력이 에워쌌다. 노비 파두가 주인마님을 보호하려고 은신처를 분 것이다. 김종연의 아내 송씨는 순군옥에 잡혀갔지만 진술을 거부했다.

"설사 내가 공이 있는 곳을 안다고 해도 차마 어찌 발설하겠소? 남편을 사지에 몰아넣는 짓은 아내로서 할 수 없소. 하물며 나는 공이 어디 있는지도 알지 못하오."《고려사》열전 '김종연')

옥리가 고문하려고 하자 같이 잡혀간 파두가 대신 입을 열었다. 순군은 즉각 움직였다. 진무 임순례가 군사 500명을 이끌고 평양에 있는 은

신처로 달려갔다.

구이학당을 다닌 임순례는 얼마 전 동무 권담, 맹사성과 함께 문과 과거시험에 급제했다. 지난날 관례를 치르면서 '충'에 관해 논쟁하던 학동들이다. 권담과 맹사성은 사헌부에 배속되었고 임순례는 순군진무가 되었다.

임순례를 알아본 김종연은 급박한 상황에서도 십수 년 전 국법을 마음의 중심에 세워야 한다고 주장하던 소년을 회상했다. 순군이라니, 어울리는 옷이라고 여겼다.

파사계주는 금강야차가 초인적인 용력으로 포위망을 뚫은 덕분에 사지에서 벗어났다. 그러나 계원들은 모두 붙잡혔다. 계주는 남산 중턱에서 오랜 벗 권격이 붉은 오랏줄에 묶여 끌려가는 모습을 지켜봐야 했다.

김종연과 금강야차는 일단 해주 쪽으로 방향을 잡고 도주했다. 두 사람은 그곳에서 배를 타고 여주 백애촌으로 피신할 계획이었다. 낮에는 깊은 골짜기에 몸을 감추고, 밤이면 산길을 따라 이동했다. 동장군의 혹독한 위세에 볼은 얼어 터지고 손발에 동상이 왔다.

천신만고 끝에 해주에 이르러 이동지의 집에 숨어들었다. 금강야차가 광대패를 데리고 드나들던 집이다. 이동지도 원래 화척이었다. 10여 년 전 그는 해주를 급습한 왜구에게 붙잡혀 배에 태워졌다. 왜선이 밤에 장산곶을 지날 때 이동지가 왜구의 목을 베고 배를 돌렸다. 화척이 고려 백성들까지 구출하자 관아에서는 상을 내리고 해주에 살게 했다.

파사계주는 이동지로부터 조정에서 벌어진 일을 대략 들었다. 이성계 일파의 노회한 술책도 분했지만, 고변이 날조라는 정몽주의 반격도 꺼림칙했다. 김종연은 비겁한 도망자일 뿐 심덕부 등과 아무 상관없다는 논리였다. 계주는 쓴웃음을 지었다. 나는 훗날 어떤 인물로 기억될까. 공연히 허탈하고 기운이 빠졌다. 조유의 처형이 임박했다는 소식에 김종연은 정신이 번쩍 들었다. 금강야차가 방방 떴다.

"성님, 한양으로 가서 우리 글선생을 구출하고 저들의 목을 벱시다. 대장부가 칼도 뽑지 못하고 거사를 접을 수는 없지 않겠소?"

마음 같아서는 파사계주도 구하러 가고 싶었다. 죽기 전에 붓같이 생긴 단정한 수염을 한 번만 더 보고 싶었다. 그러나 불가능한 일이었다. 이동지는 순군이 포구를 물샐틈없이 지키고 있다고 했다. 배에 타는 자들을 한 명도 빠짐없이 검문한다는 것이었다. 얼굴이 덜 알려진 금강야차라면 몰라도 김종연은 어림도 없었다.

순군진무 임순례는 서해도(황해도)를 이 잡듯이 뒤지고 있었다. 그가 수색하는 지역마다 사람들이 줄줄이 관아에 끌려가 치도곤을 당했다. 숨겨줄 만한 자들을 선제적으로 검속한 것이다. 한 달도 되지 않아 잡아 가둔 사람이 수백 명이었다. 자기가 끌려가지 않으려고 남을 고발하는 일도 많았다. 수색망은 서서히 김종연에게로 조여왔다.

파사계주는 마침내 결단을 내렸다. 배 타고 한양에 들어가 조유를 구출하는 일을 금강야차에게 맡겼다. 자신은 북쪽으로 움직이며 일부러 동선을 드러내 순군의 시선을 모으기로 했다. 김종연이 서해도에 있다는 사실을 알면 한양의 경비는 느슨해질 것이라는 계산이었다. 두 사람 다 극한 위험에 노출되겠지만 피할 수 없었다.

11월 28일 밤 파사계주는 금강야차를 불러 밥을 먹였다. 손수 지은 비빔밥이었다. 밥에 해주 김과 수양산 고사리를 비벼 넣고 닭고기 고명을

었다. 신돈의 숙수였던 노비 파두가 종종 밥상에 올린 음식이다. "식구끼리는 이렇게 비비고 사는 것"이라고 했다. 금강야차도 한 식구이니 비빔밥을 먹이고 싶었다. 어쩌면 같이 밥을 먹는 것도 마지막이라는 생각이 들었다. 금강야차는 금세 비빔밥을 먹어치우고 울분을 토했다.

"거 정도전이고 정몽주고 성님한테 너무한 거 아니오? 아무리 도망자 신세라지만 몹쓸 인간으로 매도하질 않나, 하찮은 부류로 깎아내리질 않나. 성님처럼 의로운 사람을……."

울컥 목이 메었다. 계주가 대접에 소주를 가득 따르자 그는 벌컥벌컥 들이켰다. 김종연은 인생의 마지막 식구를 물끄러미 바라보다가 말했다.

"그것이 패자의 숙명이라네. 의로움을 몽상하는 자는 의로움을 무기로 삼는 자를 이길 수 없지. 승자가 붓을 쥐는 역사에서 패자의 진실은 묘비도 없이 세월에 묻힐 테고."

금강야차가 소주 대접을 내려놓으며 욱하고 일갈했다.

"그렇다면 그 역사라는 건 의로움을 날조하는 서책인가보오."

나라도 없고 백성도 아닌 자! 그래서 있는 그대로 세상을 본다. 아무것에도 구애받지 않으니까. 만약 살아남는다면 부디 양심에 따라 자유롭게 사시게. 누구도 억압하지 않고 누구에게도 억압당하지 않는 화척의 삶을 원 없이 사시게. 계주는 속으로 작별 인사를 건넸다. 장지문 밖으로 구름 한 점이 달빛을 뿌리치고 표표히 흘러갔다.

이튿날 새벽 금강야차는 이동지가 안배한 소금 배에 올라 한양으로 떠났다. 산마루에서 포구 쪽을 바라보던 파사계주는 뒤돌아서 자신을 기다리는 운명을 향해 발걸음을 옮겼다.

패자의 역사

조유의 교수대가 설치된 곳은 목멱산 아래 팔관회장이었다. 금강야차가 도착했을 때는 뉘엿뉘엿 땅거미가 지고 있었다. 그는 현장을 꼼꼼히 살폈다.

내일 이곳에서 목을 졸라 사람을 죽인다. 많은 백성이 몰려나와 구경할 것이다. 처형은 진귀한 구경거리니까. 권력투쟁도 마찬가지다. 누가 이기든 무슨 상관인가. 이쪽이든 저쪽이든 상관없다. 백성에게는 싸움 구경일 뿐이다. 그저 구경거리일 뿐이다. 그리고 구경거리에 관한 한 금강야차가 도사다. 광대패를 끌고 다니면서 얼마나 많은 공연을 했던가.

금강야차는 팔관회 무대 아래쪽을 유심히 살펴보았다. 예상대로 통로가 있었고 위쪽 뚜껑을 열면 무대로 올라갈 수 있었다. 팔관회의 가무백희(歌舞百戲)에는 환술도 포함되어 있었다. 통자(筒子)는 바닥이 없는 빈 통을 무대에 설치하고 통 안에서 사람, 동물, 물건이 나타나게 하는 환술이다. 이 통로와 뚜껑은 그때 쓰인 것이리라. 가만있자, 그럼 빈 통도 어디 있을 텐데……. 과연 저 구석에 있었다.

11월 30일 정오가 되자 조유가 목멱산 팔관회장에 나타났다. 술렁술렁, 웅성웅성, 구경하러 몰려든 백성들이 들썩였다. 무대 바로 앞에 대형 천막이 섰고 관리들이 앉아 있었다. 이무, 진을서, 그리고 이옥도 그 자리에 있었다. 모의에 연루되었으나 외직에 나가 있어 구명된 무장들이다. 이성계 일파는 경고의 의미로 그들을 불러 교수형을 참관케 했다.

조유는 교수대 앞에 서서 조용히 눈을 감고 있었다. 뒤쪽에는 순군 병사들이 창을 들고 섰고, 가장자리엔 큰 깃발이 바람에 펄럭였다. 검은색 천에 하얀 글씨로 쓴 '일벌백계(一罰百戒)' 네 글자가 맹렬한 겨울바람을 맞아 큰소리로 사람들을 윽박질렀다. 한 사람을 벌하여 백 사람에게 경계하노라! 지난날 황산을 진동케 한 이성계의 음성이 지엄하게 울려 퍼지는 듯했다.

이윽고 형리가 조유를 교수대에 세우고 붉은 줄을 목에 걸었다. 이때 벼락같은 고함과 함께 팔관회 무대 아래에서 괴한이 쇠몽둥이를 들고 솟구쳐 올랐다. 병사들도 구경꾼들도 깜짝 놀라 주춤했다. 괴한은 죄인에게 유유히 다가가 목에 건 줄을 벗겼다. 형리가 제지하려고 했지만, 쇠몽둥이에 나가떨어졌다.

정신 차린 병사들이 창을 쥐고 둘러쌌다. 괴한은 심호흡했다. 숨을 깊이 들이마셨다가 힘껏 뿜어내자 커다란 화염이 일었다. 거센 불길에 병사들은 기겁하며 뒤로 자빠졌다. 괴한이 허공에 대고 소매를 흔들자 연기가 뭉게뭉게 피어올랐다. 팔관회 무대는 자욱한 연기에 휩싸였다. 잠시 후 연기가 걷히자 괴한과 조유는 이미 사라진 뒤였다.

교수대에서 조유를 구출한 장본인은 물론 금강야차였다. 무대 아래 빈 통에 숨어 있다가 환술사가 쓰는 뚜껑을 열고 나타난 것이다. 그는 해주에서 출발하기 전에 기름과 용뇌향, 소금을 섞어 불주머니를 만들었다. 토화(吐火), 불을 뿜어내는 환술에 쓰는 것이다. 입에 머금은 불주머니를 뱉어내면서 부싯돌을 치면 화염이 일어난다. 그런 다음 소매에 넣어둔 송진 가루를 뿌리면 연기가 자욱하게 피어오르는 환술이었다.

금강야차와 조유는 통로를 따라 무대 뒤편으로 빠져나갔다. 목멱산이 떡 버티고 섰다. 능선을 타고 도망가는데 조유의 상태가 심상치 않았다. 걸음도 옮기지 못하고 자꾸 피를 토했다. 모진 고문에 다리가 부러지고 내장이 상했다. 금강야차가 업고 달렸지만 금세 따라잡힐 것 같았다. 어느새 뒤에서 화살이 날아오기 시작했다. 조유가 힘겹게 입을 뗐다.

"고맙네. 이제 그만 나를 내려놓게. 내 고통을 여기서 끝내야겠네."

금강야차는 아랑곳없이 계속 달려갔다. 갑자기 조유의 팔이 툭 하고 떨어졌다. 그제야 내려놓고 보니 등에 긴 화살이 박혀 있었다. 그는 이미 이 세상 사람이 아니었다. 나흥유, 김종연과 함께 파사계를 결성하고 왜구 토벌에 분주했던 나날이 쓸쓸히 저물었다.

조유는 언뜻 보면 책상머리 샌님 같지만, 실상은 냉철한 두뇌로 계원들을 독려한 지략가였다. 웅장한 가슴으로 세상을 바꾸고자 한 경세가였다. 뜻을 이루진 못했지만, 그는 죽음으로 임무를 완수하고 떠났다.

금강야차는 죽은 동지를 반듯이 눕히고 망연히 서 있었다. 땀과 눈물이 범벅된 얼굴로 두 주먹을 쥐고 부들부들 떨었다. 그때 갑자기 복면을 쓴 자가 나타나 금강야차의 뒷덜미를 낚아채 골짜기로 뛰어내렸다.

화척 두목이 반격하려고 했지만, 그는 완력으로 억누르고 검지를 입에 갖다 댔다. 쉿! 머리 위쪽으로 병사들의 발소리가 들려왔다. 그자는 조심스레 소리를 죽이고 금강야차를 계곡 길로 데려갔다. 추격병들은 다시 봉우리로 올라갔지만 두 사람은 오히려 신에서 내려갔다.

팔관회장에서 멀리 떨어진 민가에 이르자 그는 복면을 벗었다. 강릉도 절제사 이옥이었다. 이옥은 금강야차에게 경계가 느슨한 길을 일러주고는 쓸쓸한 표정으로 덧붙였다.

"김 공을 만나거든 전하게. 이것이 그대의 편지에 대한 내 초라한 답장이라고."

"날마다 눈물로 옷깃을 적시며 봄 산의 두견새처럼 슬피 운다네. 왜 그렇게 사느냐고 묻지 마시라. 이내 마음 새벽달과 별들이 알아주리."

12월 중순 파사계주는 의종 때 정서가 지은 노래 〈정과정곡〉을 흥얼거리며 곡산의 험준한 산길을 헤매고 있었다. 추위와 굶주림에 지쳐 자꾸 헛것이 보였다. 어쩌면 삶도 죽음도 실제가 아닐지 모른다는 생각이 희미하게 들었다.

금강야차와 헤어진 날 그는 해주 수양산을 넘다가 일부러 화전하는 촌민에게 길을 물었다. 순군이 금세 따라붙었고 포위망이 지척까지 좁혀졌다. 쫓고 쫓기는 추격전이 황주를 지나 곡산에 이르렀다. 낮에는 병사들을 따돌리고 밤에는 산짐승과 사투해온 나날들. 산을 넘으면 강원도지만 이제 기운이 다해 걸음조차 뗄 수 없었다.

수풀에 웅크리고 잠시 눈을 감았는데 눈보라가 거세게 몰아쳤다. 도망자의 몸은 순식간에 폭설에 파묻혔다. 시간이 얼마나 지났을까? 한 사냥꾼이 김종연을 발견했다. 산짐승 잡는 눈썰미로 수풀과 눈더미 속에서 죽어가는 사람을 끄집어냈다.

그는 갖고 다니던 담비 가죽을 김종연에게 덮어주고 술도 한 모금 먹였다. 온기가 돌게 하려는 것이었다. 겨우 의식이 깨어나자 사냥꾼은 안심시키듯 말했다.

"하마터면 죽을 뻔했소. 보아하니 오랫동안 굶은 것 같은데 여기서 반나절만 기다리시오. 내가 내려가서 죽을 끓여올 테니 기력을 회복해서 갈 길 가시구려."

사냥꾼은 술병을 놓고 갔다. 감홍로였다. 나홍유는 "술은 사람을 미치게 하는 광약"이라고 경계하면서도 달고 붉은 이 술은 홀짝홀짝 마시곤 했다. 김종연은 감홍로를 들이켜며 가물거리는 정신을 간신히 붙잡았다. 문득 노생이 몹시 보고 싶었다.

돌이켜보면 지난 18년간 전장의 바람을 맞으며 살았다. 나라와 임금에게 충성하며 몸과 마음을 다 바친 세월이었다. 그런데 어찌 된 일인지 산짐승처럼 쫓기는 신세가 되었다. 사람을 미치게 만드는 광약은 애먼 술이 아니라 이런 세상이 아닐까.

정처 없는 도망자의 행로는 오욕의 연장일 뿐이다. 한 걸음 한 걸음 부끄럽기만 하더라. 이따금 죽은 자들이 찾아와서 속삭였다. 이제 걸음을 멈출 때가 되었다고. 물론 그도 알고 있었다. 살고 싶은 마음도 없었다. 아마 그 사냥꾼이 도와줄 것이다.

눈을 감았다가 뜨니 임순례가 와 있었다. 그는 김종연을 부축해 근처 소나무 등걸에 앉혔다. 순군들은 저만치 떨어져 경계를 서고 있었다. 두 사람은 나란히 앉은 채 하염없이 침묵을 지켰다. 투둑, 눈의 무게를 못 이긴 소나무 가지가 부러져 그들 앞에 떨어졌다. 김종연은 불현듯 옛일이 떠올랐다.

"자네, 신하가 마음의 중심에 둬야 할 게 여전히 국법이라고 믿는가?"

"글쎄요. 충이란 무엇일까요? 저는 살수록 혼란스럽기만 합니다."

임순례는 답답해하며 속내를 털어놓았다. 충신이 되겠다는 포부를 품고 출사했지만, 막상 조정에 나아가니 임금도, 의(義)도, 국법도 마음의 중심에 서지 않았다. 관리들은 이성계파니, 정몽주파니 줄서기에 몰두했다. 충은 권력에 바치는 것이었다. 마음의 중심에는 출세욕만 가득 찼다.

젊은 옥리의 표정에서 고뇌를 읽고 파사계주가 말했다.

"그대는 승자의 편에 서고 싶은 것인가?"

순군진무는 정곡을 찔린 듯 허둥대다가 부루퉁하게 반문했다.

"세상에 패자가 되고 싶은 사람은 없지 않습니까?"

"패자가 되고 싶지 않아 승자의 편에 서는 것은 두려움이라네. 자네는 지금 겁이 나서 눈치를 보고 있는 걸세."

임순례는 부끄러웠다. 성현의 다스림을 실현하고자 의기양양하게 조정에 출사했다. 무엇이 두려운가? 기껏 과거에 급제하여 출셋길에 접어들었는데 패자의 낙인이 찍힐까봐? 그래서 전도유망한 앞길이 막힐까봐? 주위의 기대에 어긋나게 될까봐? 사람 사는 모습이 무대 위에서 재주를 부리는 광대만 같다. 겉으로는 화려한 듯 보이지만 속내는 조마조마하고 흔들린다. 삐끗할까 두렵다. 옥리는 고개를 세차게 흔들었다.

"설혹 그렇다 해도 죄인에게 들을 말은 아닌 것 같소. 더구나 당신은 패자가 아니오?"

"패자가 죄를 입었다고 해서 그 뜻이 허망하기만 한 건 아닐세. 또 승자가 뜻을 이루었다고 해서 그 죄가 사라지는 것도 아닐세. 그것이 인간

세상의 모순이지. 호랑이 등에 올라탄 자의 숙명이고……."

파사계주는 패자의 숙명을 두려워하지 않고 담담히 받아들였다. 윤이와 이초의 무고 사건이 조작된 것임은 임순례도 직감하고 있었다. 거짓은 단순하고 쉬워서 잘 먹힌다. 반면 진실은 복잡하고 입증하기도 어렵다. 그래서 김종연은 맞서 싸웠다. 호랑이 등인 줄 알면서도 올라탄 것이다. 그는 패자이면서도 패자가 아니었다. 호랑이 목덜미를 쥐고 달려왔음에도 끝내 두려움에 지지 않았다.

"이 지경이 되었는데 원망스럽지 않습니까?"

"세상일이 뜻대로만 되겠는가? 산다는 건 외롭고 쓸쓸한 일이야. 그래도 힘껏 살아야지."

"혹시 누군가에게 남길 말씀이 있으면 하십시오."

"자네, 인생에서 정말로 귀한 게 뭔 줄 아나? 바로 가지고 있으면서도 깨닫지 못하는 것이라네. 그대의 스승 조유 공의 가르침을 잊지 말게나. 양심의 소리에 귀를 기울이시게."

젊은 옥리는 눈물이 날 것 같아 고개를 들지 못했다. 김종연은 가만히 웃다가 힘겹게 몸을 일으켰다.

"이제 가세나. 나를 그들에게 데려다주게."

임순례는 착잡한 눈빛으로 그를 바라보았다. 며칠 전 한양에서 전갈이 날아들었다. 사헌부에 배속된 벗 권담이 정몽주의 뜻을 전했다. 수시중은 이성계 일파의 군권 장악을 걱정하면서 김종연이 붙잡혀 국문을 받으면 또다시 무고한 희생자들이 쏟아질 것이라고 했다. 이게 무슨 말인가? 도망자를 살려서 데려오지 말라는 요청이었다.

순군진무는 고심했다. 젊은 문신과 유생들 사이에선 이성계 일파의 전횡이 도를 넘었다는 시각이 지배적이었다. 그들은 정몽주를 스승으로 삼고 뜻을 모으기 시작했다. 조정에 새로운 언로가 형성된 것이다. 임순례도 어느 정도 공감하고 있었다.

다만 김종연을 처리하는 문제는 신중할 필요가 있었다. 그는 순군진무였다. 도망자를 붙잡으면 순군옥으로 압송하는 게 옥리의 임무였다. 화근이 될까봐 임의로 제거하는 것은 국법에 어긋나는 일이었다. 그는 고심 끝에 묘안을 생각해냈다.

임순례는 김종연을 말에 태우고 하루 만에 300리를 달렸다. 중죄인이니 속히 압송해야 한다는 취지였다. 도중에 먹을 것도 주지 않았다. 안 그래도 피로, 추위, 굶주림이 누적되어 목숨이 오락가락하는데 아예 죽을 지경으로 만든 것이다.

공양왕은 도망자 김종연의 국문을 문하찬성사 설장수와 지문하부사 조준에게 맡겼다. 두 사람 다 중흥공신이지만 설장수는 정몽주와 뜻을 같이했고, 조준은 이성계의 핵심 측근이었다.

먼저 설장수가 변란 음모를 추궁했다. 김종연은 대답할 수 있는 상태가 아니었다. 그가 정신을 잃자 설장수는 옥리에게 고문을 명했다. 죄인은 이미 죽어가고 있었다. 혹독하게 고문하면 금방 목숨이 끊어질 터였다. 김종연의 입을 영원히 막을 수 있었다. 설장수는 이제 더 이상 무고한 희생자가 나오지 않기를 바랐다.

조준의 입장은 달랐다. 이성계 일파는 어떻게든 김종연의 입을 열어 정적과 장수들을 더 솎아내고자 했다. 그들의 칼이 정몽주를 중심으로 뭉친 반이성계파를 겨누고 있음은 불 보듯 뻔했다. 조준은 고문을 중지하고 김종연을 살리려고 했다. 그에게 죽을 먹이고 따뜻한 방에 들여 몸 조리하게 했다.

하지만 때는 늦었다. 김종연은 1390년 12월 16일 옥중에서 숨을 거두었다. 며칠 후 그의 사지는 갈가리 찢겨 여러 도에 내걸렸다. 권격 등 공모자 7인도 참수당했다. 부관 김식과 이중화, 인척 박가흥 등은 먼 곳으로 유배를 떠났다.

이성계 일파는 1390년 윤이와 이초의 무고 사건으로 김종연, 최공철, 홍인계, 윤유린 등 유력한 장수들을 제거했다. 또 김종연과 조유의 변란 음모에 심덕부, 지용기, 박위 등 무장 출신 공신들을 엮어 무력화시켰다. 이를 계기로 원수 인장을 회수해 무인들의 독립적인 지휘권을 박탈했다.

이듬해 1월 군제 개편이 단행되었다. 5군을 줄여 3군으로 하고, 도총제부(都總制府)에서 서울과 지방의 군사를 모두 통솔하게 했다. 이성계는 도총제사, 배극렴은 중군총제사, 조준은 좌군총제사, 정도전은 우군총제사에 올라 이성계 일파가 군권을 완벽히 장악했다. 역성혁명의 실질적 기반이었다.

2월에 공양왕은 한양에서 개경으로 다시 천도했다. '인왕산 호랑이'가 심각한 인명 피해를 끼쳤기 때문이라고 했으나, 실은 '동북면 호랑이' 이성계의 발톱 밑으로 들어가는 것이었다.

그해 봄 금강야차가 홀로 파사성에 나타났다. 성곽을 따라 진달래가 무리 지어 피어나 봄바람에 한들거리고 있었다. 붉은 넋들이 퇴락해가는 성에 향긋한 숨결을 불어넣고 있었다.

선정사를 지나 벼랑 아래 바위마당에 내려섰다. 마애불은 여전히 자비로운 미소를 지으며 눈과 귀가 없는 백성의 얼굴상을 곁눈질했다. 그 눈과 귀가 되어 왜구를 뿌리 뽑겠다던 파사의 맹약이 어제 일처럼 뜨겁게 되살아났다.

규슈절도사 이마가와 료슌은 얼마 전 사신을 파견해 왜구에게 붙잡혀 간 고려인 250여 명을 돌려보냈다. 규슈절도사는 앞으로 왜구의 노략질을 엄히 다스리겠다고 고려 조정에 약속했다. 저 바다에 평화가 깃드는 날이 올까?

바위마당에서 남한강을 우두커니 바라보던 김종연의 뒷모습이 떠올랐다. 충(忠)과 역(逆)을 뒤바꾼 모함에도 그는 끝까지 양심을 지켰다. 시대가 바뀌어도, 나라가 바뀌어도 변치 않을 고귀한 마음이다. 묘비도 없이 세월에 묻힐 진실이다.

나라도 없고 백성도 아닌 자는 주먹으로 눈가를 훔쳤다. 솥뚜껑 같은 손으로 얼굴을 가리고 망연히 서 있었다. 뻐꾸기 한 마리가 머리 위를 빙글빙글 돌다가 의구한 강산으로 날아간다. 파국, 파국, 애달피 울며 모함의 나라를 떠나간다.

금강야차도 가슴을 탕탕 치고 남한강 물줄기 따라 훌쩍 길을 떠났다. 승자의 역사는 찬란한 기록으로 남고, 패자의 역사는 사무쳐 산천에 깃든다.